秦始皇 下

統一度量衡、修築萬里長城、建阿房宮、廢分封設郡縣、焚書坑儒

只有他來不及做到，沒有他做不到！

雖是焚書坑儒的「一代暴君」，

卻也是平定天下的「千古一帝」

孟飛，華斌 —— 編著

首位完成華夏統一的政治家

中國歷史上第一位稱「皇帝」的君主

雖是焚書坑儒的「一代暴君」，

卻也是平定天下的「千古一帝」

「寡人以眇眇之身，興兵誅暴亂，賴宗廟之靈，

六王咸服其辜，天下大定。今名號不更，無以稱成功，

傳後世。其議帝號。」

殲滅六國，統一天下

在王位二十五年，在帝位十二年，他是嬴政！

目錄

目錄

4

序

秦始皇（西元前259年～西元前210年）名嬴政，嬴姓，趙氏，又名趙正（政）、秦政，或稱祖龍。秦莊襄王之子，莊襄王死後繼承秦王位，後滅六國，統一中國，稱始皇帝，是秦王朝的開國皇帝。他在王位25年，帝位12年，後病死，終年49歲。葬於今陝西臨潼東北。他是中國歷史上著名的政治家、戰略家、改革家，首位完成華夏大一統的鐵腕政治人物，也是古今中外第一個稱皇帝的君主。

西元前246年，年僅13歲的嬴政繼承秦王位，此時由丞相呂不韋和宣太后男寵嫪毐專權。西元前238年親政，嫪毐乘嬴政外出之機，舉兵叛亂，嬴政一舉粉碎叛亂，誅殺嫪毐，幽禁太后。第二年，他免除呂不韋相職，後逼殺呂不韋，任用了尉繚、李斯等人。

此後，嬴政繼承自秦孝公以來變法革新、獎勵耕戰的一系列政策。接著，他採取李斯等人的策略，以重金收買關東六國權臣，離間其君臣關係，採取遠交近攻，從西元前230年至西元前221年止的10年間，先後滅韓、魏、楚、燕、趙、齊六國，結束了自春秋戰國以來長達數百年之久的分裂割據和混戰不已的局面，創立了中國歷史上第一個統一的封建中央集權國家。

嬴政統一天下後，創立了「皇帝」尊號，自稱始皇帝，宣佈子孫稱二世、三世，以至萬世，幻想秦王朝統治能夠延續千秋萬代。嬴政規定國家一切政務都由皇帝裁決，中央和地方重要官吏全由皇帝任免，在中央實行三公九卿制。隨後，秦始皇廢除了自商、周以來的分封制，實行郡縣制，以秦國原有法律條令為基礎，並吸收了六國法律某些條文，制定和頒行了統一法律，將原六國貴族豪富遷至關中巴蜀等地，防止他們分裂復辟活動。

在經濟上，贏政推行重農抑商政策，扶植封建土地私有制發展。他令占有土地的地主和自耕農只要向政府申報土地數額和交納賦稅，其土地所有權就能得到政府承認和保護。他以商鞅所制定的度量衡為標準統一全國的度量衡制度，並以秦半兩錢為流通貨幣。為發展全國水陸交通，他又實行「車同軌」的制度。他命令修建了由咸陽通向燕齊和吳楚地區的馳道，以及由咸陽經雲陽直達九原的直道，在西南地區修築了「五尺道」。他還開鑿了溝通湘江和灕江的靈渠。

在文化思想方面，贏政以秦國通行文字為基礎制定了小篆，並頒行全國。贏政為了控制思想，採納了李斯建議，將秦國歷史、醫藥、蔔筮和植樹以外的書都下令焚燬了，並禁止私學。方士盧生和侯生在背後議論秦始皇貪權專斷和濫施刑罰，贏政聞知後便派人追緝，並將有牽連的儒生全部坑殺於咸陽。這兩件事史稱「焚書坑儒」，嚴重箝制了思想，摧殘了文化發展。

西元前 214 年，贏政派兵南定百越，增設閩中、南海、桂林、象郡四郡。同年又派大將蒙恬率兵北擊匈奴，收復了內蒙河套一帶地區，並遷來內地老百姓，建築城邑。始皇末年，秦郡數由統一之初的 36 郡增至 40 餘郡，使秦朝疆域東到大海，西至隴西，北到長城一帶，南到了象郡。

贏政在位時期徭役繁重，刑罰苛嚴，百姓徭役和兵役負擔沉重。他徵發民力修建了豪華的阿房宮和驪山墓，還征發民力將原來秦、趙、燕三國北方的長城連接了起來，使得長城向東向西延伸，築成了一道西起臨洮、東到遼東的城防，這就是偉大的萬里長城。它是中國古代一項偉大的工程，是中國古代勞動人民血汗和智慧的結晶。

西元前 210 年，贏政進行最後一次巡遊，隨行有丞相李斯、中車府令宦官趙高和他最喜歡的小兒子胡亥。在返回途中，他在平原津病倒。他自知不行了，便命令李斯和趙高起草詔書並連同國璽遞送給長子扶蘇。當李斯草

擬好詔書呈交嬴政審閱時，但嬴政已經死去了。趙高擔心扶蘇繼位對自己不利，扣住遺詔不發，與胡亥密謀篡奪帝位。他假造遺詔，導致扶蘇自殺而死，趙高擁立胡亥為帝。

自古以來，對秦始皇的評價褒貶不一，但縱觀秦始皇一生，對中國歷史的發展發揮著巨大的推動作用，實為中國歷史上一位有作為的皇帝，功績不可泯滅，影響十分巨大。

序

十三歲被立為秦王

那是秦昭襄王四十二年，也就是西元前 265 年，秦昭襄王將安國君立為太子。安國君成為太子之後，便把他非常寵愛的一位妃子立為了正夫人，號稱華陽夫人。但是，這位華陽夫人一直沒有生育子嗣。因此，後來安國君成為國君之後，就從他其他夫人所生的 20 多個兒子中間選擇了一個叫異人的立為了太子。這個異人成為太子前也吃了不少苦。

由於異人的生母夏姬不受安國君寵愛，因此在生下異人之後，就難得再見安國君一面了。夏姬偏偏又是個簡單平凡的女人，沒有爭鬥的心計，所以也無法引起安國君的注意與垂愛。

在當時，各諸侯國都繼承了互相交換王子做人質的傳統，這種交換貴族人質就是為了防止互相發動戰爭。因此，異人這個在他祖父秦昭襄王眼裡無足輕重的孫子，便被派往趙國做了人質。異人的那個長期得不到丈夫關愛的母親，根本無法在丈夫耳邊提起他這個遠在他鄉做人質的兒子，漸漸地秦國人也就不在意這個王子了。

秦國從來就是視人命如草芥，他們對待太子也是如此。異人被送往趙國首都邯鄲，「趙」這個國家的名字就寓意著一群人周圍有一個不受歡迎的閒逛的人，那麼這個不受歡迎的人就是異人。趙國是在先前一個大的諸侯國晉國的廢墟上建立起來的，此前幾個世紀，晉國長期內部紛爭，終於四分五裂，趙國是大夫趙襄子跟韓、魏兩家瓜分晉國後建立的。

對於人質而言，在邯鄲的生活是很窘迫的，因為只有除了趙、秦之外的其他國家，才能充當趙國和異人的故國秦國之間的調停人，這就意味著秦、趙之間發生戰爭的可能性很大。

十三歲被立為秦王

　　因此，在趙國做人質的異人根本沒有受到上賓待遇，而是受盡了趙國人給他的冷眼。異人缺少出行的車馬和日用的財物，幾乎沒有僕人，也沒有盤纏，生活困窘，十分失意。

　　生不逢時的異人，僅憑他自己的能力，是無法擺脫任人擺布的命運的。就在異人沒有任何希望的時候，他遇見了一個人，這個人就是商人呂不韋。

　　呂不韋是戰國末年衛國濮陽人。當時的衛國面積不算大，呂不韋出生的時候，衛國已經開始衰敗了。為了謀求進一步的發展，滿足一窺天下的願望，他毅然決然地來到了趙國的繁華之地邯鄲。初入邯鄲時，他便被這裡的繁華吸引住了。

　　邯鄲繁榮的集市、巍峨的宮殿、如雲的美女……一時間，呂不韋竟然看傻了眼，他開始流連於聲色場所，過著歌舞昇平的日子。但是，他在享受了邯鄲的五光十色之後，忽然覺得生活又沒有了趣味。於是，他便開始尋找快意人生的突破口。

　　呂不韋是一個商人的後代，他自己也從事著商業買賣。他血液裡流淌著的是商人的血，頭腦裡充斥著的是商人的細胞，精明得很。他對怎樣賺錢極為精通，他知道要做大買賣就要冒大風險，沒有風險的買賣是不會賺大錢的。在邯鄲，他用他那獵鷹般的眼睛，找到了新的獵物，這就是政治。他想抓住政治，使自己步步高陞。

　　人在社會，自始至終都無法脫離政治而存在，再不願涉及政治的人也要被它左右。往往一項政令、一個政客、一個政治事件，就可能改變人們的道路。呂不韋看清楚了，一個政壇就是一個巨大的資源。

　　呂不韋雖然在彈丸之地出生並長大，但他卻有不一般的遠見卓識。他明白政治可能帶給他取之不盡、用之不完的好處。在那時，商人從政簡直比登天還難，士、農、工、商，商人是最低下的階層。

在那時的社會，沒有人會想到一個商人能做官。但是，在絕頂聰明的呂不韋眼裡，這些都不是問題。他此時需要的只是一個臺階，一個中間人，讓這個人使他與政治接軌。

就在這時，呂不韋看到了窮困落魄的異人，他感到非常憐惜，於是便自言自語道：「奇貨可居。」他把這位被秦國遺忘的人質王子看作一個難得的投資機會，同時也看到了自己的遠大前程。

於是，深謀遠慮的呂不韋開始尋求自己父親的幫助。當他回到家問自己的父親：「一個人務農能有多少回報呢？」

「大概是投資的 10 倍。」

「那麼投資珠寶奇石呢？」

「大概是 100 倍。」

「那麼，幫助國君建立基業呢？」

「那就不可估量了！」

呂不韋說：「我要是去務農，即使再勤勉，最多不過吃飽穿暖。但是，如果我能建立一個國家，讓國君登基，那麼，我就可以富有到足以給子孫世襲封土！」

父親將信將疑地說：「是！」

於是，呂不韋開始投資異人了。呂不韋當然知道他所要投資的資本可能會有去無回，但是在巨大的利益驅使下，加之他對自己政治靈敏度的自信，使得他願意鋌而走險。於是，他決定進行一次政治賭博。

呂不韋深深地知道，投資這個項目的風險極大，如果他選擇對了，那麼他的投資就是一本萬利，如果選擇錯了，那麼他就會傾家蕩產，甚至性命堪憂。然而，巨大的誘惑使得呂不韋甘願冒著被殺頭的危險來投資這個並不被世人看好的異人。

十三歲被立為秦王

那是西元前 262 年的一天，呂不韋去見異人，他一見到異人，便說：「我可以光大你的門庭。」

異人毫無疑問是思考過這些問題的，因此，他笑著說：「你還是先光大你自己的門庭，然後再來光大我的門庭吧！」

呂不韋說：「你是不知道，我的門庭是要等到你的門庭光大之後才能光大啊！」

異人明白呂不韋所說之話的含意，於是，就請呂不韋與他坐下交談，談話內容也是非常深入。呂不韋說：「秦王已經老了，安國君被立為太子。我私下聽說安國君非常寵愛華陽夫人，華陽夫人沒有兒子，能夠選立太子的只有華陽夫人一個。現在你的兄弟有 20 多人，你又排行在中間，並不受秦王的寵幸，並且長期被留在諸侯國當作人質，即使哪一天秦王死去了，安國君繼位為王了，你也不要指望同你長兄以及早晚都在秦王身邊的其他兄弟們爭太子之位啦！」

異人說：「是這樣，但是該怎麼辦呢？」

呂不韋說：「你很貧困窘迫，又客居在此，也拿不出什麼貴重東西來獻給親長和結交賓客。我呂不韋雖然不富有，但願意拿出千金來為你西去秦國遊說，侍奉安國君和華陽夫人，讓他們立你為太子。」

異人當時並沒有抱什麼希望，但他覺得自己只有這樣一個出路。於是，兩人便達成了政治同盟。異人叩頭拜謝，並向呂不韋承諾道：「如果實現了您的計畫，我願意分秦國的土地和您共享，以此來作為答謝。」

於是，呂不韋便拿出 500 金送給了異人，作為異人日常生活和結交賓客之用。隨後，他又拿出 500 金買了珍奇玩物，自己帶著西去秦國遊說了。

呂不韋先是找到華陽夫人的弟弟陽泉君，並對他說：「您的姐姐因為受到大王的寵愛而得到榮華富貴，你們也因此連帶著得到了諸多的好處。但

是，秦王現在老了，一旦有什麼不測，您姐姐沒有兒子，就成不了太后。那麼，她還有什麼尊貴可言呢？那麼，誰還會來維護您的利益呢？」

陽泉君當然也知道利害，只是苦於沒有良策，正好有呂不韋為他出謀。呂不韋對他說：「讓異人認了華陽夫人為乾娘，只要華陽夫人能夠幫助異人成為太子。那麼，母憑子貴，華陽夫人也就會永享富貴，您這位乾舅舅自然不會受怠慢。」

陽泉君聽得心悅誠服。接下來，呂不韋又找到華陽夫人的姐姐，對她說：「您妹妹終將年老色衰，終將會失去大王的寵愛，如果沒有一個可以依靠的兒子，又怎麼能夠找到一個長久的靠山呢？異人是不受關注的王子，他母親又不受他父王待見，您若能在危難之中相助，他能不感恩戴德嗎？」

華陽夫人的姐姐聽了這番見地，簡直如獲至寶，她立馬就去遊說華陽夫人說：「我聽說用美色來侍奉別人的，一旦色衰，寵愛也就會隨之減少。現在夫人您侍奉太子，甚被寵愛卻沒有兒子，不趁這時早一點兒在太子的兒子中結交一個有才能而孝順的人，立他為繼承人，又像親生兒子一樣對待他，那麼，你丈夫在世時你會受到尊重，丈夫死後，你自己立的兒子繼位為王，你最終也不會失勢，這就能得到萬世的好處啊！你不在容貌美麗之時樹立根本，假使等到容貌衰竭，寵愛失去後，那時想和太子說上一句話，還有可能嗎？現在異人賢能，而他也知道在眾王子中自己排行居中，按次序是不可能被立為繼承人的，特別是他的生母又不受寵愛，他就會主動依附於夫人。夫人如果真能在此時提拔他為繼承人，那麼，夫人一生在秦國就都會受到尊寵啊！」

華陽夫人聽了，認為確實是這樣。她就趁安國君方便的時候，委婉地談到在趙國做人質的異人非常有才能，來往的人都很稱讚他。接著就向安國君哭著說：「我有幸能夠進入後宮，但非常遺憾的是沒有兒子，我希望能夠立異人為繼承人，以便我日後有個依靠。」

十三歲被立為秦王

安國君非常寵信華陽夫人，聽後便答應了，便和夫人刻下玉符，決定立異人為繼承人。安國君和華陽夫人送了厚禮給異人，並請呂不韋當他的老師。因此，異人的名聲在諸侯中就越來越大了。

呂不韋看到大功告成，他又從邯鄲諸姬中選了一位美女，準備給異人做王妃。這位美女十分聰明伶俐，簡直嫵媚異常，這就是趙姬。呂不韋告訴趙姬要如何才能當上王妃。趙姬聽了，就欣然應允了。

有一天，異人在呂不韋家中做客，呂不韋讓趙姬前來獻舞伴酒。異人見到趙姬天姿國色，舞姿動人，便心生愛慕，於是舉杯為呂不韋祝酒，並向呂不韋索要趙姬。

趙姬假意推辭，而呂不韋進行了勸說。於是，呂不韋將趙姬獻給了異人，異人高興地把趙姬娶回了家。到了西元前 259 年，也就是秦昭襄王四十八年的正月，趙姬生下了一個男嬰。於是，異人和趙姬讓呂不韋給孩子取個名字。

呂不韋認為孩子生於正月，於是就將這個孩子取名為「正」。那時的「正」在古書上經常寫作「政」，所以就稱為「嬴政」了。異人得了兒子，很是高興，便立了趙姬為夫人。

那是秦昭襄王四十九年，也就是西元前 257 年，秦國派大將王齮率軍圍攻趙國都城邯鄲。為了報復秦國，趙國孝成王想殺死異人進行洩憤。因此，異人一家面臨著滅頂之災。

呂不韋得到消息後，便想方設法阻攔趙王殺異人。呂不韋對孝成王說：「異人是秦王室的寵子，華陽夫人要立他為太子。如果趙國殺了異人，秦國必定以此為藉口進攻趙國。我看還不如將他放回秦國，使他登上王位，異人必定感恩於趙國，這對趙國是有好處的。」

可是，孝成王並沒有接受呂不韋的意見。於是，呂不韋就與異人密謀，

拿出 600 斤的金子來賄賂守城官吏，使異人逃出趙國，再讓異人在出征的秦軍幫助下返回秦國。呂不韋的計謀終於成功了。

因為華陽夫人是楚國人，呂不韋就事先叫回到秦國後的異人，穿著楚國服裝去面見華陽夫人。華陽夫人果然大為感動，便正式收異人為義子，並給異人改名為「子楚」。

趙王得知異人逃走之後，就想加害趙姬母子。趙姬是邯鄲富豪家的女兒，娘家人就把趙姬母子藏了起來，趙姬母子最終幸運地躲過了這場生死劫難。

秦昭襄王五十六年，也就是西元前 251 年，秦昭襄王去世，太子安國君終於當上了國君，是為秦孝文王。華陽夫人自然被立為王后，子楚便水到渠成地當上了太子。這時，秦、趙關係有所緩和，趙國便將趙姬母子送歸了秦國。

可是，安國君即位時年紀已經很大了，所以當上國君沒幾天就依依不捨地撒手人寰了。子楚於是登上了王位，這就是後世所稱的秦莊襄王。

子楚的生母夏姬和他所認的母親華陽夫人於是被尊為太后，他的正妻趙姬於是成了秦國的王后，而他的兒子嬴政便被立為儲君。此時，獲益最大的人還是呂不韋，子楚任呂不韋為相邦，封文信侯，食邑 10 萬戶。

子楚在呂不韋的輔佐下，使秦國的國力日益強盛。子楚知道呂不韋精明異常，便漸漸對他警惕起來。而呂不韋也有所察覺，於是，他便與趙姬密議，想要除掉子楚，立嬴政為王，讓趙姬當太后。

於是，趙姬便夜夜獻寵，對子楚使盡百般妖媚之術，這樣使得子楚變得貪歡成癮，不久便衰弱不堪，只做了 3 年國君便魂歸西天了，可惜一腔抱負還沒來得及施展啊！

那是西元前 247 年，13 歲的嬴政登上了秦國的王位，他立趙姬為太后，封呂不韋為相國，並稱呂不韋為「仲父」，就是相當於父親的意思。

承襲先秦堅實基業

　　13歲便登上秦國王位的嬴政，由於他幼年時期在趙國經受了太多的痛苦和折磨，剛剛即位的他，便萌生了報仇的強烈願望。他認為身為一個光榮的王室子孫，他既要繼承祖先的偉大功業，把它發揚光大，又要實現自己的偉大目標。

　　事實上，先秦所建立的基業為嬴政橫掃六國打下了堅實的基礎。而秦國的強大和商鞅的變法有著密不可分的關係。因為是商鞅變法大大增強了秦國的國力，也對嬴政奪得天下和治國有著深遠的影響。

　　商鞅是衛國人，戰國時期法家學派的主要代表人物。商鞅年輕的時候喜歡刑名法術之學，受李悝、吳起的影響很大。他向尸佼學習雜家學說，後侍奉魏國國相公叔痤任中庶子。

　　公叔痤病重時向魏惠王推薦商鞅時說：「商鞅十分年輕有為，可以擔任國相治理國家，主公如果不用商鞅，一定要殺掉他，不要讓他投奔別的國家，否則將來你會後悔的。」

　　可是，魏惠王卻認為公叔痤已經病入膏肓，語無倫次，自然也沒有採納公叔痤的建議。後來，公叔痤轉而讓商鞅趕緊離開魏國，商鞅明白魏惠王沒有採納公叔痤的建議，也自然不會將他殺掉，所以並沒有立即離開魏國。

　　西元前362年，秦孝公繼位。當時黃河和崤山以東的戰國六雄已經形成，淮河、泗水之間有10多個小國。周王室勢力衰微，諸侯間用武力相互征伐吞併。

　　秦國地處偏僻的雍州，不參加中原各國諸侯的會盟，被諸侯們疏遠，像夷狄一樣對待。秦孝公繼位後以恢復秦穆公時期的霸業為己任，在國內頒布了著名的求賢令，命國人和大臣進獻富國強兵之策。

這時的公叔痤已經去世，商鞅聽說秦孝公在國內發布求賢令，便攜帶李悝的《法經》投奔秦國，他透過秦孝公的寵臣景監見到了孝公。商鞅第一次用帝道遊說秦孝公，秦孝公聽後直打瞌睡，並不感興趣。而且他還透過景監對商鞅進行指責，說他是個狂妄之徒，不可任用。

又過了 5 天的時間，商鞅再次會見秦孝公，用王道之術遊說，可是這次秦孝公又沒能接受他的建議，並再次透過景監責備商鞅。此後，商鞅又和秦孝公進行了第三次會見。這次，商鞅用霸道之術遊說，終於獲得了秦孝公的肯定，但秦孝公也沒有立即採用。

此時的商鞅已領會秦孝公心中的意圖。因此不久之後，二人又進行了第四次的會見。這次，他見秦孝公時暢談的是富國強兵之策，秦孝公聽時十分入迷，膝蓋不知不覺向商鞅挪動，二人暢談數日毫無倦意。景監不得其解，向商鞅詢問緣由。

商鞅說：「秦孝公意在爭霸天下，所以對耗時太長才能取得成效的帝道、王道學說不感興趣。」西元前 359 年，秦孝公打算在秦國國內進行變法，但又害怕國人議論紛紛，所以猶豫不決。因此，秦孝公召開朝會命朝臣商議此事。當時秦國一些重臣不同意變法，他們認為利不百不變法，功不十不易器。「法古無過，循禮無邪。」而秦孝公也是個進步人士，覺得老派人物落伍了，便積極地支持商鞅變法。商鞅針鋒相對地指出：

> 前世不同教，何古之法？帝王不相復，何禮之循？……治世不一道，便國不法古。湯、武之工也，不循古而興；殷夏之滅也，不易禮而亡。然則反古者未必可非，循禮者未足多是也。

從而，商鞅主張「當時而立法，因事而制禮」。這是以歷史進化的思想駁斥了舊貴族所謂「法古」、「循禮」的復古主張，也為實行變法進行了輿論準備。

承襲先秦堅實基業

變法是要用到權力的，因此，秦孝公給商鞅封了左庶長的職位。有了這樣的職位，商鞅才能指揮人。

商鞅擔心自己剛到秦國，人們難以信服，於是就想了一個辦法：在國都的南門立了一根3丈長的柱子。跟人說，誰把這根木頭搬到北門就將給誰10金。

剛開始時沒人相信，沒人動。可是重賞之下必有勇夫，賞金漲到50金時，一個人跑去搬木頭，結果商鞅給了那人50金。這樣，人們開始信任商鞅變法。

商鞅是個不徇私情的人，他懲治了自己的老師公子虔、公孫賈；他也不畏權貴，對秦國犯法的王公大臣也不手軟，這在秦國引起了很大轟動。後來人們開始奉公守法，法律暢通起來。

透過商鞅變法，秦國的百姓富足起來，將士們也勇猛作戰，秦國國庫的銀兩、糧食儲備一天天增多，孝公也沈浸在商鞅變法的喜悅中！兩年以後，孝公將都城遷到了咸陽。

西元前342年，周天子和諸侯派人向秦祝賀。第二年，秦乘魏在馬陵之戰失敗之機討伐魏國，商鞅用詐謀虜取了魏公子昂，打敗了魏國。魏國只好割地求和。孝公十分高興，因此封了15座城邑給商鞅，稱號為「商君」。

商鞅變法重農抑商，培養賢才，其中最大的成效在於經濟。商鞅廢除了戰國時期沿用的「井田制」，取而代之「開阡陌封疆」。「封疆」就是奴隸主貴族受封井田的界線。「開阡陌封疆」就是把標誌土地國有的阡陌封疆去掉，廢除奴隸制土地國有制，實行土地私有制。

法律規定：人們可以開墾荒地。因此，農民有極大的積極性來墾荒，直接推動農業的發展。而且還允許土地自由買賣，有錢的買地，沒錢的開荒，土地管理統一化。

這樣直接瓦解了奴隸制生產關係，大幅度地促進了封建經濟的發展。秦

國在打破原有生產關係的基礎上，極大地解放了生產力。秦國經濟飛速發展，成長為六國中實力最強的國家。

其次，是獎勵耕戰，生產糧食和布匹多的人，可免除本人勞役和賦稅；招募無地農民到秦國開荒。為了鼓勵小農經濟，還規定了凡是一戶有兩個兒子的人家，到了他們成年時必須分家，獨立謀生，否則要出雙倍賦稅。禁止父子兄弟同室居住，推行小家庭政策。

這些政策有利於增殖人口、徵收徭役和戶口稅，發展封建經濟。一系列的措施直接促進農業的發展、人口的增加。這就為始皇帝后來南北征戰打下了堅實的物質基礎，同時提供了充實的兵源。

還有統一度量衡。度量衡的統一在方仲政府辦事效率，保證國家稅收的同時，也為後期秦始皇統一度量衡提供了藍本。這些經濟上的改革帶來了秦國經濟的騰飛，為始皇帝統一六國提供了最有力的保證。

在政治方面，商鞅廢除了世卿世祿制，建立封建專制制度，推行郡縣制。這些措施直接影響到始皇帝統一六國後所運用的組織形式，為始皇帝建立中央集權的封建國家做了最好的形式上的鋪墊。

商鞅獎勵軍功，實行 20 等爵制。爵位依軍功授予，宗室非有軍功不得列入公族簿籍。有功勞的貴族子弟，可享受榮華富貴；無功勞的，雖家富，不得鋪張。這同樣嚴重侵犯了秦國舊貴族的利益。原有舊貴族可以直接承襲軍銜，而商鞅這一變法，不上戰場就當不上將軍，沒有軍功就甭想晉級，殺不死敵人你就沒有俸祿領。有這樣的獎懲措施，士兵們便自然而然驍勇善戰。

法令還禁止私鬥，私鬥指的不是民間打架鬥毆，而是指奴隸主為爭奪土地而展開的鬥爭。透過這樣的法令限制了奴隸主勢力的膨脹和擴張，加強了中央集權。經過軍事改革，大秦帝國軍隊戰鬥力得到了很大提高。隨著秦國國力的增強，在對外戰爭過程中，秦國屢戰屢勝。

承襲先秦堅實基業

西元前 355 年，秦孝公與魏惠王在杜平相會，這次會見意義非凡，它結束了秦國長期以來不與中原諸侯會盟的被動局面，秦國邁出了對外交往的關鍵性一步，秦國在諸侯國中的地位得到了提升。

秦國運用彪悍的武力奪去了農業文明較發達的巴蜀之地以及畜牧業發達的西北地區。軍事上的擴張，領土的開拓為秦統一六國做好了準備。

商鞅在政治上的改革還有一個在今天看來沒有什麼大的影響，而在當時卻影響很大的方案。這就是改革戶籍制度，實行連坐法。這一方面方便了城鄉的基層行政單位的運用，另一方面也震懾了平民百姓，讓他們不敢輕易動雜念，互相監督。

居民以 5 家為「伍」，10 家為「什」，將什、伍作為基層行政單位。按照編制，登記並編入戶籍，責令互相監督。一家有罪，9 家必須連舉告發，若不告發，則 10 家同罪連坐。不告奸者腰斬，告發「奸人」的與斬敵同賞，匿奸者與降敵同罰。

同時還規定旅店不能收留沒有官府憑證的人住宿，否則店主也要受到連坐。這些法律有一定的規範和震懾作用，但也十分嚴酷。一人犯法四鄰遭殃。

商鞅對始皇帝幫助最大的政治改革就是推行縣制。商鞅在全國設置了縣這個行政單位，把封建領主對自己地盤的政治特權統歸了中央。這一套政府職能單位的設置直接配合了「廢井田、開阡陌」政策，用政治的手段保證了土地私有化。鞏固了中央集權的封建統治，削弱了豪門貴族在地方的權力。

隨著秦國領土的擴大，秦在新占領的地方設了郡，漸漸地郡的範圍越來越大。因為郡有邊防的軍權，郡內形勢比較穩定，秦統治者看到這個現象，認為郡也是個不錯的行政管理工具，便在郡下設了縣。郡縣制開始在秦國盛行，他為後來始皇帝統一六國後在全國推行這個制度提供了基本的典範和經驗。

商鞅改革的效力不僅影響了當時，也對秦後世的統治產生了深遠影響。始皇帝能夠一統天下，除了他本身的雄才大略之外，與商鞅變法給秦國帶來的國力的增強是脫不開關係的。前人栽樹後人乘涼，始皇帝的成功也是得到了先輩蔭庇的。

　　除了商鞅的變法，還有一點就是秦國丞相范雎提出的「遠交近攻」。事實上，遠交近攻將秦統一六國的神話，變成可能實現的現實。它為秦統治者提供了能滅掉六國的方案，也讓始皇帝在統一六國的過程中有了一個明確的戰爭策略。可以說，范雎的遠交近攻策略為始皇帝統一江山開了路。

　　范雎是戰國時的魏國人，小時候家境貧寒，後來進入中大夫須賈門下當門客。在出使齊國時被須賈誣陷，經歷了多重磨難後來到了秦國，並且得到了秦昭王的賞識。

　　西元前 266 年，范雎出仕秦國國相，輔佐秦昭王治理國家。他承襲了秦國的治國傳統和志向，將統一六國作為奮鬥的目標，他是秦國歷史上繼往開來的名相。

　　范雎對秦昭王說：「我們秦國地理位置險要，天下沒有能趕得上的。我們有精兵強將，兵器裝備也是無人能敵得過的。雖然我們憑藉著驍勇善戰的將士和良好的武器裝備能像猛狗抓小兔一樣將他們收服，但是，如果沒有兼併他們的好方法，我國稱霸的事業就不能成功。這難道不是我們做臣子的失誤嗎？」

　　聽了范雎的話，昭王一下子來了精神，心裡暗嘆知音到了。秦昭王走下座位，來到范雎面前，對他說：「先生請詳細說說看！」

　　范雎受到了莫大的鼓舞，接著說：「我聽說之前的提法是，繞過韓、魏去攻打齊國，我認為這不是好的戰略。如果我們出兵少，打不過齊國，如果我們出兵多必定拖累自己，大王您不如採取『結交地理位置遠的國家，而攻打我們的鄰近國』的策略，這樣，大王您得到的土地，無論多少都是您的

了。大王您放棄近的、容易打的國家，而去攻打遠的、難打的國家，不是很荒唐的做法嗎？」

秦昭王一聽，可不就是這個道理。他興高采烈地說：「我就聽先生您的建議了！」接著便封了個大官給范雎，就是客卿，可以直接參與國家大事的討論，主管軍事。

就是透過過這次談話，秦國確定了「遠交近攻」的戰略思想。這一思想的確立，不僅對秦國逐一兼併六國乃至最後的統一奠定了戰略基礎，還為後世的戰爭、外交提供了最有價值的、實用的方案。

范雎還提出了遠交近攻的具體實施步驟。

第一就是，就近重創韓、魏兩個國，以此來解除心腹之患，從而壯大秦國勢力。

第二就是，向北圖謀燕國，向南謀求楚國，扶持弱小的國家來抵制強大的國家，爭取中間地帶的支持，抑制各國的發展。

第三就是，聯合韓、魏、趙、楚來威逼最遠，且最強大的齊國，讓齊國不敢和秦國競爭。

第四就是，在形成絕對的優勢之後，消滅韓、魏等國，最後滅齊。實際上始皇帝滅六國的步驟就是按照這樣的方法操作的。遠交近攻為始皇帝一統江山提供了最為實用的戰略方案。

西元前 268 年，秦昭王按照范雎的建議，派五大夫王綰率領軍隊討伐魏國，攻占了懷地。兩年以後，又派兵攻下了邢丘。就在這種形勢之下，范雎又提出了攻打韓國的計策。

他先是向昭王分析攻韓的重要意義。他說：「我們秦國和韓國相互接壤，就像織在布裡的線縱橫相連，韓國對於秦國來說就像樹裡的蟲子一樣，是我們的心腹大患，不除不行。天下太平還好，如果天下稍有風吹草動，沒有比韓國更大的威脅了。所以，大王您要先收服韓國。」

秦昭王也覺得韓國是個極大的威脅，不除恐有後患，於是便問范雎：「該怎樣做才能收服韓國呢？」

　　范雎胸有成竹地說：「如果大王您派兵占領了韓國的政治、經濟、交通、軍事的交通要道滎陽，就可以阻斷韓國對鞏、成皋地區的統治，韓國上黨的軍隊沒法支援這一地區的戰事。這樣一來，韓國被截成了三節，韓國能不對秦國俯首稱臣嗎？」秦昭王拍案叫絕。

　　那是西元前 265 年，秦國首先派出了軍隊，先後占領了少曲、高平、陘城、南陽、野王等地方。韓國被斬斷了，整個上黨地區被完全孤立了起來。秦國在這一系列戰爭中，獲得了韓國大量的人力、物力作為它戰爭損失的補償。得了這些戰爭補償的秦國，實力沒有因為戰爭而削減，反而得到了十分有利的擴充，它大大加速了秦國對趙、楚兩國的進攻的步伐。

　　正是遠交近攻的策略，才使得秦國一步一步兼併了六國，最終在嬴政手裡，完成了統一大業，遠交近攻戰略對統一六國具有非凡的意義。沒有遠交近攻的策略，嬴政還不知道要在統一六國的路上摸爬滾打多少載呢！

　　因為秦國在軍事上節節勝利，范雎也越來越得昭工的倚重，開始讓他在內政上大展拳腳。范雎提出了「強幹弱枝」的治國方略，就是加強中央集權。

　　范雎對秦昭王說：「我在山東居住時，聽說齊國只有孟嘗君，沒人知道有齊王。而秦國有太后和穰侯魏冉，沒聽說過秦王。所以說，能治理國家的、趨利避害的、能執掌生殺大權的人才能稱為王。現在什麼事都是太后做主，穰侯外出進行國事訪問也不奏報，地方上做事也不奏報國君，國家就像沒有君王一樣。國家權力怎能不傾斜，國王的號令怎會有人聽從？我聽說能治國的人，是那些在內政上能發揮威力，在外交上人們能夠重視的人。現在，穰侯依仗著太后的權勢，削弱了您在外界的地位，他一用兵諸侯都害怕得不得了，他不用兵，諸侯們都感恩戴德，他在君王的左右廣設間諜，恐怕在大王故去之後，擁有秦國的就不再是大王的子孫了。」

承襲先秦堅實基業

　　這一說，可是給秦昭王提了醒。這是秦昭王沒有想到的，雖然他對宗親貴戚的勢力膨脹看在心裡，急在心頭，但是他卻沒有考慮到後果是如此的嚴重。聽范雎這麼一說，就下定決心要除掉外戚、宗親的勢力。就在這一年，昭王罷免了魏冉的相位，打發到他的封地去了。後來又將太后的權力也奪了回來，不許太后參與政務，接著，他又封范雎為國相。這樣，以秦昭王為首的中央政權得到了集中。

　　范雎推行的「固幹削枝」方針，從根本上強化了秦國的中央集權制度，促進了封建割據走向封建大一統，這對秦國中央集權制度的完善和嬴政最終完成統一大業有著不容忽視的作用，它是順應歷史發展的一次重大社會變革。

　　通過范雎的遠交近攻策略使得秦統一六國的構想可以落到實處；透過「強幹弱枝」使得秦國中央集權進一步加強。這些都為始皇帝開疆擴土，統一六國以及建設秦帝國奠定了良好的基礎，始皇帝的功勛和先輩的累積是分不開的。

剷除嫪毐和呂不韋

　　贏政少年即位，還不具備處理國政的能力。因此，秦國朝政由太后趙姬和相國呂不韋執掌。這時秦國的大事實際上操縱在呂不韋一人的手中。

　　西元前 241 年，楚、趙、魏、燕、韓 5 個國家又一次聯合起來抵制秦國擴張。他們推舉楚王為「盟主」對秦軍予以反擊。呂不韋面對這種境況，決定採用重點打擊，分化六國連縱的方法，使得六國聯軍瓦解。秦國於是開始憎恨楚國這個「盟主」。

　　呂不韋明白要削弱或滅掉楚國，一定要除掉楚國的智囊春申君。於是百般刁難楚國，楚國國王不免會遷怒於提出計策的春申君。春申君為了平息楚王的怒火，四處網羅美女來供楚王享樂。說來奇怪，春申君送入楚宮的女子甚多，加上原有的楚國妃子，楚國後宮充盈，但楚王卻一直沒有子嗣。春申君一籌莫展。

　　有一天，春申君的賓客李園求見春申君。事後將自己的妹妹獻給了春申君。不久，李園的妹妹懷孕。一天李園的妹妹趁著春申君為楚王無子而煩惱的時候，向春申君提出了「保證能長久寵於國君」的良策。這就是將懷了身孕的自己送到楚王身邊。

　　有人傳說，李園是呂不韋派去楚國的奸細，出這個點子的就是呂不韋。就像傳說中呂不韋當初讓自己的愛妾趙姬懷孕嫁給異人一樣，故伎重施，因為李園及其妹妹都是趙國人。而呂不韋的基業在趙國建立，他的食客也多數是趙國人。

　　後來，李園的妹妹確與楚王結合後生下了兒子。楚王自然高興，封李園的妹妹為皇后，封小王子為太子。此後，李園雞犬升天，受寵程度超過了春申君。楚王死後，李園成功除掉了春申君，直接控制了楚國的政權。呂不韋

剷除嫪毐和呂不韋

藉著李園之手除掉了秦國的眼中釘。這是嬴政初登王位時，呂不韋為嬴政削弱楚國所做的一件大事。

呂不韋在位期間，對韓、趙、魏三國進行了比較集中的攻擊。嬴政五年，在呂不韋的幫助下，秦國在靠近齊國的魏地成立了東郡，這樣秦國就有了與齊國接壤的地區。

秦國可以憑藉這一地區直逼關東各國。這場戰役由秦國大將蒙驁指揮秦軍大舉進攻魏國，攻占了酸棗、桃人、雍丘等地而完成。這對魏國國都大梁造成了嚴重威脅。

第二年的時候，秦軍又占領了魏地朝歌和濮陽，並把濮陽併入東郡來管理。這一下可引起了各諸侯國的驚恐。東郡不但與齊國接壤使齊國開始惴惴不安，而且也把六國割裂成南北兩部分。六國再想連縱抗秦，簡直是困難重重。

呂不韋很有戰略眼光，他知道這些年來，秦國因為六國聯合吃了不少敗仗，所以秦國要取得六國就要破壞幾國的連縱。經過呂不韋 10 年的征戰討伐，秦國大幅度地削弱了六國的勢力。

呂不韋不僅有治國的才能，也有任人唯賢的氣量。他手下養了 3,000 食客，為秦國網羅治國英才，後來的丞相李斯就是出於呂門，而他最為出名的用人策略是甘羅拜相。

在嬴政還是秦王的時候，秦國與燕國結盟，秦國要派人到燕國當相國。呂不韋想啟用張唐。張唐死活不答應，誰願意到一個窮溝溝裡當什麼相國，萬一秦國和燕國打起來，老命都不保了。

回到家中，呂不韋悶悶不樂，甘羅看到了就詢問呂不韋原因。甘羅是秦將甘茂的孫子，也是呂不韋的賓客。呂不韋就原原本本地將這件事告訴了甘羅。

甘羅聽了，便呵呵一笑說：「相爺，這事就交給我吧！我能勸服張唐去燕國。」呂不韋一開始還有一些不太相信，便說：「你若能勸服張唐，我就

拜你為上卿。」甘羅胸有成竹地找到張唐，開門見山地問：「先生，我與白起的功勞哪個大？」

張唐說：「這還用問嗎？當然是甘羅大。」

甘羅又問：「文信侯與當年的范雎誰的權力更大？」

張唐說：「自然是文信侯的權勢大！」

甘羅笑笑說：「當年白起攻打趙國范雎不肯，結果逼得白起自殺，現在文信侯要您去燕國，您卻推辭不去，這樣做豈不是很危險嗎？」這下可把張唐嚇傻了，便答應去燕國做相國。

甘羅回到相府，將事情的原委與呂不韋交代清楚。並對呂不韋說：「張唐去燕國不是出於自願，我們不能大意，您不如先派我去趙國。」呂不韋領略了甘羅的才華，便答應他去趙國。

趙王正在為秦、燕聯盟的事而愁苦，聽說秦使來到趙國，急忙迎接。等接到一看，竟是個小孩子。趙王驚訝地問：「你今年多大了？」

甘羅說：「12歲。」

趙王又接著問道：「難道秦國沒有年紀稍微大些的使者嗎？怎麼會派你來呢？」

甘羅絲毫不示弱：「我們秦國的用人原則是，年齡大的人辦大事，年齡小的人辦小事。我最小，自然派我來趙國了。」

趙王一聽不敢再小覷甘羅。於是恭敬地問：「先生來到我們國家是為了什麼呢？」

甘羅說：「大王您知道我們國家與燕國結盟的事了嗎？」

趙王說：「是的。」

甘羅又接著說道：「秦、燕兩國結盟，這對趙國是極為不利的，這個您清楚嗎？」

剷除嫪毐和呂不韋

趙王點頭：「那您認為應該怎麼辦呢？」

甘羅微笑著說：「秦燕結盟不過是想擴張河間的地盤，若您能拿出河間 5 城交給秦國，那麼，我可以說服秦王不與燕國結盟，而與趙國聯盟。這樣，趙國就可以攻打燕國了。」

趙王一想也是，如果秦、燕兩國聯合作戰，河間是肯定保不住的。與其這樣還不如以獻河間 5 城來求得安寧。於是，他便將河間 5 城交給甘羅帶回了秦國。

甘羅回到秦國將在趙國得到 5 城奉到秦王面前，秦王高興地說：「你的智慧比你的年齡要高出很多啊！既然這樣就不要讓張唐去燕國了，我們與燕國絕交，派兵攻打燕國。」這樣燕國的 30 座城又落到秦國手裡。趙國又把 11 座城池獻給了秦國。

此後，秦王拜甘羅為上卿。秦王的善於用人，固然與秦王的遠大抱負和魄力有關，但也不無呂不韋的關係。如果沒有呂不韋的信任和推薦，甘羅縱使有千般能耐也無法脫穎而出。

呂不韋用人不避年少，使得秦國家家望子少有所成。其他國家的人才看到呂不韋這樣慧眼識珠，也紛紛前來投靠，這進一步壯大了秦國的人才團隊，為秦國的強大作出了貢獻。

也是由於呂不韋廣納人才，秦國宮中與呂不韋有裙帶關係的人數眾多，呂不韋形成了龐大的勢力。這龐大的勢力嚴重威脅到嬴政的統治，造成了嬴政沉重的心理負擔，再加上呂不韋得意忘形，編寫了《呂氏春秋》為自己歌頌功德。

全書貫徹了呂不韋的思想文化觀念及政治主張。《呂氏春秋》綜合了各家學說之長，指導秦國統治階級兼併六國，建立大一統的封建王朝，並實現長治久安。

它對各家學說實際上是有所吸收，有所揚棄，主要是吸收其中比較合

理、進步和有利於實現上述目的的內容。因而它是「雜而不雜」，宗旨明確。
《用眾》篇說：

> 天下無粹白之狐，而有粹白之裘，取之眾白也。……故以眾勇無畏乎孟賁
> 矣，以眾力無畏乎烏獲矣，以眾視無畏乎離婁矣，以眾知無畏乎堯舜矣。
> 夫以眾者，此君人之大寶也。

《呂氏春秋》對先秦各家各派著重審視其優長，偏重於汲取其精粹，力
圖超出門戶之見，它說：

> 老耽貴柔，孔子貴仁，墨翟貴兼，關尹貴清，列子貴虛，陳駢貴齊，陽生
> 貴己，孫臏貴勢，王廖貴先，兒良貴後，此十人者，皆天下之豪士也。

由於《呂氏春秋》有這種兼容并包的眼光，所以能取精用宏，融匯百家，
以道貫之。

《呂氏春秋》繼承發揚了道家齊萬物思想，認為「一則治，異則亂；一
則安，異則危」。思想統一後，才能「齊萬不同，愚智工拙，皆盡力竭能，
如出一穴」。統一的過程，實際上是一個批判吸收的過程。

所以，《呂氏春秋》對各家思想都進行了改造、發展與摒棄。例如，儒
家主張維護君權，這種思想被《呂氏春秋》吸收了，但它是以獨特的面貌出
現的：主張擁護新「天子」，即建立封建集權國家。

《呂氏春秋》主張的是興「義兵」，「義兵至，則鄰國之民，歸之著流水，
誅國之民望之若父母，行地滋遠，得民滋眾，兵不接刃，而民服若化。」

《呂氏春秋》中認為，一味地反對戰爭是沒有意義的，並且也是不對的。
正義的戰爭，也就是「攻無道而伐不義」的戰爭，不僅可以除暴安良，而且
還可以得到人民的衷心擁護。這實際是為秦國統一中國的戰爭進行辯護。

《呂氏春秋》的問世令嬴政內心的妒意與擔憂越發深重了。找到機會清除

剷除嫪毐和呂不韋

呂不韋在秦國的勢力是嬴政一直在探求的。因此，兩個人開始在暗地裡較量。

有一次，呂不韋向秦王嬴政上奏道：「王既已掌天下，應當大赦天下罪人，使萬姓歡悅。」

嬴政搖頭一笑，回呂不韋說：「相國，罪人只能坐牢，不能赦！」

秦王坐上王位後，凡事皆親政。呂不韋覺得秦王年幼，又自恃是前輩，事事都要發表自己的高見，可是這樣讓嬴政很不愉快，他下定決心給呂不韋一點兒警告。

有一天，朝賀過後，嬴政命黃門擺酒，邀請呂不韋進宮坐飲，說道：「相國，你是本王的仲父，本王敬相國如敬父母。仲父年紀大了，應好好地在府中享樂，朝堂之事，少操些心。」

呂不韋自然不情願退居，於是便慷慨地說：「大王，我今年才 39 歲，正是少壯為國出力的年紀啊。待我王到了 15 歲以後，我自然什麼也不聞不問了。」

嬴政嘻嘻地笑著，端著酒杯，說道：「相國，我和你猜枚，輸一次，飲 3 斗。」

呂不韋說道：「哎呀！我的大王，你可不能過多飲酒。飲酒過多，戕害貴體。」

嬴政不以為然道：「我 8 歲那年就飲酒，我母后教我的。父王在時，也教我飲酒。」

呂不韋聽到嬴政這樣說，覺得嬴政現如今和往日不同，便不敢再多言。從此，在他心中便產生了前所未有的危機感。因為他與趙太后保持著非同一般的關係，日子雖然過得快活，但終究是見不得光的。這樣偷偷摸摸的日子，呂不韋是不想再過下去了。

嬴政一天天地長大，呂不韋唯恐自己和太后趙姬的事情敗露，那樣後

果將不堪設想，從而災禍將會降臨在自己頭上。況且趙太后一天天年老色衰，呂不韋也厭倦了。但是，這也不是一件好辦的事情，弄不好趙太后就會懷疑。

於是，呂不韋終於想出了一個金蟬脫殼的好辦法，這就是找個替代品，而這個替代品就是嫪毐。於是，他把一向縱情聲色的嫪毐收為了自己的門客。這顯然是一著險棋，如果處理不好便會激怒太后，從而惹來殺身之禍。

嫪毐原本是個市井無賴，他偶然得到了一個偏方，試用奇效，至此開始了藥販生涯。後來，他和呂不韋家裡的一個丫鬟熟絡並私通，被發現後，他被召為呂相府中舍人。此時呂不韋正為脫離太后趙姬而煩惱，因此，嫪毐的出現為呂不韋徹底解決了這個焦灼的難題。

呂不韋經過一番努力，終於使得嫪毐引起了趙太后的注意，趙太后有意將嫪毐據為己有。這個時候的趙姬，或許也感到了呂不韋的力不從心，或許也是尋求新鮮、刺激的心理，加上她骨子裡對男人的失望和不以為意，竟也不深究其中的原因。反正兒子即將長大成人，有了一定的見地和根基，她不用再操心了。

要得到嫪毐，並不是一件簡單的事，當然要呂不韋想辦法。怎樣進入王宮就是個大問題。王宮禁衛森嚴，即使達官貴人也不能隨便出入，更何況是平民百姓。呂不韋想到了要嫪毐冒充宦官進入宮中的做法。他與趙姬買通了主管宮刑的官員，將嫪毐送到趙姬身邊，供趙太后享樂。嫪毐是有鬍鬚的，因為沒有淨身，他的鬍鬚會不斷地長出來，每過幾天嫪毐都要忍受短暫的痛苦，將自己的鬍鬚清理乾淨。

就這樣嫪毐開始侍奉趙太后，趙太后對嫪毐也是相當的滿意。後來，竟然懷了嫪毐的孩子，她恐怕別人知道，於是便假稱算卦不吉，需要換一個環境來躲避一下，就遷移到了雍地的宮殿中居住。從此，嫪毐終於富貴發達，

剷除嫪毐和呂不韋

不但被封為長信侯，還和太后趙姬生了兩個兒子。

嫪毐封侯之後，以山陽為他的居住地，以河西太原郡為他的封地，所得賞賜豐厚異常，雍城的一應事情取決於嫪毐，宮中事無大小也都取決於他，家中僮僕賓客多至數千人，投奔嫪毐求官求仕的賓客舍人也有千餘人，一時門庭若市，成為咸陽豪門。

嫪毐果然不負所托，如今已經發展成了能與呂不韋抗衡的勢力。同時，嫪毐與呂不韋也勢同水火。嫪毐與太后一起密謀，一旦秦王去世，就由他們的兒子繼承王位。

但是，嫪毐畢竟是市井小人，小人得志，難免會忘乎所以，往往得意妄言。有一天，嫪毐與王公大臣們飲酒賭博，醉酒之後，與人爭執起來。只見他圓瞪雙目，大聲喝斥道：「我是當今國王的繼父，你這窮小子竟然敢與我對抗！」

爭執者聽後趕緊就逃走了，然後把這話報告給了秦王，說：「嫪毐實際上不是宦官，他與太后私通，已經生下了兩個兒子，而且他還密謀讓自己的兒子繼承王位。」

嬴政聽到這個消息，不禁憤怒異常，立即派官員調查虛實，想盡快把事情真相全部弄清楚，後來得到密報，說嫪毐本來不是閹人，確與太后有姦通且生子的醜事，而且這件事情還牽連到相國呂不韋。但他並沒有立刻採取行動。

秦王政九年，也就是西元前238年，嬴政21歲。按照禮儀，他必須在祖宗的宗廟裡接受冠禮。這是長大成人的代表。秦國的宗廟在雍城，那是秦國過去的都城，歷代秦王在這裡經營了將近300年，宗廟都在這裡。秦王從咸陽來到雍城，舉行了冠禮儀式。他頭戴王冠，身佩長劍。這意味著他即將親理朝政。

這時，有人把秦王派人調查的事情告訴了嫪毐。嫪毐十分惶恐，自從他

被封為長信侯以後，又得河西太原郡為毒國。他恣意享受著宮室車馬衣服苑囿，過著優裕的王侯生活，他怎麼能突然失去這一切？於是，嫪毐決定鋌而走險，先發制人，利用秦王在雍城的機會發動叛亂。

這一天，趁著嬴政宿雍城蘄年宮行冠禮，嫪毐便偷取了秦王玉璽和太后璽，召集部分地方士兵、宮中侍衛、騎兵和自己的門客，企圖攻打嬴政在雍城的行宮蘄年宮。

秦王嬴政聽到消息，立刻採取了果斷措施，命相國昌平君、昌文君領咸陽士卒平息叛亂，兩軍戰於咸陽。呂不韋假冒秦王下令：「凡有戰功的均拜爵厚賞，宦官參戰的也拜爵一級。」

嫪毐的 3000 龍虎兄弟，每人一把鋒利的長劍，一個大盾牌，一條長戈，一匹好馬，轟隆隆衝出府來，其聲如吹怪樹，如滾巨石，所有反者，心中都只有一個目標，那就是秦宮。

這時，相國昌平君、昌文君指揮 7000 鐵騎，從咸陽西城三門如狂風一般掃入城中，當秦軍的前鋒，殺到朱雀大街中心時，正遇上嫪毐的先頭部隊，嫪毐反部儘是咸陽地區的亡命之徒。他們平日在咸陽市上，無惡不作，今天，他們更加猖狂。他們一遇上秦軍，都發出如雷的惡聲衝上去。

血戰即盤天繞地展開了。嫪毐拿著一柄劍，東劈一下子，西劃一下子，沒有傷著人。後來，昌平君、昌文君的兵馬一層層地逼攻上來，嫪毐所率的亡命之徒，一個又一個地翻下馬去。嫪毐親眼望見，凡是中了戈、戟、矛、劍的人，都是身上一顫，接著就「啊呀」地一聲落下馬去，再也不動了。

這時，秦王嬴政率領著又一路軍隊趕到，直把嫪毐之眾擊退半里多地。將軍蒙恬，一支神戟，龍馬踐踏處，這些反秦的狂奴，接二連三地墜下馬鞍，人馬都被鮮血噴成赤色。秦王嬴政手拿著寶劍，殺入敵陣，一干眾將護著他那萬乘之尊，他高呼殺聲，毛髮皆動，戰馬狂嘶。

剷除嫪毐和呂不韋

　　500 多亡命徒一聲喊叫，都衝上來，把嫪毐護在中心，退向東方，又西向北拐，逃出咸陽北門。一路上他叫道：「我平日所練家將，甚是精悍，為何今日一遇秦王之師，都如兔子見高空之鵰？可恨蒙氏弟兄，為王賣力不懈。」

　　事實上，嬴政也早已對他母親的情人恨之入骨，便令喻全國：「生擒嫪毐者賜錢百萬，殺死嫪毐者賜錢 50 萬。」

　　不久之後，嫪毐的死黨全被秦軍的劍、斧、戈、戟鎮伏下去。映著初升旭日的金光，秦王嬴政躍馬橫劍，被蒙武接入秦陽門。宮中歡聲雷動，鐘鳴鼓響。

　　這場戰爭，嫪毐的 1 萬徒眾，死傷 3,000 多人，秦軍也死傷了 2,000 多人。嫪毐的門客、好友，被斬首 300 餘人。所餘叛眾，盡皆降伏乞命。

　　後來，嫪毐和他的一批死黨在咸陽東 50 公里的地方被當地縣令率兵擒住，押入咸陽。這天，嬴政在殿前設座，左有相國昌平君、昌文君，右有李斯，還有滿朝文武官，共計 500 多人。

　　嬴政看了一眼李斯，把手一揮，李斯向眾官宣布嫪毐罪狀道：「私隱大陰，穢汙宮禁，濫冒宗號，欺騙聖主。又且聚眾反天，干戈已逞，震動咸都，攻劫王駕，罪在不赦。曷可罔極，令五車掙之，以裂天下同類之膽，以廣我王慴服眾醜之天威！」

　　李斯唸完罪狀，趙高便大聲喝道：「車裂之刑開始！」伴隨著一聲慘叫，嫪毐瞬間被四分五裂，鮮血四濺。

　　這時，文武百官一齊向嬴政跪下祝賀，但聽鐘鼓齊鳴，階下 4000 宮衛軍如豹吼般震天動地的一聲喊：「祝我王萬壽無疆！」

　　嬴政這時面帶微笑，立起身宣旨：「昌平君、昌文君俱賜黃金萬錠，增祿粟二千石；李斯晉為廷尉；蒙武晉大將軍；蒙恬、蒙毅俱晉將軍。」其餘論功者，皆拜爵，宦者隨蒙武守衛宮禁入戰者，亦皆拜爵，賞賜有差。

嫪毐被嬴政徹底地剷除掉了，這不僅僅是因為他與趙太后之間的事情，其實還包含著更深層的政治原因。嬴政是秦王，他必須要維護王位，從而取得政治上的獨立。如果嫪毐沒有染指政治，那麼，即使他淫亂後宮，嬴政也可能饒嫪毐一命。畢竟生母還在，假父親對生母有用，對自己無害。

　　但是，嫪毐不但染指了政治，甚至還生下了兩個來爭奪王位的小子。還大言不慚地說要在秦王百年之後繼承大位，使江山易主。這樣嬴政自然是不會放過他的。

　　如果嫪毐染指政治，只是安安分分地做個享受型的侯爺也就罷了，可是他卻藉著自己的勢力，野心勃勃地想要取代呂不韋進而架空嬴政，這樣，嬴政就不會置之不理。而且，要是除掉了他，嬴政自然在文武百官面前的勢力也會大大增強，也想借此來滅一下呂不韋的囂張氣焰，讓他能擺對自己的位置。

　　嬴政在捉拿嫪毐之亂參與者的時候，他發現其中竟然包含衛尉、內史、左弋、中大夫等高官。這說明當時的嫪毐已經具備了一定的政治勢力。

　　嬴政的政治眼光是敏銳的。他選擇在登基之後，大權在握之時，對嫪毐發動討伐，是最好的時機。新官上任，要做出些成績才能服眾，才能殺一儆百，給他人一個震懾。可見，嬴政也不缺乏政治頭腦。嬴政在等到嫪毐發動叛亂後，舉兵滅殺，又派呂不韋剿滅嫪毐，足見嬴政的政治手腕。

　　對於太后的亂情，嬴政是早就有所耳聞的。只是這麼多年來，母子相依為命，多少還有些感情在。自己又沒有掌握實權，只能睜一隻眼閉一隻眼。

　　但是，這個趙太后也著實有些過分，生了兩個孩子，而且還應允他們的兩個兒子繼承大位，這讓嬴政感覺到了危機。趙太后在答應嫪毐將他兒子扶上大位之時，甚至沒有考慮到嬴政和她之間的母子之情。

　　因此，嬴政在政治上和心靈上都受到了殘酷的打擊，他甚至不能相信自己的親生母親，自然也無法相信除了自己以外的任何一個人。故而他卜定了

剷除嫪毐和呂不韋

除掉嫪毐的決心。

太后和嫪毐的兩個兒子都被裝進麻袋，活活摔死了。而對於自己的母親，嬴政不能處分，只好將太后逐出咸陽，遷往城外的貢陽宮，軟禁起來，就此斷絕母子關係，永世不再相見。可是，軟禁母親，畢竟是一件大逆不道、不孝順的事情。因此，有許多大臣都為此紛紛發表意見。

有一些人認為嫪毐禍亂秦廷，殺之、裂之皆為得當之法。但是有受過嫪毐恩惠的人，他們卻暗議秦王嬴政：「車裂假父，有嫉妒之心；摔殺二弟，有不慈之名；棄母咸陽，有不孝之行。」

秦王政曾向群臣說過：「誰若輕議嫪毐、太后事，便用鐵蒺藜骨朵杖殺之！」

因此，有人議論秦王道：「蒺藜杖殺，為桀紂之治。」這些議論者 27 個人，又形成了黨羽，並向六國到秦國來的使者散發書簡，盡言秦王政之過，以毀其威。這些人的行為被蒙武府中門客探知，報給蒙武。蒙武細查一番，果然是真，就密奏給秦王政。

秦王政特命蒙武盡快逮捕他們下獄。審問期間，他們 27 人要面見秦王政，自稱：「有話要說。」

秦王政聽了蒙武的回報，在偏殿重審那 27 人。那 27 人異口同聲地道：「我們議論、發簡，其事實有，但是為了老太后。她一個人待在貢陽宮裡，孤零零地，天下人不笑話天子嗎？只有天子為太后的孝子，我們才能有忠於君之行，並非為嫪毐翻案也。」

嬴政冷笑道：「嫪毐欺騙寡人，禍亂家國，害人甚眾，且又造反，寡人殺人，何為嫉妒？所謂二弟，乃嫪毐造孽，非我嬴氏族屬，留之必為後患，摔殺何為不慈？太后生活不謹，以金玉之軀，賤售於不法之徒，毀寡人之形象，幽之，何為不孝？凡是嫪毐黨徒，寡人除惡務盡，乃為國家社稷之安

定。立鐵蒺藜骨朵以威之，有何不可？你們27人乃是嫪毐黨徒，漏網之魚，又在作祟，向六國使者散發寡人所謂的四大過錯，欲為嫪毐復仇，非為國家也！你們尚有何說？」

27人當即語塞，難以對答。贏政發作起來，便令蒙武把他們27個不明不白的多事之人押到廷尉李斯處，細審口供。那27人一齊承認：「是為嫪毐朋黨。」

贏政令蒙武到李斯那裡宣旨：「一齊杖殺之，並向眾臣宣傳，凡是嫪毐黨徒。皆無生路。」

李斯奉秦王政之令，把那27個人，都使大棒，先打爛了身子，後敲碎了腦袋。並把他們的屍首掛在宮牆示眾。看到贏政殺掉這麼多的人，一時間，就沒有人再敢進諫了。

這時，一位在秦國為客卿的茅焦挺身而出，他感慨地說道：「兒子囚禁母親，這可真是天翻地覆啊。哪裡有這樣的道理？」接著，茅焦又自報家門說道：「我是齊國人茅焦，今天我是為了太后的事情特地來勸說大王的。」

這一次，茅焦很幸運，接到求見的報告，贏政並沒有立即處決他，而是派使者提醒說：「你難道沒有見到那些因為來說太后的事兒被殺掉的人的屍體嗎？」

茅焦回答：「我正是為此事而來。我聽說天上有二十八星宿，如今已經有27個了，我來就是要湊夠28之數。我不怕死！」那些和茅焦一起居住的人聽說茅焦去諫止秦王，都認為他必死無疑，大家合夥把他的行李私自瓜分，各自逃亡了。

贏政聽到使者的回報後，火冒三丈，大怒道：「這小子是故意來違背我的命令的，趕快準備一口大鍋，我要煮了他。」說完，他按劍端坐，氣勢洶洶，召見茅焦。

剷除嫪毐和呂不韋

　　茅焦故意緩慢地進殿以減弱秦王的怒氣。使者催促他快些走，茅焦說道：「我到那裡也是會當即處死，您就不能讓我慢些嗎？」使者聽了這話也不再催促他了，甚至為他感到悲哀。

　　這時，茅焦來到秦王嬴政的面前，不慌不忙地行過禮，對秦王說：「我聽說，長壽的人不忌諱談論死亡，國君不忌諱研究國家滅亡。人的壽命不會因為忌諱死亡而長久，國家不會因為忌諱亡國而保存。人的生死，國家的存亡，都是開明的君主最希望研究的，不知道大王是否願意聽呢？」

　　聽到這裡，秦王的怒氣稍稍有些緩解，然後便問茅焦：「你說這話是什麼意思？」

　　茅焦回答說：「忠臣不講阿諛奉承的話，明君不做違背世俗的事。如今，大王有極其荒唐的作為，我要是不向大王說明白，那就是辜負了大王的期待。」

　　嬴政停頓了一會兒，說：「你要講什麼？說來聽聽。」

　　茅焦說：「天下之所以尊敬秦國，也不僅僅因為秦國的力量強大，而是因為大王是英明的君主，深得人心。現在，大王車裂你的假父，是為不仁；殺死你的兩個弟弟，是為不友；將母親軟禁在外，是為不孝；殺害進獻忠言的大臣，是夏桀、商紂的作為。如此的品德，如何讓天下人信服呢？天下人聽說之後，就不會再心向秦國了。我實在是為秦國擔憂，為大王擔心啊。」

　　說完之後，茅焦解開衣服，走出大殿，伏在殿下等待受刑。秦王政聽了茅焦這番話之後，深受震撼，他知道自己的行為對收買人心、統一天下大業十分不利。

　　於是，嬴政親自走下大殿，扶起了茅焦，說：「赦你無罪！先生請起，穿上衣服。我願意聽從先生的教誨。」

　　茅焦進一步勸諫說：「以前來勸諫大王的，都是些忠臣，希望大王厚葬

他們，別讓天下的忠臣寒了心。秦國正圖一統天下，大王更不能有遷徙母后的惡名。」

秦王說道：「以前那些人都是來指責我的。沒有一個向我講明事關天下統一的道理。然而今天，先生說出來的話使我茅塞頓開，哪裡有不聽的道理？」

於是，秦王嬴政採納了茅焦的建議，厚葬被殺死的人，又親自率領車隊，到雍地迎接趙太后，然後把趙太后接到福年閣居住。這時，秦王嬴政有命，凡后妃所居之殿、閣、樓、房，一律都改為宮。福年宮正屋中，幾年無人居住，已是塵土濛濛，陰風歷歷，蜘蛛盤絲，盧蜂做蛹了。趙太后見此光景，一邊令人收拾，一邊淚流滿面。

第二天中午嬴政到福年宮來見趙太后，心中也十分酸楚。趙太后先是哭，後來笑了，說道：「陛下不必傷心，哀家知你是孝子。那一年在邯鄲，你才5歲，多虧呂相國買通趙國大將樂乘等人，我們才得以歸國。我本想不回國，怕在路途成為累贅，連累於你。5歲的你牽著我的衣服，哭叫不止，說什麼一生也離不開母親。我只好抱著你，跟呂不韋逃到這咸陽來了。可知你如今還是那樣兒。我年輕守寡，於人節有虧，自知不對，從此靜守深宮，為天子的臉面爭光。」

嬴政聽後，熱淚盈眶，說道：「母后回宮的事，還虧得大夫茅焦……」他隨即把處置27人及聽取茅焦之事，還有迎太后回宮的經過，訴說了一遍。最後說：「母后今後在宮中可隨意享樂，若有不順心的事，請向王兒說明，孩兒一定不使母后寡歡。」

趙太后於是說道：「茅君為秦之上卿，亢直敢言，而又不傷君臣、母子之大體，使秦國社稷得以安寧，是一個真正的上卿。陛下有福，得此明臣。」

嬴政接著又說：「母后不宜在福年宮居住，可免去若干枝節。幾日後，

剷除嫪毐和呂不韋

移到秦陽門南隔街的內雲陽宮。那裡沒有宮女、后妃、黃門的紛擾，也沒什麼詆毀母后的小人。內雲陽宮中，林木蔭厚，清水陶連，假山疊疊，名花豔豔，正宜母后養老。王兒我不時去探望母后，也不悖人倫之情。」

趙太后聽到嬴政的安排之後大喜起來，從此，趙太后母子關係得以恢復。返回都城咸陽的太后非常高興。於是，她擺下了酒宴要款待茅焦。

酒席上，趙太后對茅焦讚賞有加，她一迭聲地稱讚說：「先生是天下最正直的大臣。在危急時刻，先生反敗為勝，安定秦國的江山社稷，使我們母子重新相會，這都是茅君的功勞啊！」後來，茅焦受到嬴政的尊敬，被立為太傅，尊為上卿。

茅焦富有膽略，他以秦國統一天下的目標說服了秦王，不但沒有惹來殺身之禍，反而獲得了重用。此時的嬴政雖剛剛親政，但從善如流。他嚴厲懲罰亂黨，褒獎進諫人士，一懲一獎，顯示出年輕的嬴政已經具備處理政事的能力。

嫪毐被剷除了，趙太后的事情也處理妥當了。接下來該對付呂不韋了。呂不韋身為相國，有洛陽 10 萬戶的封邑，位高權重，在諸侯國中享有很高的聲譽。他廣納賢才，有門客 3000 人，確實形成了一股不小的政治勢力。秦王考慮到一場叛亂剛剛平息，如果隨之誅殺聲望很高的大臣，恐怕會引起更大的震盪，於是暫時不提治罪的事情。

秦王政十年，也就是西元前 237 年，嬴政終於免去了呂不韋的相邦職務。又把他遣出了京城，前往河南的封地。雖然他被免了職，可是到了洛陽仍不大老實，動不動以仲父自居。

洛陽城中的貴紳也有些知道他的底細，都瞧不起他。他為了揚名立威，招攬諸國來訪的賓客，賓客越多，他就越施捨錢財；施捨的錢財越多，賓客也就越多。賓客多了，言談之間，都是大話。

有個人向呂不韋獻計道：「相國是秦王的仲父，如今免職，六國名人都為相國不平。依某之見，何不派說客到咸陽為相國遊說、投簡，向秦王表明相國無辜，使秦王回心，請相國再位列朝堂。」

　　呂不韋相信黃金和銅錢的力量是無與倫比的。他想：花錢收買眾多的智謀之士為自己效力是很合算的。於是便點頭答應了。

　　從此，到咸陽為呂不韋遊說投簡之客接馬連鞍，幾乎天天都有。大多說客到了咸陽，密買秦宮中的一些黃門，將簡捅進去。秦王政得簡後，知道這是呂不韋又在使心計，於是便採用了靜觀其變的政策。

　　廷尉李斯府中時常住有為呂不韋做說客的人，李斯對此置若罔聞。他打定主意不得罪人，既不說呂不韋做得不對，也不向秦王政奏說呂不韋賓客的活動情形。若有回洛陽的賓客，李斯便給呂不韋帶些禮物或者寄封書信，只問「平安」二字，從不涉及秦王政和呂不韋之間的事。

　　此時關東諸國說客、間諜也到呂不韋那裡湊熱鬧，到處宣揚：「秦國若不用呂不韋，六國都樂意接納他。像他那麼有才，當今沒幾個了！」

　　呂不韋當年遇了楚、獻趙姬，成了大功是因為他有錢，免職以後，還想走此路。他想：「花點錢活動，總有一天秦王會下旨讓我呂不韋再回咸陽為相。這樣天下人都會把我當作先知和聖人來膜拜的！」

　　秦王聽說後，恐怕他發動叛亂，就寫信給呂不韋說：「你哪來的功勞，我秦國要封你那麼多良田？你與我有什麼血緣關係，我要叫你仲父？請你和你的家屬遷到蜀地去吧！」

　　呂不韋看了這封簡短的信之後，讓他聯想到自己已經逐漸被逼迫，害怕日後被殺，就喝下酖酒自殺而死。

　　這封絕情的信件，裡面蘊藏著一些訊息：嬴政否認了呂不韋的功績，同樣否認自己是呂不韋的兒子。這一點不難理解，呂不韋的功績嬴政最清楚，嬴政這麼做就是想告訴呂不韋：你別指望再回秦國了，還是離開為好。

剷除嫪毐和呂不韋

而嬴政一方面透露出嬴政對自己的身世耿耿於懷,另一方面也表示出他要與呂不韋斷絕所有關係,讓呂不必再有慕秦的想法:我要你遷往蜀地,是放你一條生路。

透過這封信件可以看出,嬴政並不想殺呂不韋,只是要脅迫他離開是非之地,不得為六國出力。殺人的方法有很多種,對於性格暴戾而又大權在握的嬴政來說,殺死呂不韋並非難事。何必寫這麼一封決裂的信逼迫呂不韋去死。

嬴政寫這封信時,似乎腦海裡浮現出了一些往日的畫面。呂不韋將自己的親娘送給異人,而且是在親娘懷著自己的時候,接著幫子楚得到王位,又輔佐自己建立基業。

呂不韋做錯的是不該將親娘送給異人嗎?那麼,怎麼會有後來的自己。他做錯的是與太后私通,又將嫪毐引入宮中。但嫪毐之事也是他始料未及的。這個可能是自己親生父親的人,就該慘死在自己的兵刃之下。

嬴政是恨呂不韋的,但是在這恨裡面又似乎包含著一絲絲的愛意或敬意。呂不韋死了,是在看到嬴政的絕情信之後死去的。他不能存活於世,因為他恐懼嬴政的報復或是維護自己的尊嚴。

呂不韋看到了嬴政的殘暴,害怕即使是親生父親,嬴政也不會放過他。呂不韋不願在嬴政明令追殺之下赴死,那樣的死沒有尊嚴。然而,來自呂不韋內心深處最大的痛楚似乎不是這樣。

嬴政是呂不韋嘔心瀝血輔佐的人,竟然給了他這樣的一個結局,他以兒子相待的嬴政最後告訴他,他不認這個父親,也不認他為秦國所付出的一切心力。

這樣的一封信,將他們之間所有的一切化為灰燼。這樣的打擊恐怕比直接殺了他還具有殺傷力。呂不韋此刻的心情絕望、沮喪到了極點。生有何歡,死有何懼?縱有萬貫家財,又有什麼用。於是他選擇了自殺。

呂不韋的一生充滿戲劇性：曾經顯貴無比，最終卻以悲劇結束。頭腦精明，善於經營，把子楚一步步地扶上王位，自己也獲得了顯赫的權勢，擁有權力、財富和聲譽，但卻不能為自己的下半生周密安排。正如前人所批評的那樣，他缺乏真誠。真誠雖然不能永遠帶來幸運，但虛假最終會遭遇不幸。

　　呂不韋的死，不光是因為他淫亂後宮使然。更重要的是，他在自覺與不自覺中僭越了君權。君王的權力怎麼可以隨便僭越。他掌管著君王的權力，卻不懂得把握分寸。該放下權力的時候非但不放下，還加緊了在王權面前的炫耀。

　　《呂氏春秋》的編寫完成使得嬴政進一步看到呂不韋的勢力與功績。他懼怕自己的地位受到威脅，剷除呂不韋的勢力就成為壓在嬴政心頭的一塊石頭。

　　呂不韋這樣長期越權，又不懂得低調，因此，最終被嬴政徹底剷除掉也是理所應當。這一點是政界菁英時常犯的錯誤，抓住權柄不放，不甘寂寞在民間，最終落得身敗名裂或晚節不保。

　　呂不韋死了，留下的是千秋功過任人評說。嬴政到底是不是自己的兒子，呂不韋到死也沒有弄明白，嬴政反正是不認他這個父親了，就算仲父也不想承認。呂不韋心如死灰，去與留此時已不再重要。

　　年僅 23 歲的秦始皇在短短的兩年時間裡，就先後清除了嫪毐、呂不韋兩大勢力集團，把大權緊緊掌握在自己手中。這為秦國吞併六國打下了堅實的政治基礎。

制訂統一天下計畫

秦國先王們所創立的基業，為嬴政統一六國做了很好的鋪墊。嬴政之所以有這樣的雄心壯志，一方面來自自己稱霸的野心，另一方面是因為他擁有前人建立的雄厚的物質基礎。有心又有力，怎能不發威？

事實上，嬴政自打即位之日起，就沒有間斷過對自己一統天下的夢想的追逐。他要統一六國，讓六國在自己的腳下臣服。他要享有世間至高無上的權力，得到千秋萬代的敬仰。但是，要怎樣去橫掃六國，讓六國臣服於自己，這是統一六國的頭等大事。

實際上，嬴政一直在考慮這個問題，也不斷地和他手下的大臣商討此事，但一直也沒有一個核心策略和較為完備的方案。最終策略的制定是謀臣李斯、韓國公子韓非、重臣姚賈政見角逐的結果。

李斯原本是呂不韋的賓客，原是楚國上蔡人。年輕時做過掌管文書的小吏。司馬遷在《史記·李斯列傳》中記載了這樣一件事：

有一次，李斯在上廁所的時候，他看見廁所裡的老鼠，十分瘦弱，這時，他回想起曾經在官府的糧倉裡看見的大老鼠。他們不僅肥頭大耳，還沒人驚擾，於是頗為感慨：人的一生能不能成就一番大業，就看他有沒有可以施展才華的舞臺。

李斯開始不甘心做個安於溫飽的小官吏，他要往上爬。於是，他來到齊國跟隨荀卿學習。荀子是孔子的學生，具有儒家思想，但是他適應當時的局勢，將儒家思想融入了新的內容，最後形成了同法家思想極為相近的思想，就是「帝王之術」。

李斯學有所成，便開始為自己的前途奔走。據他的觀察，楚國雖是大國，

但不是一個潛力股。他們的君王昏聵無能，不好輔佐。而其他各國也在江河日下。只有秦國才是正在崛起的國家。也只有秦國才是施展抱負的最好場所。

荀子問李斯為什麼要到秦國去，李斯說這是一個很好的時機，看秦國這個架勢是要吞併六國的。這時候正需要人才，我可以大幹一場。人生最大的恥辱是卑賤，人生最大的悲哀是窮困，李斯在戰國亂世中保持這樣的榮辱觀，是不足為奇的。

身逢亂世，國與國、人與人之間的誠信度降到了極點，人們形成了趨炎附勢的性格。但是，這種性格是把雙刃劍。他可以給人以積極向上的動力，也可以使人墮落成貪得無厭的罪犯。

李斯來到秦國時，正好是子楚去世的時候。13 歲的嬴政剛剛登基成為秦王。世事就是這麼巧，嬴政繼位，李斯到來。這是不是上天對嬴政的眷顧？

李斯看到嬴政年幼，朝政由呂不韋和趙太后把持，便知道要投靠其中一方才好。經過分析，李斯決定投到呂不韋門下。李斯，就像天生麗質難自棄一樣被呂不韋給發現了。很快他就被呂不韋提拔為郎，也就是侍從，也因此與嬴政相識。

在嬴政除掉呂不韋之前，嬴政便找到了李斯。可以說李斯的政治才幹與呂不韋是相匹敵的。在一次會見時，李斯對嬴政說：「凡是幹事業的人，都必須要抓住時機。過去穆公時雖然很強，但未能完成統一大業，原因是時機還不成熟。自孝公以來，周天子徹底衰落下來，各諸侯國之間連年戰爭，秦國才乘機強大起來。現在秦國力量強大，大王賢德，消滅六國如同掃除竈上的灰塵那樣容易，現在是完成帝業，統一天下的最好時機，千萬不能錯過。」

嬴政一聽這話，覺得終於找到知音了。原來有呂不韋能幫我登上王位，但是不贊成我統一天下。而李斯，頭腦也並不比呂不韋簡單。嬴政爽快地封李斯為長史。

制訂統一天下計畫

再次見到嬴政時，李斯又提了一個建議，這就是：要消滅六國就要雙管齊下。第一就是用重金收買、賄賂六國君臣，離間六國之間的關係。第二就是要運用武力來對付六國。這一次又中了嬴政的下懷。嬴政得李斯如獲至寶，立即提拔他為客卿，李斯的仕途平步青雲。

當時，秦王下定決心統一六國，因此他不斷發動對東方各國的兼併戰爭。其中的韓、趙、魏三國緊緊靠著秦國的東面，在與秦國多次交戰中，他們不斷地喪失國土，這使得三國的君主驚恐不安。而韓國位於秦、楚、趙、魏等強國的中間部位，因此，韓王更是疲於應付，倍受戰爭的苦痛。

西元前 246 年，韓王在走投無路的情況下，採取了一個非常拙劣的所謂「疲秦」的策略。這個策略就是促使秦國興建浩大的土木工程，這樣，耗盡其人力物力，那麼它就沒有力量再發動戰爭了。

於是，韓王為阻止秦國東伐消滅各國，以著名的水利工程人員鄭國為間諜，派他去秦國遊說，倡言秦國在涇水和洛水間穿鑿一條大型灌溉渠道。表面上說是可以發展秦國農業，真實目的是要耗竭秦國實力。

這一年是秦王政元年。本來就想發展水利的秦王，一聽這項興建河渠的計畫，很快地採納了這一誘人的建議。並且立即徵集了大量的人力和物力，任命鄭國主持，興建這一工程。

後來，工程進行到一半的時候，有幾個年紀稍微大一些的朝廷重臣和王族向秦王政啟奏道：「韓國水工鄭國，是個什麼東西呀，他讓我們修 300 多里的大渠，耗費人工幾十萬，使秦國無暇再去奪他韓國的土地。這是故意削弱我們，若信了他的話，3 年後，關東之地，將為諸侯所有了。」

這時，嬴政的皇叔寺對嬴政說道：「大王，六國之客，雲集咸陽，挑唆生事。如不逐去，我國危矣！如今不只是一個水工鄭國，貴官門下，此類多有之。他們把六國的飲食、宮室、衣飾、婚姻、禮樂之事帶到秦國，秦國一

旦學了他們，國威喪盡。這些人全都居心叵測，應該一律逐回國去，方保天下太平。」

秦王政聽後也覺得這事情有問題，於是便宣朝中的御史大夫、御史中丞、中尉等官員，命他們在一個月內查清咸陽城中的六國之人，填寫名冊報上，並一律逐回國去，並通令各地方照此辦理。

御史大夫等官員接旨後，先派人去抓那個監工修渠的鄭國，由此，鄭國的間諜身分終於暴露了。秦國打算處死鄭國，並終止這項水利工程。鄭國面臨死刑，非常坦誠地說：「我起初確實是作為間諜來到秦國，但如果此渠能夠建成，必會給秦國帶來巨大的利益。我為韓國延長了幾年的壽命，卻為秦國建立了萬世之功。」

秦王政是位很有遠見卓識的政治家，他被鄭國的話說動了心。鄭國雖然有罪，但是這個建議是有意義的。因為秦國的水工技術還比較落後，在技術上也需要鄭國，所以，秦王政下令讓鄭國戴罪立功，命令他繼續主持這項工程。

經過 10 多年的努力，全渠終於完工，這條河渠被命名為「鄭國渠」，也稱「鄭渠」。它使得陝西關中 4 萬多頃農田得到了灌溉，農業生產力得到了提高。秦國因此更為富強，為統一天下奠定了物質基礎。這樣一來，韓王的如意算盤落空了，他是在苦心為秦人做嫁衣。

鄭國渠是以涇水為水源，灌溉渭水北面農田的水利工程。它的渠首工程，東起中山，西到瓠口。中山、瓠口後來分別稱為仲山、谷口，都在涇縣西北，隔著涇水，東西嚮往。

它東起距涇水東岸 1800 公尺、名叫尖嘴的高坡，西迄涇水西岸 100 多公尺王里灣村南邊的山頭，全長 2,300 多公尺。現如今，河床上的 350 公尺，早被洪水沖毀，已經無跡可尋，而其他殘存部分，歷歷可見。經測定，

制訂統一天下計畫

這些殘部，底寬尚有 100 多公尺，頂寬 1 公尺至 20 公尺不等，殘高 6 公尺。可以想見，當年這一工程是非常宏偉的。

鄭國渠修成後，大大改變了關中的農業生產面貌，用注填淤之水，溉澤鹵之地，就是用含泥沙量較大的涇水進行灌溉，增加土質肥力，農業迅速發達起來。雨量稀少，土地貧瘠的關中，變得富庶甲天下。

但這成功的背後卻使得秦國人對從其他諸侯國來的士人產生了很大的懷疑。鄭國、嫪毐、呂不韋等都不是秦國人，他們的行為確實威脅到了秦國的安全。因此，秦國的群臣對外來的客卿議論很大，對秦王說：「各國來秦國的人，大抵是為了他們自己國家的利益來秦國做破壞工作的，請大王下令驅逐一切來客。」

在眾大臣的建議下，嬴政頒布了「逐客令」。在秦國範圍內，派屯衛軍、各亭亭長、各裡裡正到處搜索六國在秦國存身之人。搜索的隊伍，在咸陽城中，從東家出來，進西家去，嚇雞罵狗，敲盆子砸碗。

他們見著面生可疑之人便問：「你是哪國人？啊！走，跟我們走一趟。」若有人不服，一條大索便套上脖子，押到監獄中，說：「這不是秦國人，是個間諜，該逐。」

不到半個月的時間，就填了一抱又一抱的簡冊，要逐去的人，何止萬千。咸陽震動，人心不安。其中，有一位很受秦王重視的官員李斯，也在被驅逐之列。他在離開秦國的路上，給秦王嬴政寫了一封信，懇切地指出逐客令將對秦國產生不利的影響。這就是著名的《諫逐客書》：

臣聞吏議逐客，竊以為過矣。昔穆公求士，西取由余於戎，東得百里奚於宛，迎蹇叔於宋，來邳豹、公孫支於晉。此五子者，不產於秦，而穆公用之，並國二十，遂霸西戎。孝公用商鞅之法，移風易俗，民以殷盛，國以富強，百姓樂用，諸侯親服，獲楚、魏之師，舉地千里，至今治強。惠王

用張儀之計，拔三川之地，西並巴、蜀，北收上郡，南取漢中，包九夷，制鄢、郢，東據成皋之險，割膏腴之壤，遂散六國之眾，使之西面事秦，功施到今。昭王得范雎，廢穰侯，逐華陽，強公室，杜私門，蠶食諸侯，使秦成帝業。此四君者，皆以客之功。由此觀之，客何負於秦哉！向使四君卻客而不內，疏士而不用，是使國無富利之實，而秦無強大之名也。

今陛下致崑山之玉，有隨和之寶，垂明月之珠，服太阿之劍，乘纖離之馬，建翠鳳之旗，樹靈鼉之鼓。此數寶者，秦不生一焉，而陛下說之，何也？必秦國之所生然後可，則是夜光之璧，不飾朝廷；犀象之器，不為玩好；鄭、衛之女不充後宮，而駿良駃騠不實外廄，江南金錫不為用，西蜀丹青不為采。所以飾後宮，充下陳，娛心意，說耳目者，必出於秦然後可，則是宛珠之簪，傅璣之珥，阿縞之衣，錦繡之飾不進於前，而隨俗雅化，佳冶窈窕，趙女不立於側也。夫擊甕叩缶彈箏搏髀，而歌呼嗚嗚快耳者，真秦之聲也；鄭衛桑間、韶、虞、武、象者，異國之樂也。今棄擊甕叩缶而就鄭衛，退彈箏而取昭、虞，若是者何也？快意當前，適觀而已矣。今取人則不然。不問可否，不論曲直，非秦者去，為客者逐。然則是所重者在乎色樂珠玉，而所輕者在乎人民也。此非所以跨海內製諸侯之術也。

臣聞地廣者粟多，國大者人眾，兵強則士勇。是以泰山不讓土壤，故能成其大；河海不擇細流，故能就其深；王者不卻眾庶，故能明其德。是以地無四方，民無異國，四時充美，鬼神降福，此五帝三王之所以無敵也。今乃棄黔首以資敵國，卻賓客以業諸侯，使天下之士退而不敢西向，裹足不入秦，此所謂「藉寇兵而齎盜糧」者也。夫物不產於秦，可寶者多；士不產於秦，而願忠者眾。今逐客以資敵國，損民以益仇，內自虛而外樹怨於諸侯，求國無危，不可得也。

這篇《諫逐客書》中首先列舉了秦穆公以來的幾位先王，大膽任用商鞅、張儀、范雎等一批外來客，使秦國國力逐步強大起來的事實。

接著又指出，秦王喜歡他國所產的珍寶、美女、歌舞和音樂，卻輕視其

制訂統一天下計畫

他國家的人才，這種重物輕人的做法，完全違背了英明的君主成就帝業、一統天下的政策。最後，李斯指出逐客令必將造成的嚴重後果：將天下的英才送給敵國，削弱秦國自身的力量，內失民心，外結仇怨，這樣的國家想要避免危險，完全辦不到。

李斯在這篇文章中寫的一些東西正好切中嬴政命脈。嬴政要統一六國，建立一個強大的帝國。所以，李斯就跟他說，大王您把六國的人都趕走了。這些人就會跑到其他國家，幫助其他六國建立功業，到時其他國家強大了，我們再要攻打就難了。您這樣喜愛六國的物產，唯獨對六國的人才這樣容不下去，這不是很糊塗的做法嗎？

秦王讀完這封信之後，如夢方醒，立即宣布廢除逐客令，並派人追回李斯，恢復他的官職。從此，李斯成了嬴政的主要謀臣。在統一天下以及建立秦帝國的過程中，他出謀劃策，制定各項政治措施，造成了重要的作用。

對於韓非，他是戰國末年著名的思想家，他的法家思想被嬴政所推崇，嬴政被他出色的才華深深地折服，韓非的意見在嬴政心裡也是相當重要的。

韓非將自己的學說，追本溯源於道家黃老之術，他對老子《道德經》有相當深的研究，在他所著的《韓非子》中，著有《解老》、《喻老》等篇，集中表述了韓非的哲學觀點。韓非是戰國末期帶有唯物主義色彩的哲學家，是法家思想之集大成者。

韓非深愛自己的祖國韓國，學業完成之後，他沒有像李斯那樣來到秦國實現自己的抱負，而是回到自己的故國。但此時韓國日漸衰敗，權臣當道，政壇混亂，在強秦的威脅之下，面臨著亡國的危險。韓非目睹戰國後期的韓國積貧積弱，多次上書韓王，希望改變當時治國不務法制、養非所用、用非所養的情況，但其主張始終得不到採納。

韓非認為這是「廉直不容於邪枉之臣」。他的憂患之心遭到冷嘲熱諷後，

一時間內心充滿了苦悶，便寫出了《孤憤》、《五蠹》、《內外儲》、《說林》、《說難》等著作。以此來發表自己對當時政治形勢的見解，討論君主統治的方法。

韓非的主張是國家的治理必須依靠專制的中央集權。在中央，君王必須擁有至高無上的權力，在地方，中央擁有絕對的領導權，這樣才能夠維持穩定的社會秩序。

韓非說，君主之所以能夠掌控天下，是因為擁有令人生畏的權勢。賞與罰使君主獲得權勢，對什麼樣的情況給予賞和罰必須由法律預先規定。因此，法是維護國家秩序的根本制度，任何人都必須遵守。他告誡君主要清心寡慾，深居簡出；沒有嗜欲，臣下就無法投其所好，君主就能處於主動的地位。當然，韓非的理論前提是君主總是聖明的。

韓非的主張對於渴望一統天下、追求絕對權力的秦始皇而言，無疑十分合拍。他的觀點，為秦國統一中國後所採取的各項行政措施提供了重要的理論基礎。

後來，這些文章傳到了秦國，由於講的都是「尊主安國」的理論，秦王非常讚賞韓非的才華，並說：「我要是能見到此人，和他交往，死而無怨。」

這時李斯說：「這是韓非寫的書。」

「韓非現在何處？」

「在韓國。」

於是，秦王嬴政就為了得到韓非而出兵攻打韓國，韓王知道後嚇得整天惶惶不安。韓王從來沒有重用過韓非，當然也不覺得他是多麼了不起的人才。於是，他便想派韓非出使秦國，說服秦王不必加兵，既支開韓非離開了韓國，又給韓國辦了事，一舉兩得。

可是，韓非十分不樂意去秦國為使，他說：「我出使恐怕也說服不了秦王政。著書立說是教化君子的！」

制訂統一天下計畫

　　韓王安拉著長聲說：「去吧！你是有能力的，憑你的著作名聲，秦王或許就信了你！」韓非無奈只好答應。這時，秦軍兵臨城下，韓王立即讓韓非作為使臣前往秦國，秦軍這才退去。

　　韓非來到秦國，這時，嬴政御駕親征趙國，不在咸陽。這時，李斯向韓非說：「為避口舌起見，韓兄先住御史大夫姚賈府，那個人是我的好友，你們在一起談論學問，兄長也不寂寞。等我們天子回來，我再為兄美言幾句，讓天子喜歡，留下仁兄多住幾年，我也好早晚領教。」

　　韓非聽從了李斯的安置。被李斯送到姚賈家中，賓主未免又是「先生大名，如雷貫耳」地客氣了一番。3個人吃了一席酒，李斯託言公務太忙，從那以後，十天八天來看望韓非一次。

　　姚賈對韓非慇勤備至，說：「先生，您看文學我也學了多年，可就是文章總寫不好。雖然寫了一些，但是沒有多少人讀，還是功夫不到吧？」

　　韓非說：「文章寫得好不好，一要看天性，二要看學問，三要看刻苦。這三樣，缺一樣也不行。」

　　姚賈說：「我也許是天性不行。書我沒少讀，也下過苦功，只是趕不上高人。」

　　韓非說：「順其自然也就可以了，不必刻意和名人比。世上又有幾個人能趕上老子、莊子的？即使天性、學問、刻苦三者俱備，還要看一個人的心胸、品質。」

　　姚賈說：「我倒是有幾篇舊稿，明兒個請韓老師看看，也給我批改一下，好傳抄出去。」

　　韓非答應了。姚賈明面上尊敬韓非，暗中卻把韓非視為眼中釘，他與李斯商議道：「廷尉大人，我們的天子愛才，依我看，他回咸陽後十有八九要留下韓非為官的，我們要及早防備。」

　　李斯點點頭道：「是啊！你我都是楚國人，投到秦國，做了高官，憑的

是我們的學問和天子的信任。現在韓非來了，因他會著書，在咸陽城中，聲名大噪。你我莫逆之交，只需遵守我二人當日的約定就好了！」

姚賈說：「誓必遵守！」

原來，李斯在寫《諫逐客書》時，因為自己被逐心中著慌，才大下說詞，勸阻嬴政，收回逐客令。當時嬴政若說：「把所有客居咸陽的人都逐了，只有李斯才高，留用不逐，定出誓約。」李斯也許就不寫諫逐客令之書了。

後來，列國到秦國遊說之士，日進千人，其中有才之士，不乏其人。李斯看到這種景況，和他的密友姚賈以杯酒為誓，相約：「今後凡高於我者，一律逐出秦廷；此種人若為秦用，我二人無立足之地矣！」

不久之後，李斯引韓非叩見了秦王政，嬴政賜座，李斯、韓非都坐下了。嬴政見韓非生得忠厚，心中喜歡。開始，嬴政問韓非使秦的來意，韓非以求秦國不伐近鄰之國為答，又說：「韓王願永遠為秦國下屬，可以定約。」

嬴政聽了笑道：「秦國伐不伐韓國，由寡人決定，韓王安派使求情，也是枉然。這事，韓王安未必不知，他命你前來，可能是你才過於大，其屋不能容，不如遺以鄰人。」

韓非道：「不才在韓國，不為王廷所用，以著書自遣，俾能有益於天下，即韓國一國不用，願亦足矣！韓王安乃不才族人，我不敢有怨言。」

秦王政又笑著說道：「寡人愛讀韓子之書，義理透澈，治法清簡，而又文采飛揚，天下之大才也。今來韓國，是為幸事，寡人聞之，夜不成寐，子於《說難》中言，『宋有富人，天雨牆壞。其子曰「不築且有盜」，其鄰人之父亦雲，暮而果大亡其財，其家甚知其子而疑鄰人之父。』本來就是，其子和鄰人都說得對，丟了財產，因兒子是自家人，就不疑，因鄰人是外人，就生疑。安知不是其子所盜？他料父親不會疑他，而鄰人之父又何嘗不明知其失盜之子為盜爾？其辨真偽者，確實是難，其誰為盜者，辨亦難，每遇事，若不細究，便難知事之真偽也。韓子，由此篇看來，你寫的文章，傳之萬

制訂統一天下計畫

古，亦不會朽也！你既是個大才之人，應當留於秦國，和寡人精研合併六國之策，寡人也會把你待為上卿的！」

而後，嬴政並沒有立刻收韓非為己用，因為他知道韓非是韓國的使臣，這個時候是不會為自己一方謀利益的。他需要進一步觀察韓非的才幹是不是有他文章那麼完美，他也需要觀察，以韓非的個性能不能被收服，即使被收服了他又是否會安心為秦國效力呢？

嬴政向來是個多猜忌和思慮的人。他不會因為愛惜一個人才就放棄自己的利益。事實上，這段觀察確實讓嬴政對韓非有了看法。韓非不是個善言辭的人，甚至有些口吃。這讓他在與群臣的論辯過程中占了劣勢。很多有利的駁辯他無法很好地表達。

另外，韓非始終是站在韓國的立場上的，這一點是嬴政可以理解但不可以容忍的，他當然對韓非有些防範心理。韓非作為韓國的使臣，多半出於韓國利益的考慮，為保住韓國殫精竭慮。

但韓非知道作為一個說客，是不能站在自己的角度說問題的。所以他以站在秦國立場上的姿態，提出了自己的見解。他上書嬴政說：

> 大王，你不該先攻打韓國的。韓國是很弱小的國家，在六國之中沒有什麼發言權，多年來唯你們秦國馬首是瞻。你們叫韓國往西，韓國不敢往東。你們到哪裡，只有韓國跟從的份，沒有韓國參與的份。所以榮耀都歸了秦國，韓國卻要承受積怨。韓國實際上已經是秦國的一個附屬國，滅與不滅也沒什麼兩樣。
>
> 如果發動戰爭，兩國兵力都會有所削減，韓國雖是彈丸之地，四處受敵，但它能從列強之中存活下來，說明還是有些實力的，你不會輕易就攻打下來。必然要耗費一定的軍力、物力。倘使韓國得以保存，韓國的兵力也是任由大王使用的。
>
> 這樣算下來，大王你要滅韓是多麼得不償失啊！要攻打六國，也要先攻打

趙國才是。在韓、趙、魏幾個國家中，趙國是最強大的，他們一直在擴充軍隊，廣招英才，他們的矛頭也直指秦國，趙國才是秦國最大的敵人，如果不趁早剷除，將來會後患無窮。如果大王滅了相當於自己屬國的韓國，那麼天下人怎麼敢和秦國交好呢？

接著，韓非進一步闡述了攻打趙國的步驟：先派使臣賄賂楚國，宣揚趙國對楚國的劣跡，使得趙國無法和楚國聯盟。同時送去人質給魏國，穩定魏國，接著率領韓軍攻打趙國，即使趙齊聯盟也不足為患，在滅趙、齊之後，發一封信給韓國就可以將韓國收服了。

嬴政對這封奏疏裡幾國局勢的透澈分析也是頗為贊同的。但他並沒有馬上下結論，他需要與臣子商議，因為他對韓非有著固執的疑慮，韓非是韓國公子，很難讓其為自己效命。儘管這道奏疏字字都是站在秦國的立場考慮問題，而且都切中時弊，但還是不可武斷。

因此，嬴政將韓非的奏疏拿到朝堂之上讓眾臣商議，李斯第一個站出來反對，姚賈緊隨其後。李斯對嬴政說：「大王，韓國就像我們秦國的一塊心病，在最靠近我們的位置上。如果秦國有什麼突發事件，韓國非但不會幫助，可能還會落井下石，韓國是靠不住的，只有據為己有才是最保險的做法。

「就算近兩年韓國不會對我們構成威脅，但我們若對付趙、齊兩國，必定要拿出我們秦國全部的力量，這個時候，就是韓國對付我們的最好時機。我們國內空虛，後院起火就來不及救援。當年穆公慘敗崤山的悲劇就會重現。所以一定要先滅韓國。」

嬴政聽完李斯的分析之後，他深深地感悟到這確實點到了自己未曾想到的隱患。政策開始向李斯的建議傾斜。這時，姚賈的觀點一下子點中了秦王嬴政的要害。

姚賈是戰國時期魏國人，出身「世監門子」，他的父親是看管城門的監門

制訂統一天下計畫

卒，在當時的社會中根本沒有一點地位可言。在趙國受命聯合楚、韓、魏攻秦，後來秦國使間，被趙國逐出境。他得到了秦王嬴政的禮遇和賞識。

姚賈天生就是一個外交官，他巧舌如簧，能憑藉三寸不爛之舌說服任何人。根據《戰國策》中記載：

秦王曰：四國為一，將以圖秦，寡人屈於內，而百姓靡於外，為之奈何？

秦王發話，要找人挑大梁去妨礙四國的聯合。群臣莫對，大家都在看領頭人李斯的臉色，然而李斯也不說話，因為他想給姚賈一個機會，這無疑也是秦王的意思。

姚賈回答說：「賈願出使四國，必絕其謀，而安其兵。」一切都在秦王計劃之內，姚賈身負重命出使四國。

姚賈作為秦使出使，秦王給他幾百輛車做隨從，千斤黃金，衣冠堂皇地出使，氣勢上也已經取得壓倒性勝利了。

「絕其謀，止其兵。」包含的資訊量之大，在秦國壓倒性的統治力下，其餘各國除了聯合抵抗之外，根本就沒有別的方法，這個主意應該是死的，是絕不能更改的。

可是姚賈竟然打消了他們想要聯合的主意，這到底需要多麼令人匪夷所思的口才和智慧，其說話的技巧是多麼驚人。為秦國統一六國做了很好的鋪墊。姚賈說：「韓非是韓國人，他的奏疏是為了保存韓國。實際上對秦國的幫助並不大，甚至還可能混淆視聽。況且我們可以用重金破壞六國的實力和連縱。」

嬴政聽後，更加深了自己對韓非的疑慮。因此，嬴政最終沒有採納韓非的建議，而是採用李斯的主張，那就是先滅韓國。韓非的遊說失敗了。而後，由於李斯與韓非的政見不合，尤其在對滅六國的謀略上存在嚴重的分歧。

李斯主張立即滅掉六國，先對韓國下手，而韓非極力主張先滅趙，然後

再滅其他五國。兩個持相反意見的政客，一定會在朝堂之上拚個你死我活。

因為一方一旦得勝，另一方必將失利。雖然都為國家大業考慮，但不能說沒有一丁點的私慾。李斯也是如此，秦王最擔心的並不是韓非不臣服於秦國，為他所用，而是一旦韓非回國，韓國接納韓非的建議，採取措施抗秦，或韓非被其他六國所用，對付秦國，這樣勢必會造成秦朝統一六國的進程緩慢下來。所以，如果韓非不願為秦國謀利，最好也不要放虎歸山。於是，在李斯逼迫韓非服毒自盡之後，嬴政也沒有過多追問。韓非，一個生不逢時的人，成了歷史的嘆惋。

事實上，韓非的死，可以說姚賈就是幫兇。姚賈曾經用重金賄賂各國重臣，導致各國忠臣不同程度地被誅殺，並且破壞了合縱。對於想要連縱的各國來說，姚賈是罪魁禍首，不除掉他會有後患。

韓非出使秦國，主要目的是保住韓國，但是能除掉破壞六國聯合的眼中釘，又何嘗不是一件快事？所以，在聽說姚賈返回秦國，嬴政封賞姚賈之後，韓非便上書給嬴政，告姚賈 3 條罪狀。

第一條是貪汙；第二條是利用自己職位之便結交諸侯；第三條就是出身卑微。要說貪汙，是很不容易查出來的。在四國搞外交期間，姚賈花費秦國很多錢。這些錢並沒有完全用在賄賂四國重臣上，而是裝進了自己的口袋，這是在騙取國家財產，應算作貪汙。而說姚賈私交諸侯，這一點是不可避免的，如果不與諸侯交往，他又怎麼能左右諸侯的決定？讓人最難以理解的是，韓非把姚賈的身世卑微也拿出來說，他說姚賈父親是守城門的，沒有好的教養。

於是，嬴政將姚賈叫來質問了一番。而姚賈當然不卑不亢，他說：「大王，我去四國的目的就是削弱他們各國的政治、軍事力量，如果不與他們交往，他們又怎麼會信我的話呢？」

嬴政裝出一副十分憤怒的樣子說道：「那你是不是出身貧寒，還犯過什麼罪？」

制訂統一天下計畫

　　沒想到姚賈也坦然承認：「我是出身寒微，但並不能代表我沒有能力建功立業。姜太公、管仲、百里奚這些名人智士都不是出自名門，但是他們都為自己的國家作出了自己的貢獻。」

　　嬴政本就沒想為難他，再一聽這番道理講得明白透澈，又沒有隱瞞，也就放了姚賈。姚賈有驚無險。姚賈不愧是出色的外交人員，應變能力極強，嬴政是選對人了。

　　被釋放的姚賈必定要找告自己狀的人，這一找就找到了韓非頭上。他想：我在這裡忙活半天，好不容易回來享享福，你不但說我沒有功勞，還告我三大死罪。我與你有何冤仇，你要置我於死地。

　　懷恨在心的姚賈尋找時機報復韓非。功夫不負有心人，李斯上書嬴政除掉韓非，說韓非不會真心輔助秦國，因為他不但是韓國人，還是韓國的公子，對自己的祖國有很深的感情。如果不能用他就把他殺掉，以絕後患。姚賈看時機已到，便贊同李斯的提議。

　　嬴政左右為難，但在自己國家利益面前，他不得不將自己的喜好妥協於國家利益。嬴政沒有處決韓非，卻把韓非關進了大獄。是不是嬴政還想做最後的努力，給韓非一個機會，我們不得而知。

　　但李斯給韓非毒藥，逼迫韓非自殺之後，嬴政並沒有深究這件事，說明他已經默許了此事。他知道李斯比韓非重要，國家、王權比才華重要。

　　韓非死了，平定六國的大計沒有了紛爭。嬴政採納了李斯的建議，立即拉開大戰的帷幕，先攻打韓國再攻趙國，採用金錢與軍事並用的手段來控制、消滅六國。

　　統一六國的策略已經敲定，剩下的就是實行。一場空前的統一戰爭開始了，中國歷史上第一個封建王朝即將粉墨登場。

滅韓國設置潁川郡

　　秦王嬴政在他的統一大業裡，第一個鎖定的目標就是六國中最弱小的韓國。戰國時期各國為了圖存，都進行了相應的改革。韓國也不例外，韓昭侯啟用申不害變法。

　　申不害是韓國著名的思想家，原本是鄭國人，做過鄭國的小官，後來韓國滅了鄭國，申不害也就成了韓國人。機緣巧合，西元前 359 年魏國攻打韓國，面對魏國兵臨城下，韓國上下束手無策。這時，申不害來到了韓昭侯面前，對韓昭侯說：「您還是去拜見魏王吧！我們不是不要國家尊嚴，而是要解除國家危難。我們現在最好的辦法就是向魏國示弱，現在我們敵不過魏國，如果硬來可能會面臨亡國的結局。您用執圭的方式拜見魏王，定會使魏王高興，魏王是個驕傲的人，高興起來就會狂妄自大，這樣就會引起其他諸侯對韓國的同情。如果我們向一人低頭能贏得天下人的支持有什麼不可以的呢？」

　　於是，韓昭侯拜見了魏王，因此，韓國免除了一場戰爭的摧殘。這時，韓昭侯開始重用申不害。韓昭侯十年，魏國發動對趙國的進攻。魏兵圍住了趙國的都城邯鄲，趙國向韓國求助。韓昭侯拿不定主意，便找來申不害出主意。

　　申不害是個聰明人，他擔心自己的提議有違韓昭侯的意思，便對韓昭侯說：「這可是關係重大的事情，不能輕易做決定，您讓我考慮考慮再回答您吧！」

　　接著，申不害暗示韓昭侯手下的機變之臣：只要自己有為國家出力的心就可以了，提出建議不管是否被採納都是一種為國家著想的表現。

　　機變之臣受到鼓舞，便在韓昭王面前提出了自己的見解，申不害在一旁不動聲色地窺探韓昭侯的意願。在獲悉韓昭侯的心思之後，申不害大膽地向

滅韓國設置潁川郡

韓昭侯提議：「您可以聯合齊國，圍困魏國，這樣，魏國必定回兵保衛自己的國家，這樣就可以解了趙國的圍。我國也就是假意攻打魏國就可以了，沒有大的損失。」

韓昭侯很高興有這樣誌同道合的大臣輔佐，結果，圍魏救趙成功，韓昭侯對申不害更加信任了。

西元前 351 年，韓昭侯啟用申不害為韓國丞相，進行變法革新。雖然申不害主持的變法使韓國增強了政治、軍事實力，但它並沒有達到國富民強的目的。實際上無法從根本上增強韓國的國力，也就沒法改變韓國滅亡的命運。

申不害懂得政治權術，卻不懂得政治的根基。他與秦國商鞅變法不同，申不害變法注重行政效率的提高，講究「修術行道」「內修政教」的「術」治方略。而商鞅變法注重經濟、法律制度體系的建立和執行。

申不害幫助韓昭侯整頓吏治，收回了俠氏、公氏和段氏 3 大強族的特權，摧毀了他們的城堡，將他們的財產充公，這樣充盈了韓國的國庫。但這只是短暫的國庫充盈，沒有從根本上使韓國富足起來。他不像商鞅變法那樣，使秦國的農業有了長足的發展，從根本上促進了秦國的經濟發展。

申不害強調政令的順暢，而沒有建立完備的法律體系。有一次，韓昭侯派使者到下面視察，不久之後，使者回來對他說：「沒有什麼大不了的問題。」

韓昭侯就問使者：「路上有什麼見聞？」

使者回答說：「見到路邊有牛吃禾苗。」

韓昭侯聽完之後，便對這位使者交代：「千萬不要將此事說出去。」接著，他便下令不准牲畜闖入農田，如有發現，一一上報。可是卻沒有人認真執行，因為法制不健全。後來在上報的資料中，韓昭侯發現國都南門沒有牲

畜吃禾苗的事，便問手下：「是不是遺漏了？」

結果手下的人就去調查，結果南門還有牲畜在吃禾苗。官員們都感到韓昭侯不好糊弄，便特別注意起自己職責的履行來。申不害的變法對政令的暢通有很大的效率。可是因為沒有完備的法律體系的制約，在申不害死後不久，變法的腳步就停止下來。所有政令也都失去了應有的效力，變法也沒能達到富國的目的。

而韓國的滅亡，不僅跟韓國的申不害變法不利、韓國國力不強有關，還與它所處的生存環境有關。韓國像一個盆地，它四周都是高高在上的強國、大國。南有楚，北有趙，西有秦，東有魏、齊。這五國都是國力強盛、三野無人的國家。只有韓國在中間的小窪地裡殘喘生存著，沒有向外擴張的可能。

在六國之中，秦國最為強大，而且與韓國相鄰。落後就要挨打，強大的秦國怎會不欺負弱小的韓國呢？自范雎提出「遠交近攻」策略後，秦國就開始一口口地蠶食韓國的土地。

呂不韋出任秦國丞相後，派大將蒙驁率兵伐韓，韓國不得已向秦國獻出新占領的東周之地，還把形勢險要的成皋、滎陽一帶也割給了秦國。成皋自古就是兵家必爭之地，秦國得到了它，就相當於打通了前往其他六國的門戶。呂不韋下令在那裡設郡進行管理。因為有黃河、伊河、洛河流經此地，故名之為三川郡。這裡也成了秦國向東方延伸的根據地。

而這個地方正是在韓國的疆域之內，對韓國形成致命的威脅。韓國國土的日益萎縮與強秦有利的戰略位置使韓國在戰爭之初就難有反擊力量。所以，沒多久韓國就被強秦吃掉了。

韓國是弱國，沒有足夠的實力和秦國抗衡，也沒有找到一個合適的靠山，因此而不能自持。倘若它能夠結交一個有力的盟國，以盟國之力來抗擊秦國或許還可以支撐些時日，至少不會是最先被滅的那個。

滅韓國設置潁川郡

可是，韓國一直都沒有把抗秦當作一項重要國策來對待，它始終搖擺於大國紛爭之間。西元前 317 年，秦軍攻打韓國，韓軍大敗。韓國非常著急，相國公仲對韓王說：「咱們的盟國楚國是靠不住的，秦國對楚國虎視眈眈。大王不如派人拿城池與秦國求和，並參加到攻打楚國的戰爭中去。我們韓國還可以保全。」

韓王沒有辦法，只能無奈地同意了。還沒有行動，這個消息不小心讓楚國知道了，楚王也急了，找來大臣商議此事。大臣陳軫諫言說：「大王不必擔心，我們可以假稱要幫助韓國抗擊秦國來瓦解秦韓聯盟。韓國並不是真的想與秦國合作。我們只要做出十足的樣子要幫助韓國就好了。」

楚王聽了很高興，於是，就派使臣帶著重禮來到韓國，說明楚國一定會出兵幫助韓國抗秦，韓國當然也不完全相信，但是探知楚國軍隊確實已經整裝待發了，於是答應不再與秦國攻打楚國。公仲對韓王的做法表示異議。

公仲對韓王說：「大王，秦國侵犯韓國是因為秦國有實力，而頂著虛名來救韓國的是楚國。如果我們靠著不實的說法來抵抗有實力的秦國，吃虧的將是我們。楚國和韓國不是兄弟也不是好朋友，我們怎麼能信任楚國呢？我們已經把願意與秦國一起對付楚國的消息通知了秦國，現在反悔等於欺騙了秦國。秦國必會遷怒於我們，到時候大王您後悔都來不及了！」

韓王聽不進公仲的忠告，固執地認為楚國忌憚韓秦聯軍，必定會幫助韓國對付秦國，結果毅然與秦國斷交。秦國一聽這還了得，一氣之下大舉進攻韓國。韓軍大敗，韓國被迫與秦國聯盟，一起攻打楚國。

韓國外交上的左右搖擺，使得韓國成為一個難以自持的國家。這固然與韓國的國力有關，但人為的因素也不可忽略。假使韓國能夠堅定自己的立場，始終抗秦或始終與秦為伍，那麼韓國不一定是第一個被秦國所滅的國家。

秦始皇元年，也就是西元前 247 年，韓國的鄭國受命入秦遊說，建議

引涇水東註北洛水為渠，企圖疲勞秦人，勿使伐韓。後來，工程進程中被秦察覺，這也使得秦國對韓國懷恨在心。因此，秦國也時刻做好了進攻韓國的準備。

韓國的陰謀破產之後，韓王如坐針氈，他深知秦國是不會放過他們的，這場戰爭只是遲早的事情了。而且，以武力與秦國抗衡，韓國一定不是秦國的對手。眼看著兩國的關係緊張起來。

秦國已有了大兵壓境的動向，韓王整日憂心忡忡，無計可施。許多大臣都勸他要早做準備，他卻說：「還是隨天意吧！我韓國彈丸之地，國力是那麼弱，豈能用武力相爭？」

其中有位大臣說：「我們現在不是要與秦國爭地盤，而是要保護我們自己的國家啊！」

韓王原本就屬於一個昏庸的王，只好將大臣都招來共同商議對策。其中有一部分忠於他的大臣在一起爭論了半天，最終制訂了一個應付秦國的計畫。

制訂的這個計畫一共分為三步：

第一，若秦國出兵討伐韓國，就採取重金上貢應對；
第二，要是第一條不行，就採用割地的方式給秦國；
第三，若以上兩條都不行，就只能採取應戰的方式。

秦王政十三年，也就是西元前 234 年，嬴政下令進攻韓國。這次秦軍攻勢強大，但卻不是為了侵占土地、掠奪財寶，而是要求韓國交出韓非這個人。秦國這般大動干戈，討要韓非，是源於其所著的書打動了秦王。

韓王從沒有重用過韓非，自然也不覺得他是多麼了不起的人才。秦軍兵臨城下，韓王立即讓韓非作為使臣前往秦國，秦軍這才退去。西元前 231 年，秦國故意挑釁韓國，希望發動秦韓戰爭。秦國向韓國勒索土地，韓王為了獲得苟安，要將南陽之地獻給秦王。

滅韓國設置穎川郡

這時韓相國韓文百般阻攔韓王，他說：「秦王的野心可是無法估量的，越是給他以肉食，他就越要吃人。如果今年送他城池，明年他還會索要城池，到那時該怎麼辦？」

這時的韓王只是一笑，然後說道：「韓國雖然小，但是也有百座城池，每年給他秦國幾座，這樣不就能保住我幾十年的王位了。而且兩國又不用發動戰爭，何樂而不為呢？」

於是韓國將南陽之地獻給了秦王。就這樣，秦國整整一年沒來找韓國的麻煩，韓國以為割了這塊地就能暫保安寧，他們就沒有想到秦國的狼子野心。事實上，秦占領南陽只是想以此為基地，直取韓國。

秦王政十七年，也就是西元前 230 年，內史騰率領 10 萬秦軍突然南下渡過黃河，攻入韓國首都鄭。

秦將蒙恬帶著他的左軍兩萬人攻陽翟，其餘 6 萬人攻鄭城。陽翟是鄭城的陪都，也有韓王的宮闕，但此城比鄭城小得多。蒙恬將軍率領的眾將士只用了半天的時間，陽翟城中便儘是一片血腥，蓋地障天。

攻鄭城的秦軍，除了使雲梯近攻外，又使石炮遠射城堞、城樓，但見萬炮齊飛，如沙魚之陣，嗖嗖地飛向鄭城牆八方，直打得磚碎石滾，鄭城八方的城樓，全被擊成廢墟，土塊、石塊、磚塊、木塊，如瀑流一樣，由城頭上往下淌。

城上的韓軍看到這樣的陣勢，驚恐萬狀。而城下的秦軍，在每一次石炮發過後，便都持盾、挺矛，跟著如叢林一樣多的輕便雲梯，黑壓壓地衝上來，爬上雲梯，攻向城頭，如蟻附樹幹一般。

秦國大將軍內史騰帶中軍三四十員驍將，立馬高阜之處，使用高桿上的旗語指揮。蒙毅為遊動指揮，他率領著數十員將領，回轉東西南北各攻城之地，督戰、察視。城上的韓軍足有 20 萬，但是人心不齊，大多畏懼秦軍，只有小部分韓軍和秦軍激烈地相抵，所以沒有使秦軍一鼓擁入鄭城。

可是沒過多久，秦軍便攻到了鄭城壕邊，內史騰縱大軍從四門殺入鄭城，到處是矛光戈影，韓國軍民如洪水一樣，洪流一過，一片又一片地倒於血泥之中。

　　內史騰殺到韓宮的大明門前，又耀武揚威地指揮步騎兩軍，呼號殺入韓宮，韓宮內的隙地上，千軍奔湧，萬馬騰躍。一陣子箭雨，便把宮內銀安殿的牌匾射成了千瘡百孔，然後有一員秦將，用長戈把牌匾勾掉於地上，投入火堆中。

　　韓國的官員，除了自殺的，被俘 300 多人，除了一二品的幾個官員被留下作為戰俘外，其餘的人都被捆到了大明門前。秦軍用劍將他們全部砍死，鮮血成河，淌入禦溝水中，水頓時呈殷紅色。被殺官員的屍首，一律焚燒。

　　鄭城中 18 層高的韓樓，本為韓國興旺時所建。內史騰進城後，便命秦軍放火燒樓。大火衝天而起，韓樓倒塌了，韓國從此也被從列國的名簿中抹去。3 天後，內史騰兵分 20 路，如 20 層烏雲，飛向八方，灑下兵丁，只用了 15 天，便占領了韓國的所有郡治、縣屬，至此，韓國寸土皆無。

　　對於被俘的韓王安，秦軍沒有誅殺他，也沒有流放，而是讓他繼續居留在新鄭附近，給予寬厚的待遇。秦國的這種做法，一方面以此安撫韓國遺民，另一方面也是對其他國家的君王示以姿態，減少抵抗的阻力。3 年以後，秦王政將韓王安從新鄭遷到郢陳。

　　後來，內史騰所率領的 8 萬精兵也沒有回秦國，而是留在了鄭城、陽翟等重要郡城駐紮。滅韓的軍將，都按照當時秦軍的賞賜的規定，受賞了黃金、白銀、錢幣、布匹、兵器等物。

　　韓國的文簡、珍寶、錢幣、衣物、黃金、器皿共 500 多車，用重兵護衛，發回咸陽。秦王政回咸陽之前，對作戰傷亡將領，開韓國未發之庫，都給以重恤。

滅韓國設置潁川郡

秦王政回到咸陽宮中的第三天，為慶賀滅掉韓國的偉績，大宴滿朝文武。開筵前，他當著百官的面，把他掛的 6 把劍取下一口，壁上還有 5 口寶劍。秦王問諸文武道：「你等知道寡人之意了吧？」

百官盡皆跪下道：「知道，寶劍取盡時，天下則為大一統矣。為臣們祝陛下萬歲，萬歲，萬萬歲！」祝賀之聲，震動朝堂。

不久的一天，秦王政和李斯等朝官，議定置韓國故地為潁川郡，派出秦官 20 名為郡、縣之守。內史騰的 8 萬大軍不動，永守潁川，以防他國來犯。

韓國就此在強秦的利爪下退出了歷史舞臺。秦國滅掉韓國，雖然戰役並不算大，但是卻稱得上是一次重大的戰略勝利。因為，秦國由此打開了通向東方的門戶。

同時，這次戰役對其他的諸侯國形成了極大的震懾。秦國可以憑藉韓國所處的中央地理位置，迅速調集軍隊，進攻其他諸侯國。

挑撥離間滅趙國

　　趙國地處北方，緊鄰韓國。當地的人生性強悍，喜好騎射，由於受到周邊強國和北方匈奴等遊牧民族的侵擾，趙國一向重視軍備。經過多年的發展，趙國兵力日趨強盛，迅速崛起為東方強國。它的實力甚至可以與秦國相抗衡，因此，秦國對趙國不敢小覷。

　　但是，就是在趙武靈王勵精圖治之際，他卻犯了一個致命的錯誤，這個錯誤直接導致了禍起蕭牆的沙丘宮變。沙丘宮變在要了趙武靈王性命的同時也把一個不中用的君王推上了趙國的歷史舞臺，趙國崛起的步伐就此停滯了。

　　這樣一來，秦國便占盡了便宜，因為趙國的國力削弱，自然讓對手容易對付了。而這沙丘宮變便要從趙武靈王的一個春秋大夢講起。相傳，趙武靈王在一次遊玩時，竟做了一個奇怪的夢，夢中一個絕世美人撫琴歌唱，唱得趙武靈王心旌搖動。趙武靈王一問，這女子姓嬴。可未來得及詳談，趙武靈王便醒了。

　　一覺醒來猶不能忘，趙武靈王反反覆覆地念叨著這個美夢。說者無心，聽者有意。對一些別有居心的人來說，君王的每一句話都是一種暗示，一個機會。趙武靈王的美夢成為他手下臣子吳廣攀爬高位的機遇。

　　吳廣將自己的女兒孟姚送到趙武靈王正妻手上，買通趙武靈王正妻說女兒姓嬴，這樣就契合了趙武靈王的春夢。趙武靈王甚是高興，對孟姚寵愛有加，長期居住在孟姚的吳宮之中。孟姚後來生子名為趙何。

　　孟姚在趙武靈王二十五年去世，當時的趙何才 10 歲左右。趙武靈王為了感懷孟姚，將原來的太子趙章給廢了，重新立趙何為太子。這一決定大大超出群臣和太子趙章的意料。趙章在外領兵多年，功勳卓著，且沒有大的過失，能力也比不懂事的趙何強得多。這使得他耿耿於懷。

挑撥離間滅趙國

趙武靈王是個聰明人，自然也知道這一點，為了能穩住趙何的地位，他在壯年之際就將王位讓給了趙何，自己退居二線輔佐趙何執政。好一個子以母貴，趙武靈王萬萬沒有想到自己將愛姬之子扶上王位，會為自己帶來殺身之禍。

在趙何登基後的第三年，趙國滅掉了中山國。武靈王封前太子趙章為安陽君，委派田不禮為相輔助趙章處理政務。趙章當然不服年幼弟弟的管制，企圖奪位。田不禮為趙章出謀劃策。一場宮廷政變正在醞釀，趙武靈王的死期也一天天逼近了。

趙國重臣李兌對趙章的狼子野心看得一清二楚。他跑去拜見相邦肥義，陳述了自己的擔憂和趙章企圖奪位的跡象，要肥義趁早離開這個是非之地。

肥義是忠義之士，不願辜負先父所托為自保而放棄忠誠。肥義知道趙章可能叛亂，便召見將軍信期，囑咐他如果有人要見君王，先要來見他，如果沒事情發生再讓君王進來。信期當然領命了。

趙何四年的時候，群臣來到都城朝會。趙章也來到了都城朝拜。趙武靈王見到年長的趙章跪拜在趙何面前，心裡很是過意不去，於是想要把趙國一分為二分給兄弟倆。

就算十個手指有長短，可是手心手背都是肉啊！趙武靈王當了這麼多年的王，卻還是沒有理由地感情用事，不懂顧全國家大局，確是國君之中罕見的。

朝會過後，父子3人一同趕往沙丘遊覽，3人分殿而居，趙章認為這是很好的時機，便派人假傳他父親的命令，召趙何到父親殿裡來。信期馬上告訴了肥義，肥義擔心有詐，於是隻身前往，結果真的被殺。

將軍高信知道此事，保護起趙何，與趙章和田不禮打了起來。肥義是忠士，成就了趙惠文王趙何，但是沒有成就趙國的繼續崛起。成就了一世英名，卻沒想到自己的國君是不堪重任的。

而當時的趙何年紀尚小，趙國當時的大權掌握在公子成和李兌手裡。公子成和李兌在圍追趙章時將趙武靈王也一併困在了沙丘宮殿之中。兩個人一合計，就算我們現在撤兵了，也逃脫不了圍困武靈王的罪名，這樣是要滅族的。於是他們想趁亂滅了武靈王。

　　兩人繼續包圍沙丘宮，並下令：「最後出來的人滅族。這令一下，所有的人都跑了。武靈王也想逃出來，可是沒有逃出來，最後因為沒有食物被活活餓死了。趙武靈王死後，趙惠文王任命公子成為相國，李兌為司寇。

　　沙丘宮變困死了趙武靈王，同樣也困死了趙國崛起的力量。趙國再也沒有出現一個可以和趙武靈王相匹敵的領導者。趙國不僅損失了趙章這個猛將和武靈王這個出色的領導者，同時也失去了能與秦國抗衡的堅實力量。

　　而趙惠文王是個懦弱的人，但他很會用人，廉頗、藺相如、趙奢都是他手下的名臣。得了這些人的輔佐，趙何的日子還算太平，趙國的國勢也比較穩定。

　　但秦國的國力一天天增長，趙國國力停滯不前，這使得趙秦兩國的平衡難以維持。西元前 266 年，趙惠文王庸碌的人生走到了盡頭，他的兒子趙孝成王繼位。

　　趙孝成王四年，秦國攻陷了韓國領地野王，這樣一來，韓國的都城與上黨郡就被隔開了。韓國一分為二，韓國自知無力再管轄上黨郡，便拿上黨郡與秦國求和，秦國高高興興地接受了。

　　上黨郡的郡守馮亭希望保住韓國。於是，找到了趙國說要將上黨郡交給趙國。馮亭當然有自己的算盤，他認為把上黨郡交給趙國，趙國接受了，便會激怒秦國，秦國就派兵討伐，到時韓趙聯手定會打敗秦國，這樣就可以保住韓國。

　　可是，卻沒想到趙國也不是秦國的對手，馮亭找到趙王希望將上黨 17 城

挑撥離間滅趙國

交給趙國。趙孝成王採納了平原君的建議，接受了上黨郡。結果真的引起了秦國的不滿，於是，秦王立即派軍隊攻打上黨。上黨百姓紛紛逃往趙國。

趙國派廉頗駐守長平援助上黨百姓。秦趙大軍在長平開戰。初戰失利，廉頗改變策略，只守不攻。趙孝成王認為廉頗膽小很是生氣，多次敦促廉頗出戰。

廉頗始終沒有答應，趙孝成王十分不高興。實際上廉頗是想拖垮秦國：長平離趙國很近，趙國兵馬糧草很容易補給，而秦國路途遙遠，補給很困難，這樣耗下去秦國吃不消，遲早收兵。但是不幸的是廉老將軍的策略被趙孝成王這個無才之輩破壞了。因為老將軍被撤了職，將才得不到發揮了。

本來趙孝成王就因為廉頗不出擊秦軍而氣惱，又有人風傳秦國最怕趙奢的兒子趙括成為將軍抵制秦軍。這下趙孝成王可找到接替廉頗的人了，於是將主帥換成了趙括。

趙括自幼熟讀兵書，與人談論起兵家之事來頭頭是道。有時甚至連父親趙奢都要認輸。趙孝成王以為找到了良將，可以取代廉頗成為趙國的棟梁。誰知這一換帥，讓趙軍慘敗長平。這一敗敗得趙國一蹶不振，再難與秦國抗衡。

事實上，趙括敗給秦國主要的原因是趙括只會紙上談兵，根本沒有實戰的經驗。趙括一上任便改變了廉頗的策略，主動進攻秦國。趙括這麼做一方面是因為新官上任，急於表現自己，另一方面也是趙孝成王一直不滿意廉頗不出擊秦國的做法，趙括要迎合趙孝成王的想法。而最根本的原因是，他確實沒有實戰經驗，一味地死套兵法，不懂得戰場上的機變方法。

趙括到了長平前線，一改廉頗往日的作風，換將的換將，調職的調職。一時間裡，軍心不穩，秩序混亂。范雎得知趙國將主帥換成趙括之後，哈哈大笑，知道他們終於中計了。

原來是范雎使出了離間計，陷害廉頗企圖謀反，趙王才換掉了廉頗，任

趙括為統帥。范雎與昭王商量，暗中派遣武安君白起為上將軍，急速趕往長平，並傳令下去：「有敢洩露武安君為將者斬！」

白起是戰國時期久經沙場的名將：智勇雙全、能征善戰。論帥才，趙括和白起簡直沒法比，不在一個層級上；論兵力，趙軍更難和秦軍抗衡。范雎想掩飾白起為將軍的事實，只是為了麻痺趙軍，使趙軍鬆懈下來，已達到出奇制勝的目的。

原來廉頗的戰略是不出擊，任你秦國怎麼叫陣，怎麼折騰就是不跟你玩，秦國怕的也就是這一點。而現在的趙括新官上任，火力威猛，來了個主動出擊。他主動出擊，正中了秦國的下懷。

在趙軍攻打秦軍的時候，秦軍一邊固守軍壘，一邊兵分兩路對趙軍進行攻擊。一路軍隊突襲趙軍斷趙軍的後路，一路軍隊打入趙軍營壘，這樣就切斷了趙軍前後的聯繫，堵死了趙軍的補給通道。趙軍陷入困境，等待援兵。

秦國急招壯丁奔赴長平，阻礙趙國救兵，斷絕趙國糧草。趙軍苦撐 46 天被秦軍打敗。趙括也被秦軍殺死，40 多萬大軍投降秦國。然而投降了的趙軍也沒有得到苟安，被白起活埋了。長平慘敗，趙國不但損兵折將，而且耗費巨大，國力空虛。趙國被秦所滅不可避免。

長平之戰，在秦國歷史上具有劃時代的意義。在秦惠文王時期，秦與關中六國的戰爭一直處於戰略的相持階段。長平之戰使秦國進入了戰略反攻的階段。此後，趙、魏、韓、楚、燕五國曾建立了一次合縱抗秦的行動，但是也沒能阻止秦國統一的步伐。

長平之戰後，秦國發動了對趙國的進攻。秦軍圍攻趙國的都城邯鄲，在經歷了信陵君竊符救趙、毛遂協楚王抗秦之後，趙國暫時被保存了下來。而此時的秦國在實施滅韓計畫的同時，軍事打擊的重點始終放在趙國。

秦王政十一年，也就是西元前 236 年，趙國率兵攻打燕國，並且連連得

挑撥離間滅趙國

手，使趙王忘乎所以，他讓趙軍深入北地，遠離趙國本土。23歲的秦王政毅然決定，趁著趙國內部空虛之機，秦軍兵分三路進攻趙國。一路由名將王翦帶領攻取閼與；一路由楊端和率領，進攻撩陽；一路由桓齮率領，進攻鄴、安陽。

後來秦王政又令三路大軍合為一軍，由王翦統領，繼續攻趙。趙王這下可吃了苦頭，他的軍隊遠在北方，一時無法回師相救，一連被秦軍奪去了十幾個城邑。

到了秦王政十四年，秦將桓齮攻趙，取赤麗、宜安兩地。此時，秦軍深入趙國後方，對邯鄲形成了包圍態勢。為此，趙王遷急調戍守北邊的大將李牧回師迎敵。

李牧是趙國名將，多謀而善戰，他指揮趙軍和秦軍在肥地激戰，大敗秦軍。秦將桓齮戰敗逃亡，不敢回國。秦王政遭到一次嚴重的挫折。第二年，李牧又擊敗了進攻番吾的秦軍，使秦王政再也不敢輕易地去招惹趙國了。

這樣，秦王政才聽取了李斯等其他大臣的建議：首先滅韓以震諸侯。另外，秦王還接受了謀臣頓弱的獻計，在用兵的同時，還派人到趙國做間諜。

頓弱到邯鄲後，去拜訪他的老朋友郭開，上門便說：「相國壽誕之日，小弟特來祝賀，望吾兄壽比南山！」頓弱欠身向郭開拱手。

「今天可不是我的生日，我的生日可早著呢！你既然以為我的生日是今天，自然也不會空手而來吧？」

「那是當然！」頓弱站起身，向外面把手一招，「抬進來吧！」只見十幾臺禮櫃送了進來。郭開挨個禮櫃驗看了，裡面全是金銀寶珠，璀璨奪目。他初步折算一下，不下黃金百萬。郭開令下人把東西抬到後院，請他夫人收下。就攜著頓弱的手走到他的別院，那裡有個極其隱祕的小書房。

這時郭開說道：「你送的這個禮物實在太重了，讓我怎麼能承受得了呢？」

頓弱笑著說道：「你千萬別這樣說啊，我還有另外的禮物你還沒有看到呢。」

　　「什麼？還有其他的啊！」郭開轉過身睜大眼睛。

　　這時，頓弱從衣襟裡面慢慢地掏出一個黃色的綢包，雙手捧給郭開。郭開接過來之後兩眼疑惑地望著頓弱，然後小心翼翼地把包打開，忽然，他愣在那裡，然後噗的一下就跪在了地上，一邊磕頭一邊說：「謝大王恩典，可是我郭開並沒有立過什麼功啊，怎麼能夠承受得起這樣的隆恩！」

　　原來，頓弱給郭開看的是秦王政的任命詔書，秦王政許諾他，等到滅了趙國，就任命郭開為郡守！

　　這時，頓弱把郭開從地上拉起來，說：「你現在也該看清楚大概的局勢了，現在秦王把統一天下當成首要的任務，而現在韓國已經被剿滅，秦國的下一個進軍目標就是趙國，你認為趙國會怎樣呢，它能夠抵抗強秦的凌厲攻勢嗎？」

　　郭開認真聽著頓弱的話，然後意味深長地說：「那是絕對不可能的！自從長平大戰之後，趙國的元氣已傷，廉頗出走，李牧又不被趙王信任，君王和文武將帥之間猜忌處甚多，縫隙到處都是。」

　　頓弱說：「相國說得十分在理，秦王希望你的，就是要你把趙國君臣間的縫隙再擴大一些，那就勝過秦之千軍萬馬了！」

　　郭開聽後大笑起來，說：「你可代我向秦王保證：我郭開將以自己的微薄之力竭誠地報效大王！」

　　這時頓弱說：「相國，依你看，目前趙國能夠和王翦這樣的大將相抗衡的有誰呢？」

　　郭開想了想便說道：「恐怕就只有李牧了。」

　　頓弱接著說：「眼下，你要是在秦正式對趙用兵之前把李牧除去，你就

挑撥離間滅趙國

可得秦滅趙的首功了！」郭開點頭稱是。

不久之後，在頓弱回國後的幾天，秦王政就令大軍向邯鄲進軍。因為他很有信心，他知道自己挑撥離間的方法造成了作用，但是否真能解決問題還是要在戰場上見分曉。

這時，趙王遷看到來勢洶洶的秦軍，有些不知所措，於是便問郭開：「誰可以將兵禦敵？」

郭開說：「李牧剛剛和秦軍打了個勝仗，就有些驕傲了，他現在到處說大王的不好，那意思好像說只有他才是趙國的救星一樣！」

聽到郭開的話之後，趙王遷便說：「寡人也曾聽到這樣的話，自從李牧從戰場回來之後，他就給寡人提了很多的建議，他說了一下要改革國策，提拔賢能之類的話，這些話聽得寡人簡直頭疼！」

這時的趙王遷也才只有30多歲，自從即位以來，他的後宮生活卻是十分不檢點，但也不是一個完全沒有理想的人，他也曾想做一番事業，想把整個趙國振興起來。

但是，趙王遷現在已經被秦國的強大所嚇倒，也經常仰天長嘆自己的生不逢時，他經常會說：「唉，如果我要是能生活在100年前就好了，如今面對這個強大的秦國，我還能做些什麼呢？！」

趙王遷是一個特別沒有主見的人，他的意志經常隨著大臣的建議左右搖擺不定。而且趙王遷的母親趙太后，她在年輕的時候曾經攝過政，現在雖然年紀大了，可是仍然對國政很有興趣，抓著權力不願完全放開，這讓趙王遷覺得很是為難。

近年來，趙王遷基本都是聽信寵臣郭開的話，這倒是挺符合太后的意，於是趙太后對趙王遷說：「你做得不錯，你就應該多聽聽郭相國的話，他是一個十分可信的人。」

因此，趙王遷一下子便否定了李牧，他說：「那李牧絕對是不行的，依相國你來看，選誰合適呢？」

這時的郭開一時間也想不出一個合適的人選。因為，他現在恨不得雙手把趙國獻給秦王！

趙王遷又思索了一番，說：「那就用廉頗吧！」

郭開聽到趙王遷要選用廉頗，於是馬上給予否定，他說：「廉頗年紀也太大了。」

趙王遷說道：「我的意思是說要用他使兵，不是要用他上陣拚殺，你覺得呢？」

廉頗是趙國的名將，曾經打敗過秦軍，戰功赫赫，只是因為趙王遷聽信了小人的讒言，使一點一點地疏遠了他，甚至用樂乘將軍代替了他。因此，廉頗有些不服氣，於是，他便發兵攻擊樂乘，然後逃到了魏國。而在魏國，廉頗依然沒有得到魏王的信任。

郭開說：「大王，那廉頗大將軍有想回來的想法嗎？」

「寡人聽說他有此意。寡人想，要是讓他回國，從此之後，他會更加效忠祖國的。你覺得呢？」

一時間，郭開沒有回答趙王遷的話。其實，原本廉頗看不上郭開，說他是一個心胸狹窄的人，因此對於郭開為相，他有些不服氣。而郭開聽到趙王遷推薦廉頗的時候，他便極力反對，趙王遷最終選擇了李牧。

秦王政十三年，也就是西元前 234 年，秦國派桓將軍率軍進攻趙國的平陽、武城，殺死了趙國的將領扈輒，而且又斬首了 10 萬的將士，大敗了趙軍，並且占領了趙國的城池。秦王對這次的戰況十分關心，還曾親臨前線。

秦王政十四年，也就是西元前 233 年，秦將樊於期率軍越過太行山從北路攻打趙國的大後方。樊於期攻占了赤麗和宜安，接著向邯鄲進攻，形勢十

挑撥離間滅趙國

分危急。趙王遷聽到這個消息急忙把守衛雁門關的李牧將軍召回來，任命他為大將軍，率領部下反擊秦軍。

李牧長期駐守在趙國北部邊境防禦匈奴。他的戰略看上去十分保守，因為他防禦匈奴的策略就是以防守為主。李牧設立烽火臺加以警戒，一旦有匈奴入侵，他總是迅速將居民和牛羊撤回城內，嚴防死守，並不應戰。

所以，儘管匈奴多次侵擾邊界，但並未造成很大的損失。可是這樣的做法，讓很多人都不理解，甚至認為李牧這樣做是因為他膽怯，趙王遷也相信了人們對他的這種說法，因此將他撤職，改用其他的人。

但是，駐守趙國邊界的新任將軍改變了以往李牧的防守策略，只要匈奴來侵襲，他便積極準備迎戰，結果好多次都被匈奴打敗，因此造成了很大的損失，使得邊境不得安寧。趙王無奈，只得重新用李牧將軍。

可是，當趙王遷找到李牧將軍的時候，李牧卻謊稱自己有病沒有答應，趙王一再請求他，這時李牧說：「如果大王堅持讓我領兵，我依然還會採用原來以防備為主的方法，請大王允許。」這次，趙王遷終於答應了他的請求。

從此之後，李牧仍舊採用自己原來的方法駐守邊疆。幾年過去了，士兵們沒有打仗卻不停地接受賞賜，都覺得對不住國家，希望拚死一戰。李牧看到士氣高漲，於是抓緊訓練士兵，積極準備作戰物資，決定與匈奴大戰一場。他派人放出大量的牛馬，引誘匈奴。

有一小股匈奴士兵前來搶奪的時候，趙國軍隊便假裝抵擋不住，敗退下來。匈奴聽到消息後，便大舉進攻，這時，李牧立刻下令士兵從兩邊夾擊，一舉殲滅匈奴入侵者。有史書記載：「殺匈奴十餘萬騎。」在此後的十幾年間，匈奴再也不敢靠近趙國的邊境。

此時，趙王遷任命李牧為大將軍，李牧不負重託。他趕快率領著邊防軍的主力與在邯鄲作戰的趙軍會合，在宜安附近與秦軍對峙。李牧認為秦軍連

續獲勝，士氣高昂，如果趙軍慌慌張張地參加戰爭，一定難以取勝。因此，他決定死守不攻，拖得秦軍疲憊不堪，再找機會反攻。

樊於期覺得，以前廉頗用這一招抗拒王齕，現在李牧又用這一招來對付他。秦軍戰線過長，不利於打持久戰，得想辦法把敵人引出來。於是，樊於期率領著軍隊主力攻打肥下，誘使趙國軍隊支援，等趙軍出了堡壘之後，再將他們殲滅。

可李牧看透了樊於期的計謀，不肯出兵。這時，手下的趙蔥建議李牧支援肥下。李牧說：「秦軍攻打肥下，如果我們去救就會受制於人。這是兵家的大忌啊！」

秦軍主力開赴肥下後，營中留守的都是些老弱病小，戰鬥力很差，再加上連日來趙軍只守不攻，秦軍習以為常，精神鬆懈。李牧趁著這個機會直襲秦軍，將留守的秦軍全部給俘獲了，得到了不少兵馬糧草。

李牧心裡想著樊於期會回來救助，便派了一部分兵力正面阻擊秦軍，把主力配置在兩翼。當趙軍與回撤的秦軍遭遇時，兩翼的趙軍突然出現，對秦軍實行鉗功。經過殊死戰鬥，李牧殲滅了 10 萬多秦軍。樊於期率領著小部隊殺出重圍。因為害怕秦王嬴政的懲罰，樊於期逃往燕國。嬴政知道後憤怒不已，用重賞捉拿逃跑的樊於期。

李牧的這次大獲全勝，潰敗了秦軍。因此，趙國也得到了喘息之機。因為擊退秦軍有功，所以趙王遷封了李牧為武安君。趙王遷說：「秦國有個名將叫白起，他的封號是武安君，現在李牧就是我的白起啊！」

秦王政十五年，也就是西元前 232 年，秦軍又分兩路進攻鄴、狼孟和番吾，同樣也被李牧率領的軍隊擊敗。秦王一時攻不下趙國，便轉而攻打韓國和魏國。

秦王政十六年，也就是西元前 231 年，正當秦軍消滅韓國時，趙國北部

挑撥離間滅趙國

發生了大地震，地面裂縫東西長 130 步。第二年，趙國遇到嚴重旱災，國內缺糧，人心浮動。當時民謠說：「趙國人在號哭，秦國人在大笑。如果不信，但看遍地荒草。」趙國國力大為削弱。

秦國在穩定占領區形勢，將韓地改建為潁川郡後，立即轉用兵力於趙國。秦軍王翦將軍分兩路進攻趙國。一部分兵力由鄴地北上，準備渡過漳水向邯鄲行進，襲擊趙國的都城邯鄲。另一部分由自己親自帶領從上黨攻出井陘，希望趙國腹背受敵。

趙王遷派李牧和司馬尚率軍抵抗。邯鄲南面有漳水和趙長城為依託，秦軍一時間難以突破。李牧採取南守北攻、集中優勢各個擊破的戰略進行部署。他讓司馬尚在邯鄲以南據守長城一線，自己親自帶隊北進，反擊秦軍。因為兩軍的軍事實力相當，而李牧又占據了地利、人和，因此，趙國挫敗了秦軍的進攻。

李牧班師邯鄲，與司馬尚會和共同攻打南路的秦軍。南路秦軍知道北路失敗，士氣瞬間便大大減弱，剛與李牧軍隊相遇，便撤軍了，李牧軍隊再次勝利。

雖然李牧為趙國取得了勝利，但是經由先前的失敗和此次戰役中的損失慘重，趙軍軍力衰微，沒有能力再去反攻，只能讓秦軍完好撤離。趙軍退守邯鄲，趙國暫時得以保全。

秦王政十八年，也就是西元前 229 年，秦王嬴政派王翦進攻趙國，王翦與李牧僵持一年多，戰爭仍沒有進展。嬴政知道李牧善戰不好對付，如果不除掉李牧，滅掉趙國的戰爭就要拖長很久，為免夜長夢多，必須馬上除掉李牧。

王翦利用趙王遷庸碌無知，其寵臣郭開貪財好利和嫉賢妒能的弱點，使用反間計，派間諜入趙，向趙王的寵臣郭開行賄，讓他離間趙王與李牧、司

馬尚的關係。司馬尚是李牧的裨將，多年來一起出生入死，與李牧友誼是十分深厚的。

李牧雖然多次打了勝仗，但是內心卻時常忐忑不安。有一次，李牧的兒子李代對他說：「父親，我看風波又要起了，不如趁這時候，急流勇退，向國王乞休，回老家去吧……」

李牧聽到這話，內心實在不甘心隱退，就找來自己的好友司馬尚商議。司馬尚聽了李牧的想法之後，說：「真沒有想到呀，趙國百姓依靠將軍，把將軍看成靠山，現在這山卻要自己倒了！」

李牧沉默不語了。

司馬尚又說下去：「李將軍，現在趙國只能靠您了！您若離開朝廷，將來老死於林泉之下，豈是『知死必勇』者耶？忠臣報國，應不計安危，這道理還用我說嗎？再說，就是為國殉命，安知百千年後之美譽，不熠熠發光也？」

這話正說到李牧的心裡去了，他重視的就是身後之譽，看得比生命還重要。於是李牧拍案而起，情緒激憤地說道：「司馬將軍，我險些做了錯事，我不能走啊！我為保衛趙國而死，也是死得其所了！」

隨後，李牧和夫人商議想把家遷到北方邊境去，夫人明白他的意思，就對李牧說：「代兒可以帶領家屬遷到匈奴鄰近，萬一有什麼事，可到我娘家避禍。至於我，可要留下來。」

李牧聽到夫人的話很是感動。幾天後，李代帶著部分家人出走，他們的家裡就只剩李牧夫婦，還有幾個老僕了。這事很快被郭開得知，覺得是一個誣衊李牧的絕好口實。就進宮對趙王遷說：「大王，我看那個李牧要造反了！」

「何以見得？他是要去投秦嗎？」

郭開搖搖頭，說道：「看樣子他要先到匈奴去。日後投不投秦就不知道了。」

挑撥離間滅趙國

「他要逃往匈奴？」

「大王，您忘記他的夫人是匈奴人嗎？」

「相國，您說說，現在我們該怎麼辦呢？」

「幾天前，李牧的兒子就帶領家屬搬到北方邊境去了，那裡離匈奴只有一步之遙。大王想想，邯鄲是趙國的大都，物阜人豐，他又有豪華的府第。放著花天酒地的日子不過，他把家屬遷到那朔風呼嘯的荒山野坡去幹什麼？這不是明擺著的事嗎？」

趙王遷聽了恨得搖頭頓足，他說：「幾十年來，寡人給李牧高官厚祿，養著他的身子，可沒養著他的心哪！」

由於郭開的一再挑撥，終於使得趙王遷對李牧下手了。他們商量好「計殺」，先傳與李牧關係不好的趙蔥和顏聚這兩個將軍前來。幾年來，趙蔥、顏聚就十分嫉妒李牧的地位和功勞，因此多次上朝汙蔑李牧等擁有軍權的大將，妄想以此取而代之，但是始終沒有得逞。這次機會來了。

趙王遷在他們面前哭訴了李牧居功自恃、陰謀篡政的事實。趙蔥義憤填膺，拍著胸脯說：「奸賊如此猖狂，不剷除此賊誓不為人也！」

顏聚也泣淚上奏，願以生命為國除奸。趙王遷讚揚了他們的忠誠，並說等他們大功告成之後，就把他們升為上將軍。

郭開看現在是時候了，就把預想的計謀說給了他們。這一天，李牧和幾位將軍在城外練兵、布陣，很是稱心如意。事後便請司馬尚、趙長戈等將軍到家中小酌。

由於高興，李牧喝著喝著就多了。他端著酒杯對將軍們說：「我自束髮從戎，凡30載，開始跟隨主將，後又挺身率兵，幸得將士用命，上下一心，才能夠北伐匈奴，東戰強燕，西抵暴秦，殺敵逾80萬，取得節節勝利。今日想起那些先我而死的將士，就情不自禁地要飲泣下淚，這杯濁酒就先祭奠給他們吧！」

李牧說著，將酒灑到地下，接著就淚眼潸然地說：「沒有他們，李牧焉能立得寸功？！但願千萬將士的熱血不會白流。」

　　司馬尚等見李牧有點醉了，就起身相勸。「大將軍，不要傷感！」

　　「我怎會傷感？我是高興呀！」李牧接著說，「今日看我們所練之師，非秦軍可比，何況他們是為保家衛國而戰，一可當十！將軍們，即使我李牧為國戰死，你們也能夠和秦軍拼上幾年了！」

　　眾人見李牧如此說，都潸然淚下。正在這時，宮中一小黃門來宣讀趙王的詔令：說是城衛捕到了秦國奸細頓弱，特請大將軍來前殿議事。李牧聽了，他想頓弱是秦國的上大夫，捉住頓弱是件大事，趙王不會撒這個謊的。

　　趙長戈、司馬尚攔住馬頭勸他道：「大將軍，事情蹊蹺，是否我們隨您去呢？」

　　李牧搖搖頭說：「君臣間應以誠信為本，只許君王辜負臣下，不許臣下辜負君王！我如有不測，也是誤中秦人奸計，只望你們仍為趙國，攜手並肩，鞠躬盡瘁，不許為我個人復仇！」說罷，打馬而去。

　　進宮之後，小黃門先行復旨去了。李牧下了馬走到光照門外，忽然感到事情有異，以他用兵多年的經驗，李牧敏感地意識到周圍有伏兵。然後又走了幾步，看見兩旁的廂房，門窗都洞開著，而且還有人影恍惚，就大喊道：「主上，李牧來了。您讓我走到殿上，要殺要剮，請陛下給我說個明白。」

　　李牧言猶未了，只聽銅鑼一響，飛蝗般的亂箭就攢射過來。李牧身中十幾箭，血流如注，但還沒有死。趙蔥、顏聚帶人跑出圍住李牧，笑著對李牧說：「李大將軍，你的威風呢？」

　　這時，趙王遷和郭開也走到李牧面前。郭開剛要述說李牧的罪狀，李牧厲聲止住他，喝道：「奸賊，有你說話的時候，我快要死了，我想給君王留下幾句話。」

　　然後李牧側過頭對著趙王遷說：「大王啊，如果國內沒有內奸，強秦是

挑撥離間滅趙國

　　無法征服我們的！只是可惜，您卻與奸賊相伴，如手如足。我死一年之後，趙國必亡，那時，我們就在地下論是非吧！」說完，李牧就溘然而逝了。

　　秦國借助趙人之手，輕而易舉地除掉了勁敵李牧，趙國的末日即將來臨。3個月後，王翦率軍直撲邯鄲，趙國新任命的將軍趙蔥和顏聚根本不是秦軍的對手，趙軍一觸即潰，趙蔥被殺，顏聚逃亡。趙國的京城邯鄲被攻破，趙王成了秦軍的俘虜，又一個諸侯國覆滅了。

水灌大梁滅魏國

秦王政二十一年，也就是西元前 226 年，秦軍在攻占燕都薊，並取得北方決定性勝利的同時，將主攻方向轉向南方。隨後又派出名將王翦之子王賁率軍進攻楚北部地區占領 10 餘城。在予以一定打擊後，使其不敢輕舉妄動，保障了攻魏秦軍的安全後，即回軍北上，在秦王政二十二年，也就是西元前 225 年突然進襲魏國，包圍了魏都大梁。

魏國的滅亡是因為國力不強，國力不強的主要原因是魏國不僅不會用人，還為他國創造了人才。魏國人才的流失在歷史上也是罕見的，沒有哪一個國家可以將自己的人才庫破壞到這種程度。

魏國是個出人才的地方，這是魏國的幸運。但是，魏國除了開國之君沒有哪個君主肯對自己國家的寶貴資源多欣賞一眼。使得本來仕魏國的能臣良將，都源源不斷地趕往其他國家了，並且為別國的江山社稷添磚加瓦。魏國，這個擁才大國卻成了最為重要的人才輸出國，實在是一大遺憾。

魏國之初的良將最為出名的大概要屬為魏國立下汗馬功勞的吳起了。吳起是什麼人？吳起原是衛國人，一心想揚名立萬。因為沒有多大的名氣，只能到一個較小的國家求職，他選中了魯國。初到魯國求職，魯國國君不信任他，因為他妻子是齊國人，容易幫親不幫政。

於是，吳起跑到家把自己的妻子給殺了，這才得到了魯國國君的認可，並且官拜將軍。吳起治軍嚴明，他與士兵同甘共苦，得到了士兵的擁戴。

更重要的是吳起善用兵法，曾成功擊敗齊國大軍，為魯國揚威。魯國國君開始重用吳起，這引來了魯國群臣的不滿，他們認為吳起是個薄情寡義之人，不能得到重用。

水灌大梁滅魏國

　　有些人煞有其事地對魯國國君講：「吳起小時候家裡很富有，因為一心想要當官，將全部家財都用在了關係疏通上。所以，弄得家裡貧困潦倒。人們譏笑他，他就殺了那些譏笑他的人。後來他跟曾參學習，學習期間他母親去世，他連回去看他母親一眼都沒有。曾參看不起這樣的人，與他斷絕了關係。這樣的人，又怎麼能擔當大任呢？」

　　因為之前吳起曾殺妻求將，魯國國君對這些話深信不疑。於是懷疑起吳起的為人，將吳起辭退了。

　　吳起聽說魏文侯是個賢明的國君，便跑去魏國求職。魏文侯不了解他，就問旁邊的重臣李克。李克說：「吳起這個人貪財好色，但是用起兵來確是一等一的高手，可以這樣說，就算是春秋時期的司馬穰苴在世也未必能打得過他。」

　　魏文侯一聽，這就行，我要的就是能打的。貪點財、好點色也沒什麼大不了的。最多弄個高薪養廉不就成了！況且吳起好名，給他高高的名聲他定會為我賣命。魏文侯還是頗具膽量的。

　　魏文侯果然沒用錯人，吳起做了魏國將軍後，屢戰屢勝，「闢土四面，拓地千里」。特別是西元前 389 年的陰晉之戰，吳起以 5 萬魏兵戰勝了 50 萬秦軍，大大地震懾了其他諸侯國。

　　吳起帶兵與將士同甘共苦，賞罰分明。因此贏得了官兵上下的擁護與愛戴。士兵們都願意為這樣的長官誓死效命。他和士兵們穿一樣的衣服，也從來不開小灶。士兵生了毒瘡的時候，他還親自為其吸吮毒液。這樣的將軍甭說是戰國時期，就是歷史上都不好找。士兵們怎會不甘願為他賣命呢？

　　吳起不僅是懂得帶兵的奇才，也堪稱了不起的政治家。魏文侯死後，武侯繼位了，當時吳起在魏國的地位已經很高，可以與君王同遊。就在一次遊玩過程中，武侯與吳起無意間談論起了治國方略。

武侯說，我們的江山真是壯美啊！地勢險要，易守難攻。這可是我們魏國的瑰寶啊！吳起聽了搖搖頭說，地勢險要並不能使國家長治久安。真正能使國家長治久安的是對民眾實行德政。

　　夏桀的山河險要，因為沒有德行而被商湯驅逐。殷紂的領土同樣牢固，卻因為沒有仁德而被武王所滅。國家的安定不在於山河險要而在於大王您是否實行德政。否則，就算是同坐一條船的人也會成為您的敵人的。說得好，一位在血雨腥風中帶兵打仗的將軍能說出這樣的話實在是不容易啊。

　　如果說吳起真的是寡恩薄施的人，又怎麼會說出這一番話呢？不知武侯後來在迫使吳起離開時，是不是想過這一番君臣之間深刻的談話。

　　也許就是想到了才忌憚起吳起的才幹，怕失了自己的江山。為王者如果沒有寬大的胸襟是很難守住自己的人才和江山的。自古良才多人忌，得意之時莫忘形。有才的人即使春風得意也不要忘記小心謹慎。

　　後來魏國丞相去世，需要選取新的相國。當時吳起任西河的守將，很有威信，仕相的呼聲很高。誰知到後來，卻任用了田文為相。吳起不服氣就問田文：「你的功勞有我大嗎？我統領三軍，讓將士們為國家賣命，使敵國不敢來侵犯。你有這樣的本領嗎？」

　　田文不慌不忙：「當然沒有。」

　　「那麼，管理官員，充實國庫，善待老百姓，你比我強嗎？」

　　田文還是那句：「當然沒有。」

　　「那麼，鎮守西河，防止秦、趙、韓的來犯你比我厲害嗎？」

　　田文依然是：「當然沒有。」

　　「那你憑什麼就當上國相？」

　　田文微微笑道：「現在武侯年紀輕，全國人都在擔憂他是不是能夠勝任，王公大臣中沒有可親近的人，老百姓也都不信賴我們。在這個時候，將

水灌大梁滅魏國

軍認為誰出任國相合適呢？」

吳起低下頭沈思很久說：「我是不如你合適。」

從此，田文再沒有提及此事。可以看出吳起並不像魯國人所說的忌才殘暴之人，吳起從魏國流失是魏國的一大損失。那麼，吳造成底是怎麼被排擠走的呢？

田文死後，魏武侯任用公叔痤出任魏相並娶了魏國公主為妻。公叔痤十分懼怕吳起的才華威脅到自己的地位，就想把吳起趕走。為了這事，公叔痤吃不好、睡不好。他手下的僕人看在眼裡，急在心上，便處處為他出主意。

這天，僕人找到公叔痤對他說：「國相不必過於擔心，趕走吳起並不是難事，吳起是個自尊心強、好名望的人，只要我們想法讓武侯對他產生懷疑就好辦了。」

「那怎麼讓武侯對他產生懷疑呢？」公叔痤迫不及待地問。僕人便將計策講了一遍。公叔痤高興地按這位僕人的計策行事。

公叔痤逮到一個機會對魏武侯說：「吳起是個賢才，但我們的國家有點小，恐怕留不住啊！」

魏武侯一聽也有道理，便詢問公叔痤該如何是好。

公叔痤便說道：「我們可以把魏國的公主下嫁給他來做試探。如果他有長期要留下的打算就會娶我們大魏的公主，如果他不娶可能就有叛離之心。」

此時，魏武侯也不知腦袋進了什麼水，竟然聽信了公叔痤的話。用一段婚姻來判定一個人是否忠誠實在是荒唐，可笑的是在古代這樣的事還真不少。好戲在後面，一場借婚逼走良將的大戲即將進入高潮。

公叔痤找準了時機將吳起、公主邀請回家，想法激怒公主，公主果真氣惱，對公叔痤大發雷霆。公叔痤佯裝羞愧，偷眼看吳起，此時吳起已經變了臉，拿定主意不娶悍婦回家。

於是當武侯提起這門親事時，吳起委婉地謝絕了。吳起中計了。魏武侯開始懷疑吳起，吳起感到了魏武侯的不信任，怕招來災禍就離開魏國趕往楚國。

　　吳起並不願意離開魏國，這是他為之付出血與汗的地方。在路過自己的守地西河時，他潸然淚下。人，始終是有感情的。來到楚國，吳起受到了重用。

　　吳起幫助楚悼王施行變法，讓楚國迅速強大起來。魏國卻因為西河沒有吳起的鎮守，而被強秦吞併了。魏國流失的不只是吳起，隨吳起一同離去的還有吳起的才智。一個吳起或許沒有辦法左右一個國家的命運，那麼，10個甚至是超過十個百個的吳起的流失就足以改變一個國家的命運了。

　　繼吳起之後，兩個比吳起更厲害的角色在魏國的歷史上再次消逝了。這兩個人就是商鞅和范睢。這兩個人都跑到了秦國。商鞅這個中國歷史上大名鼎鼎的改革家，卻被魏王小看，沒想到就是這樣一個人，後來卻幫助秦國富國強兵，屢次挫敗魏國，最後搞得魏國國庫空虛。魏國丟棄的一顆螺絲正在以一架坦克的力量向著毀滅大魏的目標開來。

　　商鞅是衛國人，名叫公孫鞅。他看到衛國國勢衰微，沒有什麼大的發展，便想到當時還較為強大的魏國來謀求發展。魏國國相公叔痤很欣賞商鞅，碰到什麼重大事項都與商鞅商量。公叔痤知道商鞅的才幹，便把他推薦給魏惠王。

　　公叔痤臨死前告訴魏惠王：「公孫鞅雖然年輕，但他是曠世奇才，如果有一天能成為相國定會強我百倍。如果您不想用他就一定要把他殺掉，以免他被別的國家所用，到最後對付魏國。」

　　後來，公叔痤又告訴商鞅，你趕緊走吧！我讓大王殺掉你。因為你太有才華，我不願意別國用你而給魏國帶來災難。我告訴你是因為我要先公後

私。先對得起我們的國家，再對得起自己的朋友。

　　商鞅心想：既然魏惠王沒有聽公叔痤的話啟用我，也就不會聽他的話，把我殺掉。不出商鞅所料，魏惠王以為公叔痤病糊塗了，說不清楚話。什麼又用又殺的。一個商鞅有那麼大的力量嗎？結果沒重用商鞅，也沒把他殺掉。被閒置下來的商鞅見沒有人搭理，也就離開了魏國，到秦國去了。

　　在秦國，商鞅的才華得以施展，主持了著名的商鞅變法。通過變法，秦國迅速崛起。發動了幾次對魏國的戰爭，魏國只能割掉河西之地給秦國來保住一時的太平，後被迫遷都大梁。

　　魏惠王後悔沒有聽老相國的話，不過為時已晚。一切都成定局，人說：機不可失，時不再來。魏惠王失去了商鞅，釀成了自己的千古恨。商鞅離開了魏國來到了秦國，使秦國更加強大起來，而魏國面對這種強大卻無力還擊。也曾輝煌過的魏國衰敗下來，魏國歷史的帷幕漸漸降下。

　　另外一個便是范雎，范雎原本在魏中大夫須賈手下做事。有一次，他隨同須賈出使齊國，受到了齊王熱情而周到的招待，惹得魏國大臣紅眼。紅了眼的魏國權臣誣陷范雎通齊賣魏，結果被打斷了筋骨，如果他不裝死，小命早就不保了。

　　范雎是個仇恨心理很強的人，這樣的深仇大恨他怎麼能不報呢？後來，他在各國使者面前羞辱了須賈，並且在秦國攻魏的決議上持堅決支持的態度。

　　范雎在秦國最大的政績是提出了「遠交近攻」的滅六國方針。這個方針是秦國橫掃六國可執行方案的確定，也是六國毀滅的開始。從魏國出逃的范雎再一次為秦國注入了統一天下的生命力，再一次將魏國的滅亡推進一步。

　　還有一位被魏國丟棄的便是軍事家孫臏。孫臏是孫武的後人，曾與龐涓一起學習，龐涓深知自己的才能遠在孫臏之下。後來，龐涓出任魏國的大將軍，有些戰事難以應付，他便想起了同窗好友孫臏。

龐涓本來是想讓孫臏為魏國效力，但是又擔心這樣做會危及自己的地位，便想辦法給孫臏定了個罪名，把孫臏弄成了殘廢，他以為這樣孫臏就很難再有出頭之日。

　　自古有多少人為了一己私利，置國家大業於不顧，又有多少人因疾火焚身。為人為事若沒有容人的雅量，終不會有大成就。

　　就在龐涓殘害孫臏的時候，齊國使者來到魏國。孫臏密見了齊國的使臣，一番暢談後，齊國的使臣如獲至寶，便偷偷地把孫臏運到了齊國。齊國將軍田忌奉其為上賓。齊威王也很重視孫臏，讓他做田忌的軍師。

　　西元前 353 年，魏國以龐涓為將，率兵 8 萬伐趙，很快打到了趙國首都邯鄲，趙國抵擋不住，遣使向齊國求救。齊威王命田忌為大將，孫臏為軍師，率兵 8 萬救趙。

　　剛開始，田忌主張直接進軍邯鄲與魏軍主力決戰，配合趙國裡應外合夾擊魏軍。可是，孫臏認為不可與魏軍死打硬拚。田忌不解地問：「趙國邯鄲危在旦夕，除了直接前去解救之外，還有更好的辦法嗎？」

　　孫臏說：「現在魏國的精兵強將都調到了邯鄲城下，國內只剩些老弱殘兵。我們可以直接攻打魏國國都大梁，乘虛而入，龐涓必然率軍回救，自動撤離邯鄲，這樣，既可解邯鄲之危，又可乘魏軍回救疲勞之際狠狠攻擊之，豈不一舉兩得嗎？」

　　田忌聽後，連聲讚歎：「好計，好計！」遂立刻改變計畫，直撲大梁。

　　龐涓聽到這個消息，心急如焚，立即撤軍回救。魏軍長期攻城作戰，此時又長途回奔，人困馬乏，疲勞不堪。當行至桂陵時，又遭齊軍伏擊，幾乎全軍覆沒。

　　過了 13 年之後，魏國、趙國聯合起來攻打韓國。韓國向齊國搬救兵，齊國再次派田忌出戰，由孫臏陪同。因為孫臏曾經在魏國生活過，他知道魏兵

水灌大梁滅魏國

看不起齊軍。於是採用讓對方輕敵的策略，引誘龐涓中了埋伏。龐涓在馬陵被萬箭穿心於寫有「龐涓死於此樹下」的樹旁。齊軍大獲全勝。魏國10萬大軍被殲滅，連魏國太子也被俘虜了。從此，魏國一蹶不振。

魏國真是很奇怪。有人才看不出來，就算看出來了也不會利用，即使用了又要懷疑，懷疑了又要迫害，迫害了又迫害得不俐落。直到最後這些被冷落和被迫害的人都被其他的國家用來削弱魏國。魏國不亡，怎麼可能。

魏人善嫉是出了名的，魏國國君甚至見不得自己的親人比自己強。信陵君是魏安釐王同父異母的弟弟。魏安釐王是個十分嫉賢妒能的人，一次他在與信陵君下棋時，士兵進來報告說趙王率大軍到了魏國邊境，魏安釐王嚇得立即起身召大臣商議。而信陵君阻止他說不可太過慌張，趙王是來打獵的，並不是來侵犯的。過了不多久，探子果然來報說，趙王是來打獵的。魏安釐王驚訝地問信陵君是怎麼知道這件事的。信陵君說自己的門客能夠知道趙國的舉動，請安釐王放心。魏安釐王從此忌憚信陵君的才華與謀略，不敢將國家大事交給信陵君。

後來，信陵君竊符救趙，不敢回到魏安釐王的身邊。在趙國一待就是10年，直到秦國聽說信陵君不敢回國，開始攻打魏國，信陵君害怕無顏面對天下才回國幫助魏安釐王抗秦。魏國聯合其他五國共討秦國，秦國大敗。

秦軍的大敗使得當時身為秦王的異人非常驚駭，他意識到不除掉信陵君很難攻下魏國，更別說是其他五國了。於是異人派人到魏國再次使起了反間計，反間計對心胸狹隘、猜忌心強的人永遠好使，異人派的人說信陵君要南面稱王，魏安釐王再次中計，罷免了信陵君「上將軍」的職位，安排他做將。

信陵君是何等聰明的人，明白了自己又遭到了奸人的暗算，立刻稱病不上朝。整天花天酒地，不理政務。魏安釐王這下可放心了，沒人再與他爭地位了。

而這短視的君王卻不曾想到強秦正在虎視眈眈地向自己靠近，只是因為忌憚信陵君才有所收斂。如果信陵君在世之時，不能培養出後續的接班人，那麼信陵君百年之後，如狼似虎的秦國就再也沒有絲毫顧及了。到時，秦國取魏就如探囊取物一般容易。

　　信陵君終於不情不願地死了，魏安釐王也終於安安心心地死了。他們的死不僅意味著他們生命的終結，同樣也帶來了魏國的窮途末路。此後的魏國只是秦國的小跟班，再沒有什麼聲勢可言。

　　秦王政五年，秦王一聽說信陵君死了，高興得不得了。於是，呂不韋便派去了一位將軍再次攻打魏國，而這位將軍竟然是曾經在信陵君這裡吃了敗仗的蒙驁。蒙驁這仗一打，便攻下了魏國 12 座城池，建立了東郡，魏國無任何反抗之力。

　　在為秦王征戰多年之後，王翦此時上了年紀，他退休了，把軍隊指揮權交給了兒子王賁。秦王政二十二年，也就是西元前 225 年，秦王嬴政派王翦之子為統兵大將，將魏都大梁城包圍。

　　此時的秦國已經接連滅韓、破趙、破燕，形勢對秦國十分有利，秦軍銳氣正盛；而被圍困在大梁中的魏國軍民，則處於孤立無援、士氣低落的境地。

　　王賁立即著手於新的征服，他的目標是趙國南邊的鄰國魏國。在極少記載嬴政話語的《史記》中，我們可以看見嬴政對這一系列征服的贊同，這些勾勒出了秦國征服的過程：

> 「韓王為我們提供了他的領土，並讓出他的王位，他懇求我們，希望成為
> 我們的附屬。但是，他背叛了我們，跟趙、魏結盟，我們被迫遠征懲罰，
> 俘虜韓王。他算走運的，因為此事最終以互換人質而告終。」
> 「趙王派遣人臣李牧來跟我們結盟，於是我們歸還了他們做人質的公子。但趙

水灌大梁滅魏國

國後來又背叛了我們⋯⋯所以我們前去征伐,俘虜趙王。一位趙國公子在剩餘的國土上宣稱自己為趙王,我們繼續派兵消滅他。魏王先是說他要投降,他只是打算用韓、趙的力量對秦發起一擊。秦軍將士粉碎了這個圖謀。」

然而,秦國的兵鋒絕不會在此時停住。既然秦國已經開始了兼併戰爭,它就再也不會半途而廢。

秦軍的兼併手段並不限於軍事方面,賄賂敵國高層經常讓敵國最上層的貴族、最勇敢的將領不受國君信任。這要感謝秦國到處花力氣所傳的謠言。

實際上,許多戰役在強弓勁弩的第一支箭尚未射出之前就已經勝利了,因為是無能的將領在負責敵國的軍隊。但秦國不止使用軍事手段和間諜活動 —— 秦國同樣充分調動了自己軍隊的積極性。

嬴政曾經下令,因為周朝是以火德而居於統治,而取代周的秦又是以水德來取代火德的,原因是水柔韌屈曲、不停流動而又力量巨大,就像蜿蜒流過秦國腹地的黃河一樣。

水還能撲滅火,秦朝取代此前周朝至高無上的地位,用什麼作為象徵呢?水。從不那麼神祕的角度說,水也是西元前 225 年王賁攻魏的重要手段。這位新將軍命令掘開保護魏國都城大梁的黃河河堤,過了 3 個月,在注定的水淹之後,大梁城投降,魏國被滅。

在不傷一兵一卒的情況下,秦將王賁以水灌大梁城的方式,實現了秦滅六國的第四個戰略目標。

輕而易舉滅燕國

　　燕國國君是學古聖人之道學得最徹底的一位。他寧願將王位讓於他人，也不願丟掉賢聖讓位的美名。事實上，燕國國君幾乎是沒什麼大的作為的，安於現狀，不參加大的紛爭，對其他國家也不構成大的威脅。但是，既然秦國想統一六國，燕國自然也是逃脫不了的。燕國的滅亡是必然的，但這必然也是昏聵、無能的燕國君主造成的。

　　燕王噲繼位以後，子之做了燕國的國相。子之是個有著強烈政治企圖的人，他在燕王噲身邊一直在尋找機會稱王或「挾天子以令諸侯」，把燕王變成個傀儡。為了達到這個目的，他運用了各種手段。

　　有一次，齊使蘇代來訪。子之用重金收買蘇代為自己說好話。當然不能明說，子之是個會借力的人，明說顯得太拙劣了。蘇代來見燕王噲，燕王噲問蘇代：「齊王是個什麼樣的人啊？」

　　蘇代回答道：「我們齊王是不能稱霸的人。」

　　燕王噲便問蘇代原因。蘇代說：「我們齊王不願意相信手下的人，不重用自己的臣子。」

　　燕王噲聽了就開始反思自己，覺得自己也不夠信任子之，要是這樣是成就不了自己的事業的。於是，對子之開始放權。

　　子之還派自己的親信鹿毛壽蠱惑燕王噲說：「您是賢明的君主，不如把國家禪讓給相國子之，像堯舜那樣得到個美好的名聲。如果把燕讓位給子之，子之定是不敢接受的。這樣您既得了美好的聲譽，又沒有失去天下。」

　　奇怪的是，昏庸的燕王噲竟然聽信了這一並不完美的言論，真的將王位禪讓給了子之。燕王噲讓子之掌握實權後，子之還不滿足，企圖排除異己。

輕而易舉滅燕國

他決定先向太子開刀，於是派人對燕王噲說：「大王您把國家交託給子之，但官員們都聽太子吩咐。子之並沒有真正的實權。」

燕王噲聽後竟然將大小官員的官印全部交給了子之，隨便由子之調遣。子之坐北向南，行使燕王噲的權力。

燕王噲讓出政權，便遭到削權的太子平聯合手下將軍攻打子之。燕國開始了太子與子之的內戰。內戰死了幾萬人，百姓人心惶惶，官員無心理政，士兵無心戰事。

齊國趁著燕國內亂攻打燕國，燕國城門大開。齊軍進入了燕都，殺死了燕王噲和子之，不但如此，齊軍還隨意殺人，大肆掠奪燕國的財產。這使得燕國百姓忍無可忍，終於發動了大規模的暴亂。

齊軍被迫退出占領了兩年的燕國。燕國人擁立太子平為燕王。燕國又回到了燕國人手裡。但回到燕國人手裡的燕國就此太平了嗎？燕國在經歷了內戰消耗和齊軍的掠奪之後，本就不強的國力進一步雪上加霜。燕國處於岌岌可危的境地。燕國人將希望寄予太子平身上。

太子平在驅逐出齊軍之後，繼承了燕國的君位，也就是燕昭王。燕昭王深感國家羸弱無法自救，於是希望廣招賢才振興燕國。燕昭王詢問手下的大臣郭隗該怎麼辦？郭隗就跟燕昭王說：「大王，你就用我吧！」燕昭王看著郭隗不說話。郭隗笑笑對燕昭王說：

我曾聽說過這樣一個故事：古代有個尋找千里馬的國君，他派人踏遍了千山萬水也沒有找到。後來有個打掃清潔的工人聽說了這件事，便花了身上所有的積蓄，買了一匹死了的千里馬的頭，拿給這位君王。

君王勃然大怒，質問這人為什麼給他一頭死馬的頭，這人不慌不忙地說，大王您別著急，我有好辦法才來找您的。您如果收了我這匹死了的千里馬的頭，天下人知道了就會想，君王連死千里馬的頭都這樣珍惜，那麼，擁

有千里馬的人就會親自送自己的馬匹來。果真，不出一年這位君王就得到了千里馬。您看這一招就叫引蛇出洞。釣魚是要用魚餌的，如果大王您不嫌棄我，就把我當作魚餌吧！

燕昭王一聽有道理，就給郭隗安排了一個重要的職位。燕昭王求賢若渴的事被天下的人廣為流傳。其中有個叫樂毅的魏國人聽說了跑來見燕昭王，希望在燕國施展自己的抱負。

樂毅熱愛軍事，熟讀兵法。經過一番談話後，燕昭王封樂毅為亞卿。樂毅是優秀的人才，將燕軍治理得井井有條。經過一段時間的休養生息，燕國開始出現欣欣向榮的景象。

燕昭王認為時機已經成熟，就開始了他時時刻刻都在掛記的復仇大計。齊國國力強盛，僅憑燕國之力是無法打敗齊國的。這時，有個機會擺在了燕昭王面前。

齊國在西元前 287 年，韓、趙、魏、齊、楚聯合攻打秦國之時，抽空滅掉了宋國。這一下引起了包括秦國在內的其他五國的不安和不滿。於是，各國尋求合作機會共同攻打齊國。

西元前 284 年，秦、韓、趙、魏、燕五國聯手攻打齊國。燕昭王舉全國的財力，來攻打齊國。五國拜樂毅為上將，帶領五國聯軍一起向齊國進發。在濟水時，五國聯軍大敗齊軍，齊軍傷亡慘重，一直退回到自己的國都。

燕昭王拍手稱快，特地趕到濟水犒賞將士。在濟水戰敗齊國之時，其他五國已經停止了攻打齊國。燕昭王痛恨齊國已久，不願意就此罷手，命令樂毅繼續追趕齊軍。一直追到齊國的國都臨淄。一番激戰，樂毅拿下了臨淄。

齊國所有的寶物被燕昭王掠奪一空，就像當初齊國洗劫燕國一樣。燕昭王高高興興地帶著戰利品凱旋歸朝。留下樂毅繼續攻打齊國。經過 5 年的戰爭，樂毅攻下了齊國 70 多個城池，全部設為燕國的郡。

燕國終於揚眉吐氣了，齊國國勢一落千丈。揚眉吐氣的燕國真的就此強

輕而易舉滅燕國

大了嗎？當然沒有，燕昭王和他先前的祖輩一樣短視，他沒有想到齊國在防止秦國吞併燕國道路上的戰略意義。

齊國原是戰國七雄中一個可以和秦國叫板的國家，有齊國在秦國不敢對韓、趙、魏大動干戈。而韓、趙、魏的存在恰恰保護了燕國不受秦國威逼。齊國的敗落，一下子使韓、趙、魏沒有了遮蔽，三家遭到強秦的毒手，逐漸衰落下去，這樣燕國就再沒有可依傍的屏風，秦國來襲，燕國沒有力量與之抗衡，滅國就成了必然。

燕昭王復仇本身並沒有錯，但是燕昭王卻沒有看到齊國對自己的作用，對齊國發動了大規模的毀滅性戰爭。這樣齊國沒能保存下實力，無力再與秦國抗衡。

實際上，齊國的削弱是對秦國最大的幫助，秦國可以不費太大力氣就能滅掉齊國，這樣就進一步增強了秦國滅燕的力量。燕昭王也就罷了，做出這樣沒有戰略性的舉動可以理解為恨令智昏。但是，燕國的臣子竟然也沒有一人提出過異議，這就是燕國人才匱乏、平庸的表現。庸庸碌碌的燕國就這樣在短暫的輝煌過後，漸漸走向了末路。

燕昭王時期燕國進入了短暫的輝煌時期。在占領齊國之後，又打起了趙國的主意。西元前251年，燕王喜趁趙國長平之戰損兵45萬的時候，攻打了趙國。

他萬萬沒有想到：瘦死的駱駝比馬大，趙國雖然長平戰敗，但還是能應付燕國這樣的弱國的。燕王們總是沒有君王該有的眼光和頭腦，燕王喜同樣也是不自量力，結果偷雞不成蝕把米，樂毅大敗，相國被殺。

接著趙國又兩次攻燕。直打得燕國無力應戰。齊國在經過五國攻齊後，元氣大傷，希望休養生息，所以採用了明哲保身的做法，對待各國的紛爭不聞不問。

這樣在東方能與秦國抗衡的國家就只剩下了趙國。這下可好，燕國讓趙

國疲憊不堪，又被趙國打得落花流水、損兵折將。

秦王政十九年，也就是西元前 228 年，秦軍俘虜趙王之後，迅速北上，在追逐趙公子嘉時，大軍接近燕國的西南邊境，燕國面臨滅亡的威脅。王翦屯軍中山故地，準備下一步攻打燕國。燕國一片恐慌，危亡之際，燕太子丹親自籌劃了荊軻刺殺秦王的計畫，他想以暗殺秦王政來阻擋秦國的兼併之勢。

燕太子丹是燕王喜之子，燕國的太子。當時秦國已經相繼攻滅韓、趙等國，次將及燕。因此，在秦王政十五年，也就是西元前 232 年，太子丹被送到了秦國當人質。

太子丹少年時曾在趙國做人質，嬴政也出生在趙國。因此，兩個人小的時候關係很好。而如今已經成為秦王的嬴政對這個太子丹表現得並不友好，沒有好好款待他，而且還對他冷嘲熱諷。這激起了本來就心理失衡的太子丹的憤恨。於是，他決心殺死嬴政。殺嬴政並非輕而易舉的事，需要好好謀劃才行。

太子丹在秦國一住就是 10 多年，心懷憤恨，希望回國。他向秦王請求，秦王說：「如果烏鴉的頭變成白色，馬長出角來，就准許你回國。」

傳說，燕太子丹滿懷悲憤，仰天長嘆。就在此時，烏鴉果然白了頭，馬頭居然生了角。秦王不得已，只得放燕太子丹回國。但又在途中的橋上設了機關，想讓太子丹經過時，因橋面倒塌而死。

可是，太子丹經過的時候，有蛟龍載著他飛過了橋面，設計的機關沒能夠啟動。到了函谷關，關隘的大門還沒有打開，太子丹就學雞叫，於是所有的雞都打鳴，大門開啟，太子丹歷盡千辛萬苦，終於逃出秦國回到燕國。

太子丹回到燕國後，發誓報仇。一直尋求報復秦王政的辦法，但因燕國弱小，力不能及。燕太子丹看到秦國將要吞併六國，唯恐災禍來臨，心裡十分憂慮，於是請教他的老師鞠武。

輕而易舉滅燕國

　　鞠武回答說：「秦國的土地遍天下，威脅到韓國、魏國、趙國。它北面有甘泉、谷口堅固險要的地勢，南面有涇河、渭水流域肥沃的土地，據有富饒的巴郡、漢中地區，右邊有隴、蜀崇山峻嶺為屏障，左邊有崤山、函谷關做要塞，人口眾多而士兵訓練有素，武器裝備綽綽有餘。有意圖向外擴張，那麼長城以南，易水以北就沒有安穩的地方了。為什麼您還因為被欺侮的怨恨，要去觸動秦王的逆鱗呢？」

　　太子丹說：「既然如此，那麼我們怎麼辦呢？」

　　鞠武回答說：「讓我進一步考慮考慮。」

　　秦王政十七年，也就是西元前 230 年，韓國滅亡之時，秦將樊於期因得罪嬴政而逃亡燕國，請求好友太子丹相助。太子丹顧唸好友落難，不能袖手旁觀，便收留了樊於期。

　　鞠武見景便規勸太子丹說：「不行。秦王本來就很兇暴，再積怒到燕國，這就足以叫人擔驚害怕了，更何況他聽到樊將軍住在這裡呢？這就叫做『把肉放置在餓虎經過的小路上』啊，禍患一定不可挽救！即使有管仲、晏嬰，也不能為您出謀劃策了。希望您趕快送樊將軍到匈奴去，以消除秦國攻打我們的藉口。請您向西與三晉結盟，向南聯絡齊、楚，向北與單于和好，然後就可以想辦法對付秦國了。」

　　太子丹說：「老師的計畫，需要的時間太長了，我的心裡憂悶煩亂，恐怕連片刻也等不及了。況且並非單單因為這個緣故，樊將軍在天下已是窮途末路，投奔於我，我總不能因為迫於強暴的秦國而拋棄我所同情的朋友，把他送到匈奴去這應當是我生命完結的時刻。希望老師另考慮別的辦法。」

　　鞠武又接著說：「選擇危險的行動想求得安全，製造禍患而祈請幸福，計謀淺薄而怨恨深重，為了結交一個新朋友，而不顧國家的大禍患，這就是所說的『積蓄仇怨而助禍患』了。拿大雁的羽毛放在爐炭上一下子就燒光了。

何況是雕鷙一樣兇猛的秦國，對燕國發洩仇恨殘暴的怒氣，難道用得著說嗎？！燕國有位田光先生，他這個人智謀深邃而勇敢沈著，可以和他商量。」

太子丹說：「希望通過老師而得以結交田先生，可以嗎？」

鞠武說：「遵命。」說完，他便回去拜見田光，說，「太子希望跟田先生一同謀劃國事。」

田光說：「謹領教。」就前去拜訪太子丹。

太子丹見到田光本人後，趕緊上前迎接，倒退著走為田光引路，跪下來拂拭座位給田光讓坐。田光坐穩後，左右沒別人，太子丹離開自己的座位向田光請教說：「燕國與秦國誓不兩立，希望先生留意。」

田光說：「我聽說騏驥盛壯的時候，一日可奔馳千里，等到它衰老了，就是劣等馬也能跑到它的前邊。如今太子光聽說我盛壯之年的情景，卻不知道我精力已經衰竭了。如此，我不能冒昧地謀劃國事，不過我的好朋友荊卿是可以承擔這個使命的。」

荊軻原是齊國人，後行走到燕國，在燕國做殺狗的職業。荊軻特別好飲酒，天天和那個宰狗的屠夫及高漸離在燕市上喝酒，喝得似醉非醉以後，高漸離擊築，荊軻就和著節拍在街市上唱歌，相互娛樂，不一會兒又相互哭泣，身旁像沒有人的樣子。

荊軻雖說混在酒徒中，可他的為人卻深沈穩重，喜歡讀書；他遊歷過諸侯各國，都能與當地賢士豪傑結交。他到燕國後，結交了隱士田光。田光很欣賞荊軻的膽識，知道他不是平庸的人。因此在太子丹向他問計時，他推薦了荊軻。

太子丹說：「希望能通過先生和荊卿結交，可以嗎？」

田光說：「遵命。」於是即刻起身，急忙出去了。

太子丹將田光送到門口，並且告誡他說：「我剛才所講的，先生剛才所

說的，是關乎於國家的大事，希望先生不要洩露！」

田光笑著說：「明白。」於是，他便去見荊軻。

田光對荊軻說：「我和您彼此要好，燕國沒有誰不知道，如今太子聽說我盛壯之年時的情景，卻不知道我的身體已力不從心了，我榮幸地聽他教誨說，『燕國、秦國誓不兩立，希望先生留意。』我私下和您不見外，已經把您推薦給太子了，希望您前往宮中拜訪太子。」

荊軻說：「謹領教。」

田光說：「我聽說，年長老成的人行事，不能讓別人懷疑他。如今太子告誡我說，『所說的，是國家大事，希望先生不要洩露。』這是太子懷疑我。一個人行事卻讓別人懷疑他，他就不算是有節操、講義氣的人。」

於是田光要用自殺來激勵荊軻，說：「希望您立即去見太子，就說我已經死了，表明我不會洩露機密。」因此就刎頸自殺了。

後來，荊軻拜見了太子丹，並且轉告了田光的話。太子丹拜了兩拜跪下去，跪著前進，痛哭流涕，過了一會兒說：「我所以告誡田先生不要講，是想使大事的謀劃得以成功。如今田先生用死來表明他不會說出去，難道是我的初衷嗎？」

荊軻坐穩後，太子丹離開座位以頭叩地說：「田先生不知道我不上進，使我能到您面前，不揣冒昧地有所陳述，這是上天哀憐燕國啊。如今秦王有貪利的野心，而他的慾望是不會滿足的。如今秦國已俘虜了韓王，占領了他的全部領土。

「他又出動軍隊向南攻打楚國，向北逼近趙國；王翦率領幾十萬大軍抵達漳水、鄴縣一帶，而李信出兵太原、雲中。趙國抵擋不住秦軍，一定會向秦國臣服；趙國臣服，那麼災禍就降臨到燕國。燕國弱小，多次為戰爭所困擾，如今估計，調動全國的力量也不能夠抵擋秦軍。

「諸侯畏懼秦國，沒有誰敢提倡合縱政策，我私下有個不成熟的計策，認為果真能得到天下的勇士，派往秦國，用重利誘惑秦王，秦王貪婪，其情勢一定能達到我們的願望。

「果真能夠劫持秦王，讓他全部歸還侵占各國的土地，像曹沫劫持齊桓公，那就太好了；如不行，就趁勢殺死他。他們秦國的大將在國外獨攬兵權，而國內出了亂子，那麼君臣彼此猜疑，趁此機會，東方各國得以聯合起來，就一定能夠打敗秦國。這是我最高的願望，卻不知道把這使命委託給誰，希望荊卿仔細地考慮這件事。」

過了好一會兒，荊軻說道：「這是國家的大事，我的才能低劣，恐怕不能勝任。」

太子丹上前以頭叩地，堅決請求不要推託，而後荊軻答應了。當時太子就尊奉荊軻為上卿，住進上等的館舍。太子丹每天前去問候。供給他豐盛的宴席，備辦奇珍異寶，不時進獻車馬和美女任荊軻隨心所欲，以便滿足他的心意。

西元前 228 年，秦將王翦已經攻破趙國的都城，俘虜了趙王，把趙國的領土全部納入秦國的版圖。大軍挺進，向北奪取土地，直到燕國南部邊界。

太子丹害怕了，於是請求荊軻說：「秦國軍隊早晚要橫渡易水，那時即使我想要長久地侍奉您，又怎麼能辦得到呢？」

荊軻說：「太子就是不說，我也要請求行動了。現在到秦國去，沒有讓秦王相信我的東西，那麼秦王就不可以接近。那樊將軍，秦王懸賞黃金千斤、封邑萬戶來購買他的腦袋。果真得到樊將軍的腦袋和燕國督亢的地圖獻給秦王，秦王一定高興接見我，這樣我才能夠有機會來報效您啊。」

太子丹說：「樊將軍到了窮途末路才來投奔我，我不忍心為自己私利而傷害這位忠厚老實之人的心，希望您考慮別的辦法吧！」

輕而易舉滅燕國

　　荊軻明白太子丹不忍心，於是就私下會見樊於期說：「秦國對待將軍可以說是太狠毒了，父母、家族都被殺盡。如今聽說用黃金千斤、封邑萬戶購買將軍的首級，您打算怎麼辦呢？」

　　樊於期仰望蒼天，嘆息流淚說：「我每每想到這些，就痛入骨髓，卻想不出辦法來。」

　　荊軻說：「現在有一個辦法可以解除燕國的禍患，洗雪將軍的仇恨，怎麼樣？」

　　樊於期湊向前說：「怎麼辦？」

　　荊軻說：「希望得到將軍的首級獻給秦王，秦王一定會高興地召見我，我左手抓住他的衣袖，右手用匕首直刺他的胸膛，那麼將軍的仇恨可以洗雪，而燕國被欺凌的恥辱可以滌除了，將軍是否有這個心意呢？」

　　樊於期聽完荊軻的話之後，便毫不猶豫地脫掉一邊衣袖，露出臂膀，一隻手緊緊握住另一隻手腕，走近荊軻說：「這是我日日夜夜切齒碎心的仇恨，今天才聽到您的教誨！」於是便自刎了。

　　太子丹聽到這個消息，駕車奔馳前往，趴在樊於期屍體上痛哭，極其悲哀。已經沒法挽回，於是就把樊於期的首級裝到匣子裡密封起來。

　　當時太子丹已預先尋找天下最鋒利的匕首，找到趙國人徐夫人的匕首，花了百金買下它，讓工匠用毒水淬它，用人試驗，只要見血，沒有不立刻死的。於是就準備行裝，送荊軻出發。

　　燕國有位勇士叫秦舞陽，很小的時候就會殺人，別人都不敢正面對著看他。於是燕王就派秦舞陽做助手。荊軻等待一個人，打算一道出發；那個人住得很遠，還沒趕到，而荊軻已替那個人準備好了行裝。

　　又過了些日子，荊軻還沒有出發，太子丹認為他拖延時間，懷疑他反悔，就再次催請說：「日子不多了，荊卿有動身的打算嗎？請允許我派遣秦

舞陽先行。」

荊軻發怒，斥責太子丹說：「太子這樣派遣是什麼意思？只顧去而不顧完成使命回來，那是沒出息的小子！我之所以暫留的原因，是等待另一位朋友同去。眼下太子認為我拖延了時間，那就告辭訣別吧！」於是就出發了。

太子丹及賓客中知道這件事的，都穿著白衣戴著白帽為荊軻送行。到了易水岸邊餞行之後，荊軻便上了路，高漸離擊築，荊軻和著節拍唱歌，發出了蒼涼淒婉的聲調，送行的人都流淚哭泣。荊軻一邊向前走一邊唱道：「風蕭蕭兮易水寒，壯士一去兮不復還！」復又發出慷慨激昂的聲調，送行的人們怒目圓睜，頭髮直豎，把帽子都頂了起來。於是荊軻就上車走了，始終連頭也不回。

荊軻一到秦國，便將攜帶的價值千金的禮物，厚贈秦王寵幸的臣子中庶子蒙嘉。蒙嘉替荊軻先在秦王面前說：「燕王確實因大王的威嚴震懾得心驚膽顫，不敢出動軍隊抗拒大王的將士，情願全國上下做秦國的臣子，比照其他諸侯國排列其中，納稅盡如同直屬郡縣職分，使得以奉守先王的宗廟。因為惶恐畏懼不敢親自前來陳述。謹此砍下樊於期的首級並獻上燕國督亢地區的地圖，裝匣密封。燕王還在朝廷上舉行了拜送儀式，派出使臣把這種情況稟明大王，敬請大王指示。」

秦王聽到這個消息，非常高興，就穿上了禮服，安排了外交上極為隆重的九賓儀式，在咸陽宮召見燕國的使者。

荊軻捧著樊於期的首級，秦舞陽捧著地圖匣子，按照正、副使的次序前進，走到殿前臺階下秦舞陽臉色突變，害怕得發抖，大臣們都感到奇怪。荊軻回頭朝秦舞陽笑笑，上前謝罪說：「北方藩屬蠻夷之地的粗野人，沒有見過天子，所以心驚膽顫。希望大王稍微寬容他，讓他能夠在大王面前完成使命。」

秦王對荊軻說：「遞上舞陽拿的地圖。」

輕而易舉滅燕國

荊軻取過地圖獻上，秦王把地圖展開到盡頭，匕首露出來。荊軻趁機左手抓住秦王的衣袖，右手拿匕首直刺。未近身秦王大驚，自己抽身跳起，衣袖掙斷。秦王慌忙抽劍，劍長，只是抓住劍鞘。一時驚慌急迫，劍又套得很緊，所以不能立刻拔出。荊軻追趕秦王，秦王繞柱奔跑。大臣們嚇得發呆，突然發生意外事變，大家都失去常態。

而秦國的法律規定，殿上侍從大臣不允許攜帶任何兵器；各位侍衛武官也只能拿著武器依序守衛在殿外，沒有大王的命令，不准進殿。

正當危急時刻，來不及傳喚下邊的侍衛官兵，因此荊軻能夠追趕秦王。倉促之間，秦王驚慌急迫，沒有用來攻擊荊軻的武器，只能赤手空拳和荊軻搏擊。

這時，侍從醫官夏無且用他所捧的藥袋投擊荊軻。正當秦王圍著柱子跑，不知如何是好的時候，侍從們喊道：「大王，把劍推到背後！」

秦王把劍推到背後，才拔出寶劍攻擊荊軻，砍斷了他的左腿。荊軻殘廢，就舉起他的匕首直接投刺秦王，沒有擊中，卻擊中了銅柱。秦王接連攻擊荊軻，荊軻被刺傷 8 處。

荊軻知道大事不妙，便倚在柱子上大笑，張開兩腿像簸箕一樣坐在地上罵道：「大事之所以沒能成功，是因為我想活捉你，迫使你訂立歸還諸侯們土地的契約回報太子。」這時侍衛們衝上前來殺死荊軻，而秦王目眩良久。

荊軻死了，留下了被千秋萬代傳頌的離歌「風蕭蕭兮易水寒，壯士一去兮不復還……」荊軻死得簡單，但他的死所帶來的後果卻並不那麼簡單，他直接導致嬴政派大軍攻打燕國，加速了燕國的滅亡。

荊軻刺秦所引起的爭論也從未停歇過。人們或以為這是俠義之舉，或以為這是一種愚蠢的自投羅網的行為，也有人認為這算不上什麼俠義或愚蠢行為，就是一種被僱用而殺人的職業行為。還有一些人認為這是一種歷史的反動，他的刺殺是對秦始皇統一六國的阻撓。

荊軻刺秦是在西元前 227 年，也就是秦國平定燕國之際。此時，各諸侯國相繼被吞併。諸侯國的民眾飽受戰亂之苦，沒有一刻感到安寧。生活在水深火熱之中的人們自然把戰爭的責任推到嬴政頭上，他們以為這一切都是嬴政的所作所為，是嬴政給他們帶來了深重的災難。

事實也是如此，百姓不管你的國策是什麼，他們只是想要安定的生活，要是連這一點基本的生存權利都不給他們，他們必定會起來反抗。荊軻也是受了這種動盪局面影響的人，他在燕國殺狗還只是飢一頓飽一頓。倘使燕國被秦所滅，那麼荊軻就要繼續他的流浪生涯。秦國在所滅的國家裡並沒有實行較為仁慈的政策，人們的生活也沒有得到相應的改善，反而因為秦國嚴酷的徭役、兵役的制度使得人們生活更加艱難。

也就是說不管荊軻走到哪裡，都難以有立身的地方。人們在這個時候多數都想改變現狀，但是很多人會把希望寄託在其他人的身上。而荊軻沒有，這就是田光為什麼選荊軻做朋友，為什麼把他推薦給太子丹的原因。

荊軻有著自覺改變命運的想法與訴求，這樣的願望不是每個人都會有，都敢有的。這一點是他刺殺嬴政的內在動機，也是最根本的動機。說白了是「官逼民反」，否則就算是太子丹花再多的錢，也無法買到兇手去刺殺嬴政。

誰願意去做拿命換錢的買賣？荊軻不是也曾推辭過太子丹的要求嗎？不是也經過了再三的思慮才去的咸陽嗎？說他被雇去刺殺秦王，那隻是一個外因，是不起決定作用的。

所以說，荊軻刺秦是嬴政暴行間接造成的結果。即使不是荊軻，也會有人出來反抗秦國的統治。高漸離是繼荊軻之後，又一位刺殺嬴政的人。他的行為有為好友荊軻報仇的因素，同時也兼具了前面所提到的反抗秦王嚴酷統治的因素。

嬴政在荊軻刺殺他之後，曾捉拿過荊軻的同黨，高漸離也在此列。高漸

輕而易舉滅燕國

離改名換姓在一位富貴人家做雜役。在做雜役期間,他曾為這家的樂師做指導。主人家知道這件事之後,就叫他來演奏。

高漸離擊築一曲之後立刻曲驚四座,聲名大噪。此後,高漸離的名氣越來越大,傳到了嬴政的耳朵裡,嬴政也是個尋歡作樂的能手,自然免不了欣賞歌舞取樂。這樣,高漸離得到了接近嬴政的機會。

高漸離在進入秦宮不久,便被人識穿了身分。秦始皇因為十分喜愛高漸離的音樂,所以保住了高漸離的命,熏瞎了他的雙眼,讓他繼續為自己演奏。

始皇帝對自己所鍾情的東西向來是捨不得輕易毀掉的。就算是可能謀殺自己的人,只要他認為採取一些措施能防止這樣事件的發生,就不會趕盡殺絕。對待呂不韋是這樣,對待高漸離同樣是這樣。

高漸離跟隨嬴政的時間越久,嬴政的警惕心理越低。就這樣高漸離漸漸地讓嬴政安了心。就在嬴政日益放鬆對高漸離警惕的時候,高漸離動起手來。他將藏著鉛的樂器砸向嬴政。嬴政聽得聚精會神,忽然覺察到什麼東西向自己飛來,急忙躲開了。高漸離的刺殺再次失敗了。嬴政這下可嚇壞了,再也不敢接近原秦國以外的六國之人了。

高漸離的刺殺只是荊軻刺秦的續曲,但同樣也是嬴政暴行所導致的結果。但是不管怎樣,嬴政也不會放棄他的政治理念。他的暴政還將繼續下去。荊軻刺秦雖然失敗了,但他也就此成了英雄。而這一次刺殺徹底激怒了嬴政。

秦王政二十一年,也就是西元前 226 年,秦王以此為藉口,下令在邊境的軍隊增置崗哨,加強防衛,並派王翦率兵去征服燕國。燕國領土大片被吞併,燕太子丹和他的父親將軍隊布置到了遠遠的東北角,幾乎接近現在的遼東,在那裡他們又堅持了幾年。

這個時候，絕望中的燕王以為只有一個辦法可以取悅入侵者，於是，他命令剩餘的隨臣找到他的兒子太子丹，並把他的人頭帶來。太子丹被迫東躲西藏，但因被敵人和他的父親追捕，最終，他做了一件盡孝的事 —— 自刎了。

燕王喜又擔心秦國出兵攻打燕國，因此便將太子丹的頭顱獻給秦軍以求和。但嬴政終究不肯放過燕國，在嬴政二十五年，也就是西元前 222 年，王翦之子王賁率軍攻滅燕趙殘餘勢力，俘獲趙代王嘉。同年秦將王賁進軍遼東，殲滅燕軍，俘虜燕王，燕國滅亡。

派遣王翦消滅楚國

　　秦國橫掃六國，勢如破竹，先後滅亡韓、趙、魏三國，並數次擊敗楚軍。燕王喜逃亡被滅後，秦王政打算攻滅楚國，從而實現統一霸業。

　　楚國地處長江中游，春秋時期一度稱霸。戰國時期，楚國已經發展成為幅員遼闊、國力雄厚的大國。就在秦國不斷實行改革，迅速崛起的時期，楚國卻在政治、軍事和外交上一再失利，導致它在七雄逐鹿的競爭中失去了原有的優勢地位。

　　楚國宗室大臣作亂，使得吳起在楚國的改革戛然而止。吳起死後，新法大部分被廢除。楚國前進的步伐就此停止了。楚國的宗室臣子作亂是因為有人危及了他們的利益，這個人就是吳起。

　　吳起的變法中很多都涉及了削弱王親貴戚的措施。這樣激起宗室大臣的反感和仇恨。吳起的法令首先是廢除世襲制。在楚國，爵位和俸祿都是世襲的。

　　這種對貴族、功臣的獎勵嚴重影響了平民階層的人才脫穎而出。貴族功臣的子孫因為可以承襲父位而不思進取的人很多。這樣就造成了在楚國為官的人，多數都是平庸之輩。這些平庸之輩占據了國家的重要位置，卻沒有能力建設好國家。

　　而有著卓越才能的人，又無法越過這些貴族、大臣成為楚國的棟梁之材，人才入楚的積極性得不到發揮。導致了楚國的人才匱乏，無法強大起來。

　　吳起先是拿貴族、功臣開刀，自然會得罪這些養尊處優的人。他提出：職位世襲不過三代，過了第三代，如果這些人中還沒有人為國家立過功勞就不能承襲先前的職位了。這樣那些貴族、功臣的子孫沒有了保障，宗室們開始反對吳起變法。無奈楚王全力支持，也只好忍氣吞聲。

不但如此，吳起還提出裁減冗員。把官吏中那些無能的、無用的、貪婪的官吏撤掉。希望可以減少國家不必要的開支。結果，被裁減的人員也多是王公貴戚、功臣子孫。這樣做進一步激化了宗室、功臣與吳起的衝突。

吳起還有一條更為觸怒宗室、功臣的措施，那就是主張派貴族到楚國閒置的土地上去拓荒。這下可苦壞了宗室貴族們，他們對吳起的變法有諸多怨言。吳起不僅剝奪了他們的世襲爵位、俸祿，還讓他們去開荒。

於是，在楚悼王死後，宗室大臣就殺死了吳起。當時，還在靈堂之上，楚悼王的屍骨未寒，大臣們就一起攻殺吳起。吳起自覺自己不能脫身，便趴在楚悼王的屍體上，希望他們顧及楚王尊嚴，暫時放過自己。結果宗室們理都不理，拿出箭來射殺吳起。吳起被射死。因為吳起一直趴在楚王屍體上，楚王的屍體上也被射上了箭。

繼位的太子，命令令尹將那些把箭射到楚王身體上的人，一併處死。吳起死後，吳起變法的大部分內容也被終止了。而此時，秦國的商鞅變法正在轟轟烈烈地進行。兩國的國力對比也就在此時發生了變化。秦走向了富強，而楚還在原地踏步。

如果說吳起變法的終止是楚國的最大損失，那麼楚國政治的腐敗就是楚國生存和發展的巨大毒瘤。春申君是楚頃襄王的弟弟，原來陪同楚國太子在秦國做人質。後來，楚頃襄王病重，春申君幫助太子與秦國周旋，最後使太子得以回到楚國，出任楚國的國君。這就是歷史上的楚考烈王。

楚考烈王一直沒有子嗣，這下可愁壞了春申君。於是，就有了前文提到的李園送妹妹給春申君，春申君又將李園的妹妹送給楚王的事件。李園的妹妹生子後坐上王后之位。這一事件過後，李園得到重用，連春申君都不如他有權勢。李園害怕春申君將自己妹妹的事洩露出去，便養了一批劊子手，伺機殺掉春申君。

派遣王翦消滅楚國

楚考烈王死後，李園搶先入宮，在宮門埋伏了刺客。春申君入宮時，李園派去的刺客殺死了春申君，並將春申君滿門抄斬。李園妹妹的孩子被立為楚幽王。李園獨攬了楚國的大權。政治更加腐敗黑暗。

春申君被稱為戰國四公子之一，他的死同樣給楚國帶來了重大損失。因為有春申君在秦國還會有所顧及。如今春申君已經不在了，秦國自然不需要顧及春申君的交好和才幹。因此，秦軍大舉進攻楚國的日子也就不遠了。

秦王政二十一年，也就是西元前 226 年，秦王派兵向楚國發起試探性的進攻，結果一下子奪取了十幾座城池。秦王認為，對手一定已經是兵弱將寡，因此，便決定乘勢滅楚。

秦王問李信將軍，說：「將軍估計一下，要奪取楚國，總共需要多少兵力才足夠？」

李信勇猛果敢，曾經率領千餘人追擊燕太子丹，最後獻上太子丹的頭顱，秦王十分賞識他。

李信回答：「不過用 20 萬。」

秦王又問老將王翦需要多少兵馬。

王翦說：「非 60 萬人不可。」

此時的秦王被接連不斷的勝利沖昏了頭腦，說：「王將軍確實老了，為何如此膽怯？李將軍果敢壯勇，說得對。」於是，嬴政任命李信為大將，率領 20 萬人伐楚。王翦自稱生病，回老家頻陽養老去了。

秦王政二十二年，也就是西元前 225 年，李信率軍攻打平輿，蒙恬率軍攻打寢丘，大敗楚軍。李信接著乘勝攻克鄢郢，隨即率領部隊向西進軍，要與蒙恬在城父會師。

楚王急忙任命項燕為大將，率兵 20 萬迎戰。乘機積蓄力量，尾隨跟蹤追擊李信軍隊，連續三天三夜不曾停息，結果大敗李信的部隊，攻入兩個軍

營，殺死 7 名都尉，李信軍大敗而逃。

李信失敗的消息傳到咸陽，秦王勃然大怒，後悔沒有聽王翦的話。秦王親自奔赴王翦老家頻陽，向王翦道歉：「寡人因為沒有聽將軍的話，致使秦軍蒙受恥辱，有損威望。聽說楚軍連日西進，準備進攻秦國，將軍雖然有病，難道真的忍心拋棄寡人嗎？」

王翦說：「老臣身體不好，腦子也糊塗了，大王還是另選有才能的將領吧！」

「這次征伐楚國，一定要請將軍帶兵才行，請不要再推辭了。」

「大王一定要用我，那我請求大王給我派 60 萬兵力。」因為秦王志在一統天下，所以便答應了王翦的要求。

秦王嬴政二十二年底，楚王負芻聽到楚國在秦國的間諜回來報告說：「秦王嬴政大肆徵兵二三十萬，可能要舉國伐楚。」但是，楚王卻沒有放在心上，也不設朝議論此事。

直到秦王政二十三年初，楚王連連接到間諜之報。這時，他才會集百官，商議此事。朝中百官對負芻唯唯諾諾，附庸負芻的荒謬之詞。但有一個忠臣，名叫唐驕。他在忍無可忍之時，越班奏道：「天下除強秦之外，尚有燕、齊、楚三國未為秦伐滅。燕國僅有遼東之地，乃風中之燭，秦不急欲伐他。齊國暫時和秦友好，比我大楚力弱，秦也不會伐他。只是我楚國，地廣軍多，秦若不先伐我，難使天下統一。大王，秦軍不日即來，我國應於國門之外禦之！不然，他擊我之東，我擊他之西，可以成為僵局。」

負芻沉默了一會兒說道：「唐驕，寡人給你 300 軍馬，你去伐他西，待你成功，寡人封你為太宰。」

唐嬌道：「大王，300 軍馬怎麼能伐秦啊？」

負芻道：「既然不能，你就不要再逞強了。」說完之後，群臣當中也沒

派遣王翦消滅楚國

有敢再發話的人了，唐驕也退了下去。

正在這時，秦國大將軍王翦的 12 路先鋒隊，如風如電一樣攻到了秦楚邊境上蔡之南紮住。接著，秦軍的中、後之軍都到，如鐵牆一般橫陳了 60 里地的大營。但秦軍沒有攻打楚國，靜如瀚海，沙丘相連，只是不動。

一連幾十道飛書，從楚之邊界各縣飛到郢都。負芻這次聽說秦軍真是 60萬開到，心中著慌，連忙徵集全國的壯丁應戰。行軍之前，負芻下令派唐驕為先鋒隊首領，又聽了唐驕的話，派 35 萬大軍兵分 6 路續進。

楚軍一直行進到秦軍之前里安營，由於秦軍不動，楚軍也不敢貿然進攻。觀望了 3 天，秦軍那一方毫無動靜。這時楚王負芻問權代上柱國帛青道：「你是三軍之首，該議一個怎樣進攻秦人的大計！」

事實上，帛青根本不會行軍作戰，連軍隊在夜間應如何布防也不明白。他痴呆了半天道：「大王，國舅靳毀有計破敵，臣也和他談過。」

負芻的眼光轉向靳毀。靳毀好逞能，便回答負芻道：「大王，行軍作戰，無非是一個攻字。只要我們攻打秦人，秦人一還手迎擊，戰端就開始了。」

負芻問他：「明天就進攻嗎？」

靳毀回答說：「兵貴神速，今晚就攻。」

負芻又問道：「誰為前隊呢？」

靳毀說道：「我來。」

負芻問他：「為什麼不用唐驕呢？」

靳毀回答說：「唐驕是一個有勇無謀的人，他怎麼會指揮大軍呢？要是讓他這個小小的武官為前鋒，那豈不是讓秦軍笑掉大牙了？」

這時，負芻搖搖頭說道：「要讓秦軍的王翦害怕，還是應該讓寡人首當其衝，後邊將士爭先，可以衝入秦壘。」

靳毀回答說道：「大王不可以冒險，您只需在軍營中等待我軍勝利的消

息吧！我只需 10 萬大軍，就可以破開秦軍的壘門。」

負芻聽後，覺得自信滿滿，說道：「那好，國舅，開端一戰，只看你馬到成功。」

隨後，靳毀便下令諸將，撥他所轄 15 萬軍中之 10 萬，編成 20 隊以攻秦軍王翦之中營。又命步軍都備蘆柴一捆，以便攻到秦營柵壘前，放火燒柵排之用。又下令道：「三鼓進軍，聽軍中鼓響為號。」

這時，唐驕也在靳毀軍中，聽到靳毀的命令後，忙來見靳毀道：「國舅，我軍不知敵軍虛實，輕攻，恐為敵軍所算。又今值春夜，西北風大，燒人毀之甚微，燒己恐毀之甚大也。」

靳毀不聽，果然三更鳴鼓，10 萬大軍鳴滔滔地衝向西邊秦軍柵壘前。秦軍壘上、柵後只飄蕩著嚴整的旗旛，不見有人觀戰。靳毀拍馬在前，仰視了許久道：「秦軍來之未久，未能盡修戰壘，壘空之處，以柵補之，此易攻耳！」於是下令：「專攻有柵之處，攻到近前便舉火。」

楚軍喊著殺聲，舉著火把、蘆柴、兵器，趲蜂般專攻秦營立柵的地方。後邊兵車高舉火把瞭望，一俟步兵進柵，車兵繼進，秦兵自然是難擋。誰知有幾處攻柵之軍發起喊來，喊聲愈急時，前隊猛地往自家一方擁退下來。

接著前面楚軍的喊叫聲如同雷滾，在火把的照耀下，楚軍接近木柵的地方，都騰空冒起人頭來。緊接著，楚軍的前隊一退一攻，自相踐踏起來。

原來，凡秦軍立木柵處，柵前都挖了密密的陷坑，楚軍不知，攻到前邊的，幾乎全部落入坑中。楚軍後隊又往前擁，前隊頂不過後隊，又接連落入陷坑者數千人。

秦軍壘後、柵後如開地殼般鳴起鼓來。秦軍不出壘，在暗處；楚軍是攻者，在明處。楚軍屍壓陣地，秦軍少有傷亡。楚軍也還射柵、壘之上的秦軍，但目標不明，空往秦營贈送箭支。拿著蘆柴的楚軍沒待引火，便落坑倒

派遣王翦消滅楚國

地了，後隊拿蘆柴的人，倒點著了火，引路敗退，火光亂舞，反驚擾了自方的軍將。

靳毀先前已知前軍失利，但他在戰場上橫著大戟，不斷下令：「只攻不退！」後來己方軍隊如洪濤滾動般退下來，後隊也亂了起來。他所乘的戰車，被人浪推到西邊去，繞了二裡多地一個大彎子，才回到敗退的軍中，再發令時，軍中已無人傳遞。

3000 多楚軍屍體扔到秦軍的柵壘前，後來楚軍來搬運，秦軍也不管他，任其往還，而後退盡。於是，負芻面帶怒色地問靳毀說：「為什麼就退下來了？」

靳毀說：「臣在中軍指揮，前軍先退。」

負芻說：「退者斬！」

靳毀說：「不知哪個人帶頭先退的。」

唐驕說：「全軍皆退，要斬即斬 10 萬人。不然可斬主將以明軍法。」

負芻哼了一聲道：「這話說得有道理。10 萬軍不可斬，主將可斬，靳毀，你知罪嗎？」

靳毀叩頭有聲道：「大王，為臣雖有罪，若斬了，那王翦必喜。不如為臣明日再攻，不勝，死於敵手，也算向大王盡忠。」

負芻下了座褥，踢了靳毀一腳道：「今天暫且不治你的罪，我給你一天的時間，你要是還不能攻開秦軍的大營，那我就要斬殺你！」

這時，靳毀站了起來。負芻便說道：「寡人錯了，但是水已潑於沙上，難再收起。唐驕，你有何法和秦軍戰？」

唐驕回答說道：「大王，臣有兩條計策。」

負芻聽他說有兩條計策，便來了興致，於是就問他：「是什麼樣的計策呢？」

唐驕回答道：「臣昧死上言，大王勿介意。第一策，我們暫將大軍退回郢都之北紮下，爾後分一軍駐紮在潁水之西，留一軍屯紮郢都之北，爾後急急徵調各地人馬充實兩軍。王翦如進軍郢都，有潁水之西一軍為他背後患。

　　「他若分軍襲我，王翦總有一軍成為他的遙控，便很難兩地取勝之。大王再使中軍能為戰之主將暫復原職，上柱國之印可交能兵之人。軍中大小將領，亦以能者為先，提拔選用。

　　「如此一來，我士氣定旺，打王翦一個有來無還，傾國之軍或可敗於我荊地矣！第二策，修戰書以引王翦出戰，看其軍力形勢，爾後定破敵之計，他若總不出戰，我也不退回，和他僵下去。我後方糧草、兵役，派能臣辦理，也可不怕秦人。第一策是上策，第二策是下策，大王可能取用之乎？」

　　負芻想了一會兒，說道：「第一策太繁，一時又選不出能人為上柱國之職。第二策可行，明日修戰書，派使給王翦送夫，再激他一激，或可開戰。」

　　第二天，修戰書送往王翦營中，王翦批以5日後會戰。可是5天過去了，王翦還是不出戰。於是負芻又派使送第二道戰書，王翦應以7天後會戰。又是一個7天過去了，王翦仍然不出戰。

　　就這樣王翦一直拖了一個月，也不出戰。每次戰書下過，楚軍都整軍備戰，戰書修多了，戰氣也消沈了下去。此時，楚軍從全國也調來20多萬新兵，數字也達60萬了；糧草也運來許多，可是過了半年，負芻便又犯了那得意洋洋的病。

　　王翦自屯軍以來，只駐不戰，日日練兵，兵法甚嚴，要求射箭在百步內命中者為上士，二中者為中士，一中者為下士，不中者，苦練不罰。又要求兵士投一斤重石塊越百步者為標兵，不過百步者為隨兵。他又罰賞分明，天天騎馬到各大營同士卒同食共住。如此一來，萬士歡心，戰氣旺盛，欲勝楚人之心，人人有之。

派遣王翦消滅楚國

楚軍 4 次來戰書，秦軍中將領也有要戰的，但都被王翦說服。他道：「暴雨之後，山洪一發，洶湧觸石，響聲雖大，力卻甚微。若將此洪水攔壩頓住，再待大雨來時，趁機開壩，洪水之力，較之原來，百倍以上，一經放出，奪壑平崖，沖漫大地，魚龍驚死，氣勢難抵。」

秦王政二十三年三月間，王翦看了一遍各軍報來的練兵竹簡，統計一下，投石超百步的就有 40 萬眾了，王翦大喜，向蒙毅笑道：「我軍之力足矣，可戰楚人。只是還要等個機會！」於是，又下令軍中放出謠言：「秦國之中有亂，不日大軍退還。」

這個謠言一經傳出，便傳到了負芻軍中。但是王翦卻向全軍密令：「此乃故意鬆懈楚軍人之鬥志，我不日便全軍出擊，一戰而下郢都。」

於是，秦軍 60 萬都齊心備戰。事有湊巧，說戰就戰。郢都楚宮中向負芻傳來一個不幸的消息，即 5 歲的太子熊結「忽患痲疹，昏迷不醒，湯水不下」，於是，負芻和誰也不商量，一聲令下如山倒：「全軍撤回郢都！」多少文武也說服不了負芻，全都被他斥罵而退下。

誰也拗不過楚王負芻，只能退下。但是唐驕還要獻計，他向負芻說：「大王，王翦之死不出兵，非為怯也，乃為勢也。我今退兵，他偵者必知，若以千仞山轉滾石之勢擊我，我即潰矣！大王可帶軍先退，為臣帶後隊直攻王翦的壘、柵，臣即敗，所失不過 10 萬軍，大王可保實力到郢都！」

負芻大笑起來，說道：「唐驕，寡人信任你以後，也沒見有什麼勝敵之處。秦軍 60 萬，我軍也 60 萬。以一抵一，我怎麼會失敗，又有什麼好畏懼的呢？」

唐驕聽到楚王這樣說，便不再說話了，只好回到了軍中。楚軍聽到退令之後，便都整裝、拔寨，一片忙亂，誰也不顧及勝敗的事情。負芻雖然下了「退兵」的命令，但是卻沒有做好退兵行軍安置。兵不分路，一塌糊塗，就

像是一群老鼠搬家，爭搶而行。

王翦很早就接到了軍中的密報，說是：「楚王負芻因愛子有病，全軍撤退了。」於是王翦就下達了如上蔡城那麼大的兩個字的命令：「出擊！」

萬秦軍早有準備，一經出擊，便形成了一對數十里長的鐵打的蟹螯，彎鉤攏來，夾住楚軍，猛嚼之，立斷之，死抱之……100 多萬支矛戈拚殺，6萬多輛戰車馳撞，30 多萬匹戰馬橫飛，兩國 120 萬個將士們，發出破天的殺聲較量生死，30 多里寬闊的戰場在忽忽地旋轉，數百萬斤糧草在營中燒起了大火。

秦軍衝在最前頭的是馬軍，共 60 多萬，形成一片一片的烏雲，戈矛之光輝，在太陽的照射下，遙遙望去，似是無崖的銅鐵之樹，一時震翻，閃忽如金海鼓浪，掀天大水，一揚數百丈高。

第一天的大戰由上蔡移向平與。這天，負芻沒能衝出千層秦人之圍，只受楚將保護，橫擊豎掃，秦人不退。權代上柱國帛青要降於秦軍，被唐驕一箭射中面門，落下戰車去，被戰車輪碾成了夾土拌砂的碎渣。此日楚軍只敗退萬里。

第二天的大戰，戰場由平與移向固始。楚人翻轉殺回，曾把秦軍擊退 20里。但是秦人的生力軍殺到，把楚軍如衝亂木一樣擁向下流。楚軍此日傷亡最大，死、傷、逃，大約就有 20 萬。負芻沒有衝出包圍圈，400 多朝官，已經血染黃沙了 200 多人。一百幾十里的戰線上，人屍如蓋地黑雲一樣。戰車燒著熊熊的大火，如火獅子蹲伏，一輛一輛地泊在戰場上，死馬、壞戈、零盾和人屍相枕藉，行人難以通過。

第三天的大戰，戰場從固始的地區移向了淮南，秦軍追殺楚軍 160 餘里。這天，秦將蒙毅緊咬住負芻之營不放。蒙毅斬楚將 13 員，箭穿負芻的王旗。

派遣王翦消滅楚國

　　幸好唐驕攔住蒙毅，一退一追，共戰了八陣，蒙毅才得以退下，唐驕保護著負芻，衝出秦人的千層人浪，向郢都方向逃去。楚軍只有 20 多萬了，但還不斷地被秦軍困住砍殺。秦軍戰力較之楚人，以一擋四，勝利之軍，驕驚若龍，歡騰似虎，啃吃楚軍。楚軍畏怯如羊，可憐比雞，一堆一堆的死，一排一排的死。

　　第四天的大戰，在淮陽交戰。楚軍還有 20 多萬，中軍主將只有靳毀。因此，他便下令全部楚軍降秦。靳毀自己捧著他的那顆權代上柱國的黃金大印，膝行見王翦，聲稱「從今為秦王出力，做個小將軍也可以！」

　　王翦聽後，就把靳毀拿的大印扔到了一邊，並且拔劍就將靳毀刺死。隨即重兵圍住已放下兵器的 20 萬楚軍，砍殺了一晝夜，只許他們死，不許他們降。至此，楚軍死傷 40 多萬，逃向四方者 10 多萬，全部被殲，秦軍大勝。在 4 晝夜的大血戰中，如果把楚軍的鮮血流在一條溝壑內，足能漂動人屍，翻起赤浪，形成一道血川。

　　唐驕拼盡自己的力量保護了負芻殺出秦軍的鐵壁合圍，回到了郢都。負芻氣急敗壞地進入楚宮，他知道太子沒有什麼異樣，便一頭倒到床上稍作休息，醒來之後，他便命人把昌平君傳來，他問道：「你聽說戰爭的事情了嗎？」

　　這時，昌平君點頭說：「唐驕都跟我說了。」

　　負芻點點頭，接著問說：「你和項燕很有交情，可是你知道他近來的情況嗎？」

　　昌平君說：「知道一些，您問他有什麼事情嗎？」

　　負芻道：「當初我不應該解了他的兵權，現如今一想，要是有他在，今天也不至於戰敗。秦國的人怕他，我還請他為上柱國。只是項城已經被秦軍阻住，誰才能去通知他呢？」

　　昌平君聽完楚王的話，便說道：「項上柱國歸里不久，臣就請他回到了

郢都，現在他正在我的家裡隱藏。他聽說我 60 萬大軍覆滅消息後，痛哭不止。」

負芻聽到昌平君的話之後，便說道：「你現在立刻就去把他找來，封他為上柱國。張簡、陳羨的 5 萬大軍歸他管轄。一切戰秦人的事，唯他做主，寡人不再免他的職。叫他放心好了。」說完便寫了封詔，遞給昌平君道，「王兄，這幾天我要休息一下，這件事就交給你了。」

昌平君告別了負芻，便回到了家裡。這時，張簡、陳羨聽說 60 萬大軍都慘敗在了王翦的手裡，說要交兵權，十分樂意。可是項燕卻有些為難，他向昌平君說道：「王兄，現在我軍慘敗，再整頓軍威，我軍的力量怎麼能跟秦軍的力量相提並論呢？這個上柱國，我真是難以接受啊！」

這時，昌平君一下子跪在了項燕的膝下，然後說：「上柱國，楚國之運，勢如壘卵。但是看在你我知遇的情分上，盡人事而憑天命吧！我與上柱國敗則同敗，死則同死！上柱國，上天要是不亡我楚國，或許楚國還有一絲存活的希望。」

項燕聽完昌平君的話之後就答應了。當項燕接受封敕後，就立刻約昌平君、張簡、陳羨去見負芻。負芻把 3 天來的戰況向項燕說了一通。項燕聽完道：「大王，依臣之見，我王立即隨臣捨去郢都，帶 5 萬大軍西去郾國城，集結楚西各地之壯丁、軍隊，南聯蠻粵之眾，可進可退，王翦再能，豈奈我何？」

負芻點點頭說道：「就依上柱國的計策，只是要聽一聽斬毀 20 萬軍的後果。」

項燕又說：「逃軍不斷回來說，非敗不可。」

負芻說：「要是這樣的話，那就 3 天後離郢向郾。」

不久之後，全軍覆沒的消息便傳到了軍中，項燕又拜見負芻說：「大王

派遣王翦消滅楚國

您帶著後宮的人立刻出郢都西去，為臣保駕。路上恐還有秦軍圍截，但可拼死殺過。不要遲慢。」負芻卻推辭不走，命項燕先守城。

項燕只好退下，布置防守。項燕又把逃回郢都的 3 萬多人重新連夜整編，共有 8 萬多人。慶幸的是，過了兩天的時間，王翦的軍隊也沒來包圍郢都。

這時，又有敗逃回的士卒來報說：「秦軍一方打掃戰場，一方向北退去。聲言並不圍我郢都，只殲滅我主力便可。」

第三天，項燕派出打探消息的人回來也是這樣形容，他說：「秦軍都退向平輿地區，連淮南城也沒占領。」

項燕心中十分納悶，想了好長時間，終於明白過來：「這依然是王翦設計的計策啊！」於是又去催負芻道，「大王雖得王翦之軍退到平輿的消息也要立刻離開郢都！」

負芻說道：「我正想和你商量一下，不能再去鄢國城了。秦國的軍隊現在已經退走了，我為什麼還要搬遷呢？」

項燕回答說：「王翦可是秦國頂門戶的宿將，作戰十拿九穩，李信根本沒法跟他相比。他今不來圍郢都，是因大王早已回郢都，或料到，不待他軍到郢都，大王即走向他郡，這樣一來，王翦只得郢都空城，而難得大王。要是大王驅向他郡，召集兵民，依險而守，勝敗也難料。他是故縱大王在郢都，待我再一次召集有生力量，他可聚殲之，如此一來，秦軍既免去馳驅之勞，又可坐得勝機。此乃金鉤釣魚之計，大王三思之。」

負芻沉默了一會兒，說：「在郢都召集兵民，不也可以和他一戰嗎？」

項燕說：「郢都沒有險地，現在戰爭頻繁，兵民大懼兵禍，對我軍不利啊。」

負芻又說：「且守郢都，他若動兵來，我走之未晚。」

項燕不敢再強負芻所難，只好下去整軍，便一方請負芻之詔，到舊吳、越二地徵集兵役、糧草。

果如項燕所料，王翦盡殲楚軍 60 萬後，並不奪取郢都，下令收拾了戰場，捨棄淮陽城，引軍北去平與地帶駐紮，又命秦軍還如以前苦練軍戰。秦軍此戰也損失了 20 多萬人，但不需要兩個月，已被韓、魏、趙發來的兵役補足，糧草更為充足。

秦軍中將士也有問王翦「為何不攻郢都」的，王翦笑著說道：「楚地廣人眾，我圍郢都，負芻便去他郡據險以守，號召兵民再戰，於我不利。今後令他不出郢都，楚國兵源還流向此處，我在平與，進攻容易，退守不難，再勝他一次，楚即亡矣！」

蒙恬問王翦：「要是負芻已經走別的地方了呢？」

王翦說：「負芻若向他方，我也不窮追，只取楚北、楚東大片河山，待機再戰！」

沒過幾天的時間，秦國打聽消息的人報告說：「負芻還在郢都，又起用項燕。」

王翦沈吟了好一會兒，向蒙恬、蒙毅道：「我不用逼他，他也就不離郢都了。只是重新起用項燕，當於我軍不利。但是，負芻剛愎成性，何能深信項燕？如今，楚燈已半明不滅，項燕不能將 60 萬眾，也難勝我。」蒙恬、蒙毅聽了點頭稱是。

王翦又問蒙恬、蒙毅說：「這次大戰，發現楚將驍悍難以治理的人都有誰呢？」

蒙毅回答說：「其他楚將，即多驍悍難制，都不為楚王重用，只是唐驕，於百萬軍中出入如走順坡之路。這次負芻逃命，即他破圍保護而成功的。」

派遣王翦消滅楚國

王翦說：「時刻關注這個人，可收則收矣，不可收則傷矣，絕對不可掉以輕心。」

蒙恬、蒙毅附和著。很快王翦又把這次大戰詳寫了捷報，報到咸陽。20多天後，秦王來詔，對 60 萬眾，大加犒賞，又對傷亡者做出優恤的條款，付之諸郡、縣施行；又褒賞、晉級了有功的將士。使秦軍將士歡欣鼓舞，很少有怨聲出口者。

這時，秦王又來了詔書，說：「王大將軍所請田園、美宅、建造事，寡人盡依所求而施行，大將軍勿念於心，只望收滅楚邦，寡人與大將軍暢懷共樂！」

王翦哈哈大笑。王翦自秦王政二十三年四月大獲全勝，恆不出兵，直到二十三年底。此時郢都城中楚王負芻又集大軍 30 萬，項燕自覺力量還弱，便不斷地向楚西地區要兵、要糧，楚國百姓備受兵役、賦稅之苦，怨聲載道。

負芻五年初，因淮陽地當拒秦前哨，項燕派兵 5 萬，令司敗唐驕將之。唐驕在前次大戰中立了高功，本應晉爵升級，可惜負芻想到了也不做。昌平君曾多次請示負芻給唐驕以高官，負芻道：「他若做了高官，再逢秦軍，作戰時便不會出力。你去說，叫唐驕等著，待項上柱國年老歸田時，他可接替。」

可是唐驕為人忠而直，從不計較負芻之言行，一心為國卻無二。項燕也曾替唐驕向負芻請官，都被負芻拒絕了，項燕只是長嘆而已。

唐驕主淮陽 5 萬軍的消息傳到王翦軍中，王翦聽了笑了笑說道：「這一次該叫唐驕受我網羅或使他命歸烏有了！」

王翦決定之後，便和蒙恬、蒙毅密議好，由蒙恬、蒙毅帶 1 萬軍取淮陽，李信亦從之。王翦的主計是：「多事收羅，少事傷亡。此人若為我用，天子必喜。」

蒙恬、蒙毅提軍殺到淮陽城北，只紮營，不圍城，似作觀望之勢。唐驕

聞得秦軍來攻，只 1 萬軍，一時不解秦軍所計。但又不敢貿然統軍出戰，恐中王翦的誘敵之計。他給郢都報去了消息，等待項燕的指令。秦軍徒紮了 3 日也不戰，項燕已給唐驕來書道：「恐是誘軍，司敗相宜而行之，但不能統大軍與之野戰。」

正於此時，蒙恬、蒙毅派使給唐驕來書道：將軍乃鷹揚之將，前次淮陽沖圍，我將士皆憚將軍之威。今次我不出大軍，只派一偏師於城下，欲求將軍出城，鬥將以較高下。我軍中大將蒙毅曾與將軍合戰數次皆未勝。今蒙恬率兵乞與將軍一戰。蒙恬拜上。

唐驕看完來信，心中掂量不定。他想：不出戰呢，蒙毅以為我畏他，傳名不美，於我軍心不利；出戰呢，又恐他是誘敵，或城中有奸細為亂。報給項上柱國做主，已是來不及，因來書等待批覆。

想了好久，批覆來書道：「3 日後會戰蒙將軍！」遂即派人飛馬到郢都給項燕報信，以待回示。第二天，送書人從郢都回來，項燕來書道：「城中托裨將軍鬥無書掌軍，無失，若殺蒙毅，以懾秦威可也。」

唐驕心中有底，便整備 5000 精良軍校，4000 步軍，1000 馬軍，3 天後，準備出戰。這時，蒙恬、蒙毅又來書說：「願君一如所約，只一將鬥一將，如有輔佐者，就是失敗了！」

唐驕回批道：「楚人有言，『百言百當，不如擇趨而審行也。』望二大將重在克踐！」

兩陣上都擂起三通戰鼓，然後配上嗚嗚的號角聲，三軍大嘩，天搖地動。這天，兩軍對壘開戰。唐驕策馬上陣先開話道：「來者可是蒙毅將軍嗎？」

蒙毅笑了一笑說：「唐將軍，半載前於刀矛陣裡，我們交過手，知你武藝通天，竟保著楚王走了。」

唐驕大橫著長槊道：「蒙將軍，秦楚兩國原有舊好，又是親戚。何事

派遣王翦消滅楚國

秦王非吞併他人以足自己的悍誌？我此陣若勝將軍，你可回致秦王，修好罷兵，各治其國如何？」

蒙毅又一笑說：「我們為將的，只知忠於君王，鬥武沙場。國事巍巍，非你我扛抬得起。將軍若勝了我一人，我可全軍退去。此約有如恆日在天。」

唐驕問蒙毅說：「將軍把何處軍隊退去？」

蒙毅說：「即 60 萬大軍。」

然後唐驕又問他：「如此重大軍事，你能決定嗎？」

蒙毅說：「我是奉王大將軍的命令，羨慕你的為人，早已在帷幄中決好，請將軍勿疑。」

唐驕點頭道：「好，只望將軍不會矜其能喪厥功就好！」說完，兩將拚死以戰，直到天黑，雙方都已經大戰了 300 餘回合，但是仍然沒有分出勝負。於是，雙方鳴金收兵，約定明日再戰。第二天清晨，雙方又出昨日的兵將，唐驕、蒙毅復出沙場，交手狠鬥。

忽然淮陽城上一片鳴鑼報警聲，唐驕與蒙毅只又交馬一合，心中慌亂，跳馬出核心，翻身就走，直往城上瞧看，沒來得及顧及蒙毅。蒙毅乘機以下繩將唐驕套住，擒將回去。

這時，一隊飛彪秦軍從淮陽城南馳入蒙恬、蒙毅的營中，他們已將楚王負芻俘入秦營。原來王翦在軍中派蒙恬、蒙毅去戰唐驕，並不是主要的大策，他是怕走漏了消息，故意向其他將領聲張。

在蒙恬和蒙毅去戰唐驕時，王翦把俘住未殺的 4 個精明楚卒，放出來，囑以手段，允諾他們說：「成功後，在秦國為將，不難致哉。」又給他們 4 個人一封書簡。

結果 4 個人都謊稱俘虜逃回營中，回到了郢都打通楚宮的關鍵，看到了

負芻，把聲稱王翦寫給秦王的密書呈上。負芻打開這封密信一看，其中主要要表達的意思是說：唐驕欲密降我國，我割給他楚北70城，自為楚北王。王翦給唐驕的來書附後。負芻又看了王翦給唐驕的密書，其意說的和前書一致。

負芻看完信之後，沒有起半點疑心，他聽信了王翦統秦國60萬大軍，一反手便可為秦之主之言。於是連夜帶了100將士，向淮陽城而去，準備將唐驕革職，然後與王翦決一死戰，以雪前恥。然而尚在中途，便被王翦的伏兵俘虜。

秦王政二十四年初，王翦抓住了唐驕和負芻，但是，大兵仍然沒有進入淮陽，而是引之北去老營。又過了3天，王翦派人把負芻推出來，王翦問他：「楚王，你既被我擒住，給你兩條路。一條路，你不降秦，我把你立刻斬首，首級用木匣裝好，送到咸陽。另一條路，你立刻降秦，明日我派軍便把你送到咸陽，養你於一處佳山美水的地方，可以老死。你決定吧！」

作為一國之主的負芻，苟且偷生，毫不猶豫地選擇了後者。可是就在負芻被押至咸陽後，便被投入了牢房，後來在牢中生病去世了。而唐驕，誓死不降，只答應不再與秦交戰，願隱身為民。王翦念他一世英才，因此，便將他放了。負芻和唐驕被秦軍俘去的消息報到郢都上柱國項燕那裡，項燕一時失措，難以自持，後來便立昌平君為楚王。

秦王政二十四年三月，楚上柱國項燕以「秦之大軍壓我境界，我不予擊敗之，王翦只待我夏天到來，全國、全軍皆無糧之時，一舉手，使我荊楚便成齏粉」為根由，將郢都城中25萬大軍分出10萬給張簡率領守郢都。然後自己親自率領15萬大軍進駐淮陽，淮陽的大軍又分出10萬給陳羨率領為前鋒，前駐平與城東，和王翦做對峙之狀。項燕親自統領10萬軍倚住淮陽，前援陳羨。

派遣王翦消滅楚國

項燕幾次密奏給昌平君說：「張簡、陳羨心數太險，不可大用，應袪官。」但是昌平君都沒有理會。這次進攻秦軍，昌平君以為張、陳二人忠於自己，又發給他二人兵權，項燕奏諫不聽，只說「楚將之中多是新人，又多是年輕人，論資排輩，也輪不到他們將軍」。又且「唐驕年少受提拔，終被秦人抓了去，放了之後，又不知去向，如今還是起用張簡和陳羨吧！」

這時，王翦早已派間諜潛入楚國，奉張簡、陳羨以重金，並許以高官。張、陳二人隨即起誓發願，要為秦民待機而動。後來陳羨所帶 10 萬楚軍，開到平與之東，投降王翦。

王翦把繳械的 7 萬多楚軍，盡編成隊伍，發向鄭城，後來分散到趙、韓、魏三地為民，不准他們歸國。3 天後，王翦親自帶領 60 萬大軍撲向淮陽。

後來，王翦又把全軍分成十二重圍困住淮陽。項燕得知「陳羨引軍深入秦壘中投降」的消息，心中十分悲痛。正在分撥不下的時候，王翦帶領大軍困住淮陽城，他便下了必死之心。

王翦布好重圍，便下令攻城。第一陣攻城指揮官便是那個敗在項燕手下的裨將軍李信，他親提秦軍 5 萬雄悍的步卒，大打開手。城上的項燕也指揮得當，對秦軍是毫不畏懼。

不久之後，蒙恬帶領 5 萬軍替下李信的軍隊，又是一陣又一陣的猛撲。楚軍石矢打盡，項燕盡令百姓拆毀屋、牆的根基石，往城上運。箭射完了，又去把秦軍射到城上的箭拿回去用。

當天夜裡，蒙毅所帶 5 萬秦軍，替下蒙恬的攻城軍隊，狼嚎虎吼，往城上攻爬。秦軍從白天進攻開始，每當爬到城頭，都會一次次被楚軍所擊敗。一直攻到了第二天天亮，秦軍共損傷士兵 2 萬多人，城上楚軍也傷亡 8000 多人。

直到天亮的時候，李信終於率領著軍隊攻破了淮陽城北門，由於北城已

破，隨即連鎖反應到南城、西城、東城，楚軍慌張無措，盡被秦軍將校攻上那三面。隊隊擁城而下的楚軍將校，霎時便淹沒在一片烏雲似的人海中。

淮陽四城門皆破，秦軍、秦車、秦馬，呼喊、軋碾、鳴嘶，如開天滾雷般湧入。楚上柱國項燕，人成血人，馬成血馬，以他的千鈞之力，率 1000 楚將，從城之東門衝突出來。

蒙毅向蒙恬說道：「項燕不除，終為秦國大患。兄長，當下令窮追。」於是，蒙恬下達了窮追項燕的命令，秦軍萬馬齊發，向東奔騰而去。蒙恬下令後，便命人回報給王翦。

項燕衝出秦軍層層大陣後，回首看時，身後還有 28 個楚國將校相隨，只好馬奔郢都。郢都與淮南相比，略偏東北方向，相距 70 多里。項燕一行慘敗者，只放馬半個時辰，便到郢都西南城門，馬剛到夏門城壕之外，往城上一看，都大吃一驚！

果然不出上柱國項燕所料，守城的張簡，早已換上了黑旗一桿，投了秦軍。項燕看到城上的情景，率領 28 人，急急繞城往東北逃去。回首看來路時，秦國的追兵遮天蓋地，塵土如雲朵翻動冒起，馬蹄播地之聲，震動得田徑旁的野樹也顫慄不止。

秦大將軍王翦既得淮陽之地，兵不歇腳，馬不離鞍，統軍便衝入楚國的郢都。秦軍有 20 多萬進入郢都城內，王翦命強兵護住楚宮，查點楚宮中的財產，登記於簿上，準備運回咸陽。

王翦既得楚都，隨即占領後世名為安徽的所有屬地，到此，楚國算是滅亡了。不久之後，王翦便向咸陽大報捷書，派使發向咸陽後，隨即兵分十路。

分道又取後世名為湖北、湖南、廣東、廣西、貴州、雲南、江西、福建、江蘇、浙江等楚國的領地和屬國。王翦親自將一軍取今江蘇、浙江等

派遣王翦消滅楚國

地，即秦時的吳、越兩國舊屬。到秦王政二十五年四月，楚國盡被王翦平息。楚國，這個在嬴政眼裡的強國也被納入了秦國的政治版圖。

在秦國的宮殿上，嬴政正邁著四平八穩的步子，尋思著平定六國後要實行怎樣的措施才能穩定剛剛統一的六國局勢。眼下只剩一個沒有多大衝擊力的齊國，離六國合一的日子不遠了。

嬴政想到這些內心充滿了激動，那些寄人籬下受人欺負的日子遠去了；那些坐在王座上，聽從他人指揮的日子也成了泛黃的記憶。這一天該是我主沈浮的日子了，我不會再讓人追逼，也不會再聽從別人的使喚。天下是我的了，我要讓我的子子孫孫享受這份榮耀。我要讓後世敬仰我的功業。嬴政的熱血再次澎湃起來。

嬴政以他高傲的姿態，向他夢想的最後一步挺進了。

重金賄賂滅齊國

秦王政二十五年，也就是西元前 222 年，秦王已吞併韓、趙、魏、燕、楚五國，為了慶祝這一勝利，秦王恩准天下臣民飲酒歡樂，舉行慶祝活動。此時，只剩下偏安一隅的齊國了。

齊國位於山東半島。春秋時期，齊桓公任用管仲進行改革，加速了發展的步伐，使齊國成為一個強大的諸侯國。戰國時期，齊國的君主繼續推行改革，重視發展，國力不斷強盛，文化發達。齊國在稷下這個地方設有學宮，成為當時思想學術交流的中心，許多學者都在這裡辯論講學。齊國一度成為與秦國東西對峙的強國。

齊國在齊愍王初期，一直想要滅掉宋國。宋國與齊國接壤，攻下宋國，齊國領土會大增。宋國百姓受夠了宋國君王的殘暴統治，五國還在抗秦，無暇顧宋。齊愍王認為這是最好的時機。於是，乘機滅掉了宋。

齊國滅宋引發了其他四國的不滿，燕昭王一直都有報復齊國亡燕的仇恨。又加上蘇代為他分析的燕國戰勝齊國的有利條件。燕昭王的滅齊之心就更加強烈了。

另外幾個國家也害怕齊國強大起來，打破原來的國與國均衡的局面，而使自己一方處於劣勢。齊愍王偏偏在這個最敏感的問題上犯了大錯。燕國終於找到了攻打齊國的藉口。於是，與五國聯合伐齊。五國聯軍浩浩蕩蕩地向齊國進發，齊愍王兵敗身亡，齊國也被燕國占領，齊國國力一落千丈。

這是齊愍王國策的一項失誤，這個失誤直接導致齊國衰敗。後來的齊襄王希望恢復齊國先前的盛世，只可惜再無回天之力。齊國還是以不可阻擋的勢頭衰落著。

重金賄賂滅齊國

　　齊襄王十九年，也就是西元前 265 年，齊襄王去世，田建繼位，史稱齊王建。齊王建繼位後，由其母君王后攝政。西元前 249 年，君王后逝世，王后的族弟後勝擔任了齊王建的宰相，他為人貪婪。秦國知道後，便派人送重金給他。

　　後勝接受秦國間諜大量的黃金、玉器，派遣許多賓客到秦國，秦國給予這些賓客許多金玉，賓客回來後反而替秦國充當間諜，說一些符合秦國利益的變詐之詞。甚至，後勝還勸齊王不要出兵援助其他諸侯國。

　　齊王建三年，秦、趙兩國爆發了長平之戰。趙國在長平之戰的 3 年裡，耗費了大量的國力，物資匱乏，於是便向齊王建請求援助。而在秦國不斷賄賂之下，齊王建竟然聽信了後勝的主張，對趙國的求援採取了袖手旁觀的態度，不加強戰備。

　　秦、趙戰爭開始後，趙國被困，齊國許多大臣就勸齊王答應趙國的要求，派兵援助，可是齊王卻不同意。一個叫周子的大臣早已看出了秦國的計謀，他對齊王說：「齊、趙之交情源遠流長，請大王不要中秦國的離間計與趙國斷交，在此關頭，臣以為還是應該支援趙國。」

　　齊王說：「秦國答應說這只是他們兩國之間的戰事，不會殃及我國，我們怎能惹火燒身呢？」

　　周子說：「我勸大王還是拉趙國一把，他們現在被秦軍圍困，需要糧草，還是借給他們好。」

　　齊王說：「要是我不借糧給趙國會有什麼後果？」

　　周子說：「這樣就正好中了秦國的離間計。」

　　「這可能嗎？」

　　「大王，請三思啊。趙國是我齊國的近鄰，從地理位置上來講，是天然屏障，趙國要是滅亡了，那麼我們就會處在危險之中！」

　　「你說得未免太嚴重了吧！秦王有言在先，是不會與我國為敵的。」齊王

坐在那裡，擺出了一副無所謂的樣子似聽非聽地看著周子。

「這怎麼可能？趙、齊兩國是牙齒與嘴唇的關係，唇亡就會齒寒啊！」

周子繼續說道：「今天秦滅了趙，明天就輪到我們齊國了，此事重大，不宜久拖呀！」

可是齊王卻一副漫不經心的樣子，很不耐煩地說：「不要著急，讓我再想想。」

周子又說道：「現在我們應該以像拿著已經漏水的瓦缸那樣的心情去救趙國，具體地說，救趙國可以表現我們的勇氣，擊退秦國軍隊可以顯示我們強大的實力，以勇氣救助將要滅亡的趙國，以實力擊退強大的秦國，你不追求這些，卻吝惜一點兒糧食，這樣考慮國事就錯了。」

可是齊王仍然對周子說的話無動於衷，甚至他還對周子說：「不用你管這事了，你還是去做自己應該做的事吧！」

最後，齊王也沒有援助趙國，這也正好符合了秦王政的心意，因此秦王政很高興。他抓緊了時機，在趙國孤立的時刻，調集了大批的兵力圍攻趙國，致使趙國全面崩塌。這樣也直接促使了齊國失去了天然的屏障。齊國亡國的腳步一步步近了。

秦王政忙於消滅其他國家，但他對齊國仍是有防備的，為了穩住齊王，他對齊王顯示出了特別的親熱，天真的齊王卻沒有察覺到半點秦王的真正用意。

秦國發動這場戰爭已近 10 年了，在這 10 年裡，秦國已經先後滅掉了 5 個國家，六國當中只有齊國還存在。這時秦王政便開始準備向齊國動手了，但是，令人遺憾的是齊王仍然執迷不悟，根本沒有看出秦國的本來面目。

秦王政很有心計，他將大批軍隊開到齊國邊境，按兵不動，卻派人送信將齊王恭維了一番，然後說為了免除戰爭給人民帶來的災難，希望齊王以大局為重，向秦國稱臣。

重金賄賂滅齊國

齊王建親眼看到秦國消滅了其他五國，他沒有想到秦國會回過頭來再滅齊國，他讀完秦王政的信，怎麼也想不通。他對大臣說：「我們齊國向來不願與秦國為敵，在戰亂中，我們也沒有幫助別國打過他們，如今秦國卻翻臉不認人了，這怎麼解釋……」

有大臣說：「秦國已大兵壓境了，打不打呢？」

齊王建思前想後，3天不理國事，不見任何人，到了第四天，他卻突然對眾臣說：「近日，我們與秦國關係緊張，我準備親自去與秦王交談。」

眾臣不理解他這次突然要入秦的用意，因此都不好表態，於是他就輕車從簡，朝秦國駛去。他一走，人們才知道他是到秦國稱臣去了。雍門的司馬追上齊王，擋住了去路。

齊王建大怒，他說：「你想幹什麼？」

司馬擋在齊王建的馬前，說：「請問，我們是為國家立王呢？還是為大王您而立王呢？」

齊王建說：「當然是為國家。」

這時，司馬說：「既然是為國家立王，那您為什麼還要拋棄國家而去秦國呢？」

齊王建思緒萬千，他思索了一陣子，才讓車伕調頭，重返國都。齊王建回宮後，即墨大夫急忙入宮跪在地上對他說：「臣聽說大王想去秦國稱臣，心裡十分著急，如今您不去了就好，我們就有希望了。」齊王建問：「希望何在？」「秦國雖然強大無比，但如今我們齊國的土地還有數千里，披鎧戴甲的士兵也還有數十萬，三晉的人們沒有一個人願意去為秦國服務的。」「是這樣嗎？」「當然。」「那你說我該怎麼辦？」「您可以收留這些國家流亡的大夫，使他們集聚在齊城的南邊，讓他們率兵與秦軍交戰，收復失地，保護民眾。」「他們願意嗎？」「依我看沒有問題。如果您能重用他們，不但齊

國失地可以收復，而且還可以提高大王的威信。」終於，齊王建聽取了他的建議，派兵應戰。秦王政二十六年，也就是西元前 221 年，秦王在滅了韓、趙、魏、楚、燕之後，以齊拒絕秦使者訪齊為由，命王賁率領秦軍伐齊，秦軍避開了齊軍西部主力，由原來的燕國南部南下直奔齊都臨淄。

　　齊軍面對秦軍突然從北面來攻，措手不及，土崩瓦解。齊王建出城投降，齊國滅亡。秦國俘虜了齊王建，把他遷到共城。秦國又在齊地設置齊郡和瑯邪郡。自此秦國統一天下，並建立秦朝。

　　此戰，秦軍採用避實擊虛、側翼進攻的戰略，輕而易舉地攻滅齊國。秦對齊的作戰勢如破竹，取勝是必然結果。但是值得一提的是，秦軍在滅齊時，吸取了滅楚輕敵失利的教訓，避開了齊國正面，由燕南下，乘虛而人，直插臨淄，令齊人猝不及防，因此順利地完成了滅齊任務。至此，秦把趙、韓、燕、楚、魏、齊六國全部給滅掉了，統一了中國，建立了中國歷史上第一個高度中央集權的封建國家。

制定稱號服眾人

伴隨著齊國的滅亡，嬴政終於統一了六國。秦國已經不再是原來的秦國，而是一個面積遼闊、實力雄厚的帝國。唐代詩人李白的詩歌《古風》第三首，讚揚秦始皇在統一戰爭中表現出來的氣魄：

秦王掃六合，虎視何雄哉！揮劍決浮雲，諸侯盡西來。明斷自天啟，大略駕群才。

這首詩的意思是說，秦王嬴政吞併六國、虎視天下是何等的威武！長劍一揮，諸侯國紛紛俯首稱臣。這些都是因為秦始皇具有超凡的智慧和才能。

秦始皇僅用了 10 年時間，就吞併了存在幾百年的東方六國。秦軍所向披靡，韓、趙、魏、楚、燕、齊的國君相繼成了秦國的俘虜，各國的貴族大臣也都成了秦帝國的臣民。彈指之間，天下大定。接下來嬴政做了他滅掉六國後的第一件事，這就是稱帝。

四海歸一，天下一統。咸陽城內歡慶了幾十天。朝廷的大臣們知道秦王將在國家體制上有大的改變，在大政方針上有大的舉措。可是誰也不知道怎樣變。秦王政這時卻深居宮中不出來。

李斯等大臣齊集咸陽宮前，請求秦王政駕臨議事，可是，秦王政還是沒有見他們，只讓趙高出來對大臣們說：「現在天下統一了，凡事不能一仍舊規，大王請大臣們議一議，看以後怎樣治理天下。」

於是，群臣回到家中冥思苦想。誰知，他們卻越想越害怕起來。在過去的 10 年中，為了平定六國，秦王政總是傾聽他們的意見，凡是好的可為的建議，他都會採納，可以說聞過則喜，從善如流。對待臣下，只要是真的有能力的人，他總是待之如上賓，甚至能做到歷史上的帝王從沒有過的禮賢下

士。可是今後呢？他還會這樣嗎？

沒等他們擔心多久，秦王政忽然下令群臣到咸陽宮議政，眾人都懷著一顆忐忑不安的心去了。秦王政坐在高高的王位上，俯瞰著他的文武大臣們。最前面的一列有丞相王綰、廷尉李斯、御史大夫馮劫等人。

秦王政這時正值壯年，從面目和體魄上看，乃是他人生中最光豔、最成熟的時期。臣子們卻發覺他變了。方額、豎眉、鷹目、隆鼻、顴骨高聳，長身挺立，還是他原來的模樣，可是不知怎的卻平添了一種令人生畏的氣質。使人膽寒，使人崇仰。因為留了五絡短鬚，他的臉變成方形，布滿了陰鷙之氣，顯得威嚴而肅殺。

大臣們從心底裡感到他不同於往日了。今天，他的服裝變了，通身是一襲寬大的黑色土袍，上面繡滿了金光閃閃的長龍。頭戴高高的、前後墜著冕旒的王冠，手執長長的玉圭，完全是一副上天之子的樣子。

群臣們雖然不知究竟是誰設計的這樣一副裝扮給君王穿，可是他們都覺得一統天下的君主就應該有這樣的威儀。

秦王說：「寡人取得成功，完全依賴先祖神靈的保佑。如今六國之王都得到了應有的懲罰，天下大定。如果名號不改，則不能頌揚功績，流傳後世。」因此，秦王請大臣們商議帝號。

丞相王綰、御史大夫馮劫、廷尉李斯等召集百官商討，為秦王取一個新的名號。商量後，他們說：「遠古時期的 5 位帝王所統治的地方，不過方圓千里，而統治中心以外的地方勢力，有的來朝拜，有的則不尊，天子不能夠完全控制他們。

「現在，陛下興起正義之師，誅滅兇殘勢力，使天下得以平定，四海之內都成了秦國的郡縣，法令得到統一。這是上古以來從未有過的事情，五帝的功業也比不上。古代有天皇、地皇、泰皇，泰皇最尊貴，我們提議陛下的尊號是『泰皇』，所宣布的政令稱為『制』，所頒發的文告稱為『詔』，天子自

制定稱號服眾人

稱『朕』。」

　　嬴政為了突出自己的功績，重新命名了一個尊號「皇帝」。大臣們以為名號的討論就此為止了，沒想到嬴政又提出了一個想法，其實就是命令。

　　嬴政說：「過去的君王或大臣在去世之後，後來的人都要給他們擬一個諡號。這個諡號給這個人的一生畫上了句號。我不需要這樣的評論，我要廢除諡號，朕自此稱為『始皇帝』，以後是二世、三世，直至千秋萬世。」

　　嬴政統一六國，站在歷史的角度上看是社會的進步，站在秦國人的角度來看是順應形勢，而站在六國尋常百姓的角度來看，嬴政發動的是不義戰爭。他們的國被滅了，他們原來所遵循的法律與習慣被徹底地顛覆了。

　　六國人對嬴政有許多怨言。嬴政深刻地明白這一點。他不在乎別人的詛咒與謾罵，但是他怕這樣的詛咒與謾罵會危及他的統治。六國之民加起來要比秦國人多上好幾倍，反對他或對他不滿的，要比擁護他的人多上好幾倍。

　　要想穩定民心，安撫百姓就要想辦法讓他們認為這是上天的安排。既然是上天的安排老百姓就會乖乖地服從了。要想讓百姓知道自己是上天派來管理他們的，就要組建一套說辭，這套說辭就從名號說起。那麼，這個名號背後到底蘊含著怎樣的玄機呢？

　　嬴政自幼在外受到歧視，自己的身世又不清不楚，即使繼承了大位也難掩蜚語流言。嬴政本就想跟自己的歷史做個了斷。他不願意提及自己走過的路，更不願意深刻探究自己的前世今生。他需要的是從頭開始，這個頭就是統一六國後，跟自己的過去說再見，這是嬴政潛意識裡的意念。

　　再考慮到實際統治的需要，要堵住百姓的悠悠眾口，在名號上下一些功夫也是值得的。嬴政自稱「皇帝」，獨占了「朕」，無非是想抬高自己的身分，神化自己，獨攬大權。

　　嬴政將自己與其他君王、大臣以及他的國民嚴格地割裂開來。高高在上

地俯視這些人，讓這些人對他頂禮膜拜。這樣的稱號足以顯示他獨一無二的威嚴，他要人們深刻地感覺到他是神聖不可侵犯的。「皇」是天人合一的稱呼，而「帝」是天號。「皇帝」就是天。事實上，嬴政這是在神化自己。

神化自己並不能讓百姓完全信服，要讓百姓完全信服就要有一套說辭證明自己是合理、合法的，就要遵循天的旨意。因此，嬴政運用了古代的幾種方法。

一種是借用預言，就是古人的「讖」；一種是借運勢、規律；一種是借用傳國玉璽，這一種是最有說服力的；還有一種是，封禪大典。這幾種方法經常被帝王拿來愚弄百姓，卻也屢試不爽。這和古人所受教育以及科學的不昌明有很大關係。

人們對沒辦法弄明白的事情多數時候都歸為天意。只要是天意，一切也就可以接受了。始皇帝清楚地看到了這一點，於是，就決定採取這些方法來迎合百姓的心裡，為自己的帝位披一件美麗的外衣。當然這短暫的迎合是為了絕對的控制。

接下來嬴政便要詔告天下，他要詔告天下，他是順應天命來統治天下臣民的。這樣他自然而然就想到了天地祭典，也就是所謂的「封禪」。在泰山山頂祭天稱為「封」，在梁父山祭地稱為「禪」。

封禪是西周時期出現的一種宗教祭祀儀式。嬴政把封禪與自己受命於天關聯在一起，大張旗鼓地要人們相信，他是天的代表。這也形成了後來改朝換代時，帝王們通用的把戲。「奉天承運」也成了中國特有的文化現象。

西元前 219 年，始皇帝東巡郡縣，召集齊、魯之地 70 多個儒生、博士到泰山腳下，商議封禪典禮的各種事宜，結果儒生們討論來討論去，莫衷一是。嬴政有些不耐煩了，他讓儒生退下，自行訂立了禮制進行封禪大典。封禪大典完畢後，始皇帝才算稍稍安了心，心安理得地用了「皇帝」的稱號。

知人善用定天下

　　秦始皇能夠平定六國與王翦父子能征善戰是分不開的。王翦獨自帶兵滅楚，虎父無犬子，王賁也不窩囊，他獨立地滅掉了齊。父子二人為大秦帝國的建立立下了汗馬功勞。

　　王翦是頻陽東鄉人，自幼喜歡軍事，經常和同村的孩子一起演練兵法，因而對軍事有深刻的領悟。後來王翦侍奉嬴政，在嬴政十一年的時候，王翦嶄露頭角，表現出了不凡的軍事才能。這一年他領兵攻打趙國，一連攻下趙國的 9 座城池。

　　西元前 229 至前 228 年，王翦作為軍事統帥進行滅趙戰爭。在與趙國大將李牧、司馬尚對峙一年之後，用重金收買了趙王的寵臣郭開使出反間計除掉了李牧和司馬尚。

　　他不費自己的力氣就將敵國將領除掉。在除掉李牧之後，王翦只用了 3 個月時間便將趙國消滅了。王翦滅掉了秦國統一路上的第一個強勁對手。嬴政大讚王翦的軍事才能，對他更加器重。王翦也盡職盡責地完成嬴政分配的使命。

　　燕國荊軻刺秦，引起了嬴政內心深處的驚恐。他發誓要報此仇，於是，派王翦出兵滅燕。王翦率兵大破燕軍，燕國深受重創，接著嬴政又增加兵力支援王翦作戰，王翦一舉拿下了燕國都城薊，燕王喜被打得落荒而逃，進入遼東。

　　在大敗燕軍之後，王翦再次出征伐魏。王翦的兒子也就是王賁，開黃河之水，灌入大梁，魏國就此滅亡了。王翦父子經過多年征戰，輔佐嬴政平定了六國中的 5 個國家。嬴政有這樣的大將是他的福氣，這樣的大將有這樣慧眼識才的主子是他們的幸運。

然而，伴君如伴虎，在帝王身邊就不能不小心從事。下面所講的事，就凸顯了王翦在處理君臣關係上的睿智。

　　話還要從李信說起，李信是王賁手下的一名青年將領。他是李廣的祖先，在荊軻刺秦之時，血氣方剛的他曾帶著幾千精兵，追殺太子丹，結果弄得燕王喜殺了太子丹來躲避災禍。

　　嬴政為此大為欣喜，對李信的勇氣與忠誠大加讚賞。有一天，嬴政問李信，如果我想攻打楚國，你認為要多少兵力才夠用呢？李信信心十足地說：「20 萬就足夠了。」

　　嬴政轉過頭來問王翦：「將軍認為要用多少兵力呢？」

　　王翦沈思了一會兒說：「沒有 60 萬是不足以滅楚的。」

　　嬴政一聽這話使哈哈大笑說：「將軍你老了，怎變得如此膽怯？後浪推前浪，還是李將軍勇猛、果決。」於是，便派李信和蒙武帶兵 20 萬去攻打楚國。

　　這個時候，王翦便藉口有病，回家養老去了。王翦是個明白人，既然嬴政認為他老了，那麼離他離開秦宮的日子也就不遠了。與其讓嬴政下逐客令，不如自己解甲歸田，榮歸故里。

　　誰想到李信過於自信，低估了楚軍的實力，結果秦軍大敗，兩個軍營被攻破，7 個都尉被殺。秦軍損失慘重。嬴政這下慌了神，急忙跑去找王翦。嬴政不愧為始皇帝，一般的帝王犯錯，是不會親自找臣子道歉的，嬴政就有這樣的胸襟。

　　嬴政對王翦說：「是我的不對，我不該不聽老將軍的建議，李信吃了敗戰，楚軍正在向西方進犯，將軍你忍心不管我們的國家嗎？」

　　王翦推辭說：「老臣已經老了，昏聵無能，您還是另請高明吧！」王翦把嬴政的話又還給了他。

知人善用定天下

嬴政再次表示歉意，他說：「將軍您不要再說了，我知道錯了。」王翦終於答應了，他向大王征要了 60 萬大軍。嬴政當場答應。而後，王翦便向嬴政要產業，嬴政每次都給予極大的滿足。王翦每要一次，嬴政的心就放下一點兒，這就是王翦的君臣交往之道。

楚軍大敗李信之後，士氣大振。結果嬴政派來了王翦。王翦不像李信那樣急於攻打，而是加固堡壘，讓士兵養精蓄銳，從不主動出戰，搞得楚軍摸不著頭腦。拖了一年，楚軍實在沒轍了就想轉移，王翦這下可等到時機了，率領 60 萬大軍直奔楚軍，楚軍大敗。又用了兩年時間，楚國收歸秦國版圖。

王翦是個極其聰明的人，在滅楚之後，他得勝還朝的慶功宴上，他向嬴政提請告老還鄉。嬴政也爽快地答應了。就是因為王翦能拿得起放得下，所以他得到了善終。

就在王翦大破楚軍之時，王賁和李信一起滅掉了燕國，後來又帶兵滅掉了的齊國。「王門雙雄」在中華軍事歷史上留下了赫赫美名。

嬴政也確實是個知人善用的帝王，他能向臣子認錯，又能原諒攻楚失敗的李信，也難怪秦國會人才濟濟，奪得天下。嬴政雖然殘暴，但對對他忠心的大臣還是較為仁慈的。

在秦帝國中的蒙氏家族也是始皇帝最為寵信的家族。祖父蒙驁在秦昭襄王時就立下赫赫戰功，蒙驁的兒子蒙武又曾攻破楚國，生擒楚王。到了始皇帝時，蒙恬和蒙毅也成了國家棟梁。始皇帝對蒙氏家族很信任。

西元前 221 年，蒙恬率領秦軍，拿下了六國中最後一個國家，也就是齊國，實現了橫掃六國的夢想。咸陽城內一片歌舞昇平的歡樂氣氛。這時候，一個破壞氣氛的消息傳到了國都。這就是胡人在秦國北部邊境頻頻騷擾大秦百姓，企圖南下攻秦的消息。

胡人軍隊在北部邊境燒殺搶奪、無惡不作，邊境的民眾苦不堪言。這時

候天下初定，軍民都厭倦了戰爭。但是沒有辦法，大軍壓境又不能不出戰。

蒙恬便在這個時候，率領 30 萬大軍出發了。蒙恬的軍隊日夜兼程來到邊關。剛把大營紮好，他便帶著人偵察敵情，研究戰術。第一次交戰便把胡人打得落花流水，潰退到草原去了。

這樣連續幾次出擊，胡人遭到了嚴重的挫敗，被逼到了 700 里以外的草原，在之後的 10 年裡都沒敢再來進犯。但這樣並沒有徹底解除胡人對秦國的威脅。

始皇帝命令蒙恬將原來秦、趙、燕城牆連接起來加固、加高，西起臨洮，東到遼東，這就是舉世矚目的「萬里長城」了。萬里長城雖為抵禦胡人而造，但也給百姓帶來了沉重的負擔。這在以後我們還會講到。

蒙恬指揮著幾十萬大軍和勞工，經過艱苦卓絕的勞動，終於建造成了至今還屹立於東方的「萬里長城」，給中華文明留下了燦爛的一筆，成為世界文化的瑰寶。

始皇帝對蒙恬的功績一直銘記於心。

始皇帝為了加強自己的中央集權，進行了慘無人道的「焚書坑儒」。長子扶蘇大力勸阻未有成效，反而給自己惹來了麻煩。始皇帝把他打發到邊關來守邊疆、修長城。初到邊疆，扶蘇是很苦悶的。得不到父親的認可也就罷了，還被派到這麼荒涼的地方，不知何年何月才能還朝。他的地位、前途恐怕就此夭折了。

蒙恬看在眼裡，記在心上。就勸告他說：「既來之則安之。守邊疆一樣可以建功立業。」扶蘇覺得也有道理，蒙恬又對他誠懇、熱心。於是，扶蘇就安下心來幫助蒙恬訓練軍隊，幹得也是相當不錯的。始皇帝也接到過扶蘇在邊疆建立功業的消息。

始皇帝在臨死之前，意識到了自己的理想繼承人是扶蘇而不是身邊的其

他兒子，便下了詔書召回扶蘇繼位。但是詔書沒有發出便被二兒子胡亥給篡改了。

胡亥、趙高、可憐又可恨的李斯等派人帶著偽造的詔書來到邊疆大營，賜死了公子扶蘇。扶蘇死後，蒙恬懷疑這道命令的真實性，便要求跟隨使者回到咸陽查個水落石出，接著便被下到了陽周關大牢。

蒙恬不知秦國朝中發生政變，更沒有想到趙高篡奪了秦國的大權，還將扶蘇和他當成狩獵目標。當初趙高犯下死罪，蒙毅判他死刑，始皇帝顧念他是胡亥的恩師，便饒過他一命，沒想到成了救蛇的農夫。

秦國這個輝煌一時的帝國卻被這個小人給毀了。秦二世胡亥見公子扶蘇已死，再沒有跟他爭奪帝位的人，便想要赦免蒙恬的死罪。趙高卻向胡亥進讒言說：「蒙恬、蒙毅都是太子扶蘇的死黨，你賜死了扶蘇，他們一定會找你報仇的。」

胡亥一聽這個立馬改變了主意。他先逼迫蒙毅自殺，後逼迫蒙恬自殺。蒙氏雙傑就這樣被毒死了。蒙恬的才智與功業是其他人無法比擬的。他沒有做過對老百姓不好的事，卻成為朝廷權力之爭的犧牲品。

蒙恬的功績不僅在軍功，他在駐守邊疆期間，將黃河河套地區的 44 個縣及九原郡，管理得井井有條。西元前 211 年，他將 3 萬名罪犯發配到兆河、榆中一帶墾殖，發展農業，保證軍事供給。

同時，他還拓寬了秦都咸陽到九原的道路，為九原地區解決了交通閉塞的困境，促進了北方各族人民的經濟、文化交流。當然，最重要的是這條路的戰略意義，它保證了兵馬糧草的順利運輸，蒙恬駐守九原郡 10 多年，胡人不敢進犯。始皇帝大加讚賞，同時也加深了對他的信任。

始皇帝時期最有特色的武將要屬尉繚了，尉繚主管著秦王朝的軍事，是秦國軍事的最高長官。尉繚原來是魏國大梁人，自幼熟讀兵法，是鬼谷子的

高徒。他受商鞅的思想影響較大，崇尚「法家」學說。

西元前 237 年，在魏國得不到重用的尉繚，來到秦國尋找機會，和李斯一樣，尉繚也主張軍事、政治雙管齊下。他初見贏政便說：「以當下的局勢來看，秦國最為強大，所有的諸侯都是您管轄的郡縣的長官。不過我最擔心的是各個諸侯私下裡串通、聯合，對秦國大搞突然襲擊。

「那就像當年韓、趙、魏三家雖然比智氏都要弱小，但三傢俬底下結了盟，出其不意地對智氏發動戰爭，最終滅了強大的智氏。當年吃了敗仗的越國，麻痺吳國，在 10 年裡偷偷地休養生息，積蓄力量，最後滅掉了吳國。這都是歷史慘痛的教訓啊！」

贏政聽罷，心想這個人還有些見解。於是，便讓他繼續說。尉繚接著說：「大王您不要愛惜自己的錢財，錢財是可以再生的，我們需要用重金賄賂六國的權臣，利用他們來打亂六國聯合的計畫，這樣最多花費 30 萬金，就能將天下的諸侯擺平了。」

贏政心想：他跟我丞相的想法大致相同，看來又多了一個同道中人，不妨一用。贏政不但採納了他的計謀，而且對尉繚以禮相待，飲食起居給尉繚與自己同樣的標準。

尉繚是傑出的軍事家，也是法家的推崇者，他當然知道法家的哲學世界裡是缺少仁慈的。所以，他知道同樣崇尚法家思想的贏政也不會是心慈手軟的人物。在經年的相處中，尉繚也看清了這一點。

贏政就像豺狼虎豹，用你時，對你畢恭畢敬，用不著你的時候就會將你打發了。實際上，這是尉繚對贏政的一些誤解。贏政在除掉嫪毐時是沒有一點兒心慈手軟的，而在對待呂不韋時，也並未趕盡殺絕。他暴戾的性格也是在不斷的政治鬥爭和權力欲望的膨脹過程中形成的。

尉繚不管這些，他看到的只是結果，天下人看到的也只是結果。尉繚以

知人善用定天下

為贏政與自己一樣推崇法家，那麼也會對自己採用法家的手段。他曾說過：「我是貧賤的平民，大王對我這樣謙卑是因為我還有用，如果哪一天秦王奪得了天下，天下人都會成為他的奴隸。我自然也不會例外，我不能與他長久地相處下去。」

所以，尉繚幾次試圖逃走，贏政發覺後極力勸阻，還讓他做了秦國最高的軍事長官──國尉。尉繚善於使用間諜戰，善用反間計。秦國在破壞六國聯合的過程中，間諜戰成為重要的策略，反間計屢屢奏效。

尉繚根據戰國末年戰爭所面臨的局面，對孫武的「奇正」戰術進行了深入的研究，提出了更為靈活的戰術，即排兵布陣，運用天、地、風、雲、龍、虎、鳥、蛇8種陣法，4個方面為主攻，另外4個方面為奇攻，8個陣法交相使用。

4個正攻一般指正面迎擊或打擊敵人，4個奇攻一般指從兩翼或敵後出奇制勝，以此來配合正面作戰。這種避實就虛的戰略戰術在秦統一的過程中曾多次發揮重大作用。尉繚是贏政奪得天下的大軍師，為贏政統一天下作出了不可磨滅的貢獻，同時也為中國軍事歷史增添了色彩。

廢分封設郡縣

　　秦始皇統一六國之後，如何治理如此廣闊的疆域確實是一個大問題。在地方行政體制上，他是繼續實行西周初年的諸侯分封制，還是採用戰國時期出現的中央集權的郡縣制，秦始皇很願意聽聽群臣的意見，因此召集文武百官就此問題進行商議。

　　群臣在這一問題上形成截然相反的兩派，大部分人的思維還侷限在西周和春秋戰國以來的政治框架內。周朝在國家政權的建設中，對地方的控制是通過血緣關係來維持的。周天子將自己的宗親分封到各地做諸侯王，透過與諸侯王的血緣關係來維繫地方與中央的關係。

　　其中丞相王綰就主張實行傳統的分封制，以維護帝國的安定。他對秦始皇建議說：「六國剛剛被滅掉，人心還不穩。原來燕、齊、楚的地盤離我們國家的中心很遠。如果不派有能力的王去鎮守就會很難管理，甚至發生暴亂。所以可以將皇子立為王，前往邊鎮治理地方。」

　　當時幾乎所有大臣都同意實行原來的分封制。只有廷尉李斯提出了反對的意見。因此，兩派各持己見，展開舌戰。

　　李斯說：「周文王、周武王當年把土地分封給自己的兒子、兄弟、親戚。在定國初年確實穩定了政治局面。但是隨著諸侯王位的代代相傳，親戚關係越來越疏遠，親情也越來越淡薄。大家相互爭奪、相互攻擊，簡直成了仇人，就連周天子也拿他們沒有辦法。因為各諸侯國都有自己的國力，已經將周天子架空了，周天子實際上只有王的尊號，沒有王的權力，形同虛設。

　　「現在天下歸一，我們不能再重蹈周天子的覆轍。我們劃分郡縣，可以用徵收的賦稅來獎賞有功的皇子和功臣。這樣天下的局面就更容易控制了。

廢分封設郡縣

也不用擔心皇子的子孫對皇帝不利。」

李斯的主張是全面實行郡縣制。郡縣制並不是新東西，據史書記載，郡縣制最早產生於戰國時期的晉國。戰國時期，郡主要設立在邊防重鎮，這些郡級別略低於縣。魏文侯時期的吳起就是西河郡的太守，後因武侯的猜疑而離開魏國來到楚國，在楚國邊郡做了一年太守後才被任命為令尹。商鞅變法時，也曾合併了一些邊陲小鎮組成縣。

郡縣主要的官員由中央任命，並領取一定的報酬，也就是俸祿，他們的職位無法世襲，隨時可以任免。這完全不同於諸侯國。諸侯國君主世襲，有程度不等的獨立性，諸侯王有權任命諸侯國的官員。

從這一方面來說，郡縣制遠比分封制更加集中了中央的權力，而中央的權力，理論上講，是集中在皇帝的手中。郡縣制從制度上有效地把權力集中在中央，有利於維護皇帝的主宰地位，有利於維護國家的統一和地方的治理。

而嬴政本來就想大權獨攬，並且這個大權越少威脅越好。他深刻地明白，周王朝深刻的歷史教訓他看在眼裡，寒在心裡。因此，他堅決支持李斯的建議，他說：「天下遭受戰爭之苦已經很久了，根本原因就在於有諸侯存在。現在靠著祖先的神靈保佑，天下終於得到安定，如果再分封諸侯王，無疑將埋下戰爭的隱患。分封大大小小的諸侯，要想使天下安定，豈不困難？！李斯的建議是正確的。」

始皇帝只是將郡縣製作為全國政治體制改革的重要一步，將行政改革推行下去。他選擇郡縣制不是沒有道理的，他希望建立一個中央集權的國家，更希望這個中央集權的國家只聽他自己的。

要想控制住全國局勢就要控制住下面的百姓，要想控制住下面的百姓就要設立控制機制。這個機制就是郡縣制。

秦王二十六年，也就是西元前 221 年，秦朝在全國推行郡縣制。把天下分為 36 個郡。其名稱是：三川、河東、南陽、南郡、九江、鄣郡、會稽、潁川、碭郡、泗水、薛郡、東郡、瑯玡、齊郡、上谷、漁陽、右北平、遼西、遼東、代郡、鉅鹿、邯鄲、上黨、太原、雲中、九原、雁門、上郡、隴西、北地、漢中、巴郡、蜀郡、黔中、長沙。另外還有一個內史郡。

　　內史本是官名。因為咸陽是首都，咸陽及其周圍地區得有人管理，而且要比其他郡級別高，所以叫做內史郡。

　　李斯規定郡有郡守、郡尉和郡監。郡守是一郡之長，郡尉分管治安，郡監是監察官，專門監察地方官吏。這種制度也是秦始皇所創立。郡以下稱縣，主官設縣令、縣丞和縣尉，縣令是一縣的總管，縣丞管司法，縣尉管治安和軍事。

　　管理地方縣仍然太大，又具體下設亭和鄉兩級基層政權。這樣全國就有條有理了，行政上再也沒有了死角，保證了秦始皇的政令暢行無阻。後來又擴展到 40 多個郡。從某種意義上講，此時所推行的郡縣制，只是將秦國原有的地方行政體制推廣到整個中國。郡縣制度後來成為歷代王朝中央政權控制地方行政的基本形式。

　　在中央行政制度上，這樣立法，國家的最高權力屬於皇帝。他不受法令限制，可隨時交大臣立法或自行立法。因此在中央政府設立了三公九卿。

三公為：

· 丞相：輔佐皇帝處理政務，總領百官，統理地方，任免中低級官吏，主持朝議。

· 御史大夫：掌管監察，輔助丞相。

· 太尉：主管軍政，在軍令方面他是皇帝兼總司令的參謀長。發兵及任命將軍等事務，由皇帝下詔而由他來執行。

廢分封設郡縣

十二卿為：

- 奉常：掌管宗廟禮儀。
- 郎中令：掌管宮廷的守衛，統帥皇家衛隊。
- 衛尉：幫助郎中令保衛宮廷的安全。
- 廷尉：掌管刑法，並統領全國各郡、縣、亭、鄉的法尉，形成嚴密的司法網絡。
- 治粟內史：掌管全國的糧食作物。
- 典客：掌管安撫、處理歸順的蠻夷事務。
- 宗正：掌管皇家宗族事務。太僕：掌管皇室輿馬。
- 少府：掌管皇家山海池澤的稅收，以供奉皇室。
- 將軍：征伐時臨時任命，平時鎮撫新占領的地方，不需要時即召回歸府。
- 博士官 70 人：掌管圖書文籍並備皇上顧問及參與朝議。
- 太史：掌管史實記載、天文地理的報告及有關國運吉兇的預測。

此時的嬴政為自己有這樣的創意與魄力感到自豪。可是那些長久以來實行的分封制在人們心中根深蒂固。那些王公貴族、功臣名將習慣了接受封賞土地，習慣了祖祖輩輩享受爵位。突然之間把他們的權力、財產、名譽都剝奪了。這可是關係到切身利益的大事。

於是在全國範圍內推行郡縣製做法的同時，也不斷地遭到許多信奉儒家經典、崇尚西周制度的學者的強烈質疑。這導致了秦始皇三十四年，也就是西元前 213 年的一場有關郡縣制度的辯論。

秦始皇在咸陽宮中大宴群臣，70 個博士官為皇帝祝酒。一位叫周青臣的官員奉上了一段歌功頌德的祝酒辭：「以往秦國的地盤不過方圓千里，今日靠陛下的神明，平定了海內，驅逐了蠻夷，日月所照的地方，全都成了陛下的國土。在諸侯統治的舊地設立郡縣，人人安樂，不再有戰爭的禍患，這樣

的功業可以傳之萬世。自上古時代，沒有一個帝王能趕得上陛下的威德。」秦始皇聽了非常高興。他正在沾沾自喜地認可周青臣的頌揚之際，宴會大廳爆發出歡呼和掌聲。但是並非所有的赴宴者都被此人的歌功頌德所感動，一位從以前的齊國地區來的學者大概是喝醉了，他提出了異議，他就是淳于越。

淳于越反對周青臣的「設立郡縣」觀點，他乘著酒意，膽子也壯了，進言道：「我聽說殷周的天下能維持 1000 多年，正是因為分封諸位王子和功臣，諸侯國相互支持。如今陛下擁有天下，推行郡縣，諸位王子沒有封地，和普通人一樣，一旦有什麼禍亂，諸位王子又該如何相救？做事不遵循傳統而能夠長久的，我沒有聽說過。」

淳于越是一名儒家思想的支持者，他相信許多傳統的存在都是有原因的，淳于越認為秦始皇的郡縣制不可能有機會真正開始，它是造成不穩定的危險因素，尤其從有人真正開始對某地方進行統治時，郡縣制將使他們對中央的忠心大打折扣。淳于越的想法並不具有廣泛代表性，但他的陳詞說得很精彩，足以引起秦始皇的注意。

於是，秦始皇便把這個問題交給群臣來討論，讓他們回答。這一次又是李斯力排眾議，他說：「遠古時代五帝的政策並不完全相同，夏、商、周三代的制度不相沿襲，但各自都實現了國家的安定昌盛，並不是故意採取不一樣的制度，而是隨著時代、形勢的變化而變化。如今陛下創立大業，建樹萬世的功德，這本來就不是愚笨的書生所能理解的。更何況所謂的三代制度，遙遠渺茫，怎麼能夠效仿？」

李斯嚴厲批評博士淳于越追隨上古制度的觀點，竭力推行嚴格管制、整體一元的社會秩序。李斯承認郡縣制也仍然有因剛剛草創而存在的種種缺陷，但僅僅是在剛剛確立的 6 年之內，它就已經發揮了作用。

郡縣制是一筆不小的政治遺產，後世統治者的行政管理體制都是在這個

廢分封設郡縣

框架的基礎上構建起來的。「始皇帝」確實開創了一個史無前例卻影響千古的政治制度。這一點是任何一個人都無法否認的，也是需要大智慧、大勇氣才能做出的抉擇。

開創帝制定統一

　　秦統一之前，商品經濟取得了前所未有的發展，不但商品種類空前增多，金屬貨幣流通十分廣泛，而且也出現了一些商賈雲集、市場繁榮的著名商業城市。但是當時天下分裂，諸侯各自為政，作為商品等價交換媒介的各國貨幣在形狀、大小、輕重及計算單位等方面各不相同，即使在同一國家的不同地區，貨幣也不完全一致。

　　因此，當時的人們買賣、交易很有意思。比如像原來的趙國人拿著刀幣買秦國人東西，秦國人不願意收，因為不認識。而且戰國時期外幣的兌換比例沒有確定下來。這樣的局面嚴重阻撓了經濟的發展。為此，始皇帝對貨幣也進行了一番改革。

　　戰國末年所流行的貨幣主要有 4 種形式，一種是布幣。主要在韓、趙、魏三國使用。另一種是刀幣，主要在齊、趙、燕三國使用。還有一種是圓錢，通行於秦、趙、魏三國。趙、魏主要是在靠近秦國的邊地使用。另外一種就是郢爰和銅貝，主要在楚國流通。這種貨幣混亂的局面使得秦帝國的經濟發展受到了阻礙。嬴政便將統一貨幣提上日程。

　　秦始皇不僅有政治頭腦，對經濟的宏觀調控能力也非常了得。秦帝國以前貨幣是私人鑄造的，而嬴政下令將貨幣的製造權收歸國有，禁止私人鑄造錢幣。這樣貨幣發行量完全由國家控制。大家自此用一樣的錢，不存在貨幣兌換的麻煩事了。

　　而且貨幣發行量由國家預算決定，也減少了因為貨幣不夠用或貨幣多餘帶來的影響。始皇帝在將鑄幣權收歸中央後，又將貨幣統一成兩種，一種是主幣，另一種是輔幣。主幣是黃金，以「鎰」為單位，一鎰等於 20 兩。輔幣是銅錢，以半兩為單位。

開創帝制定統一

在《漢書·食貨誌》上有相關的記載：

秦兼天下，幣為二等：黃金以鎰為名，上幣；銅錢質如周錢，文曰「半兩」，重如其文。而珠玉、龜貝、銀錫之屬為器飾寶藏，不為幣。

秦始皇對貨幣的改革收到了立竿見影的成效。從戰國時期延續下來的貨幣混亂局面得到了有效的控制。原六國貨幣大小不一、輕重不一、外形價值不一，這些因素使得商業買賣難以進行，秦國經濟發展不暢。同時也給百姓的生活帶來諸多不便。

新貨幣的出現解決了這些難題，它便於攜帶，流通起來比較順暢。大大地方便了百姓的生活，使秦國人的經濟交往得以順利進行。同時也加強了全國各地的經濟聯繫，促進了商品交換的發展。

秦始皇實行的統一貨幣，結束了春秋戰國以來貨幣形制各異、輕重不等、大小不一的混亂局面，克服了貨幣換算上的困難，消除了商品交換的貨幣障礙，減少了交易成本，推動了商品交換的發展，使糧食等重要的商品物資可以在全國範圍內自由流動，加強了全國各地的經濟聯繫，促進了經濟社會發展和人民生活的穩定。

而且秦始皇對貨幣的統一，鞏固了他建立大秦帝國的中央集權和國家統一。統一幣制，既有利於加強中央財權，便於國家賦稅的徵收，也可以從財權、財力上防止六國殘餘勢力利用其原來的貨幣破壞經濟發展和社會安定，防止地方分離。

同時，貨幣統一為各舊國之間的交流創造了有利條件。促進了民族團結和民族融合。秦始皇形成的統一理念被世世代代的統治者所繼承借鑒。因此，新貨幣的改革成為封建社會時期主要的貨幣形態。始皇帝又開一道先河，嬴政這個名字確實值得載入史冊。

與貨幣一樣，度量衡在戰國時期也是非常混亂的。各國沒有統一的衡量

尺寸長短的工具，也沒有統一衡量體積的器具，同樣地，也沒有稱量重量的工具。各國都按照自己國家的習慣來衡量長度、體積、重量。

秦帝國之初，人們不知道該用哪一國的計量標準，每個人都願意保持原來的習慣，按照自己的判斷來進行往來。也有因為計量習慣不同而吵架鬥毆的，度量衡的混亂同樣地阻礙了秦帝國經濟的發展。

度、量、衡分別指物體的長度、體積和重量的單位以及相關的稱量。它們如果不統一，在實際的操作過程中，換算十分麻煩。統一以前，由於長期的對抗與紛爭，各諸侯國之間的貨幣與度量衡的標準存在很大的差異。

秦國的 1 尺大約相當於 23 公分，而有些地方的 1 尺則稍長一些；齊國的「量」以升為單位，1 升約合 164 毫升，秦國以「斗」為單位，1 斗合 200 毫升；各國的「衡」大體上都是 1 斤約等於 16 兩，但實際重量並不一樣，如楚國 1 斤約合 251 克，秦國則約相當於 256 克。

度量衡之間的差異給地區之間的貿易活動帶來不便，也不利於徵收賦稅。於是，在秦王二十六年，也就是西元前 221 年，始皇帝以秦國的制度為基礎，統一了全國的度量衡。為了達到宣傳和警示的效果，始皇帝還命人將關於度量衡的詔書刻在國家所製造的標準器具上。

現在我們也能看到秦朝統一製作的「銅權」。銅權類似於今天的砝碼，銅權上有銘文，意思說：「二十六年，秦始皇吞滅諸侯，完成了統一大業，人民從此有了安定的生活環境。於是立尊號為『皇帝』，令丞相王綰等負責統一度量衡的標準。對於那些使人疑惑的法令，都應當使其明確、統一。」

秦帝國的度量衡的標準為：一尺等於 23.1 公分，一升等於 201 毫克，一斗是 2010 毫升，一斤是 256.25 克，一石是 30.75 公斤。

度量衡方便了秦國民眾的經濟生活，也方便了國家徵收國稅。既達到了便捷於民的目的，也達到了提高政府工作效率的目的，可謂一舉兩得。而始皇帝所實行的這些措施，更深遠的意義是它為後世提供了統一的計量單位，

省去了後世的很多麻煩。

這一系列統一度量衡的舉措立刻為國家課稅帶來了好處 —— 對納稅人而言的公平是很少考慮的，考慮更多的是收稅人的方便。度量衡的統一同樣溝通了舊時各國邊界的流通，鼓勵先前戰國各國之間以及它們跟秦之間互相貿易。更多貿易當然意味著國家可以更多徵稅。

秦始皇在統一中國之前，列國向來是沒有統一的制度的，因此，在各地的馬車大小就不一樣，因此車道也有寬有窄。始皇帝也是個細心的人，當所有車輛行駛在秦帝國的馬路上時，問題出現了。秦國的國道該如何修建呢？修寬了浪費人力、物力，修窄了交通就會擁擠。

而現在的大秦帝國統一了，車輛還要在不同的車道上行走，十分不方便。於是，秦始皇便開始想要設計標準的軌距，好讓車輛更適應全國的道路。

秦始皇二十七年，也就是西元前 220 年起，秦始皇命令陸續修建了以咸陽為中心的 3 條馳道：一條向東，直通過去的燕、齊地區；一條向南，直達吳、楚地區；還有一條是為了加強對匈奴的防禦修築的，從咸陽直達九原的直道，全長 1800 餘里。馳道寬 50 步，車軌寬 6 尺。道旁每隔 3 丈栽樹一株。中間為皇帝御道，用明顯標誌標出，一般人不得行走。

此外，還在今雲南、貴州地區修 5 尺道，在今湖南、江西、廣東、廣西之間修築攀越五嶺的新道。通過拆除壁壘、修建馳道，形成了以咸陽為中心的四通八達的交通網，把全國各地結合在一起，使中國今日長城以南、以西的地區，除青海、新疆之外，都包括在這龐大的交通網路內，便利了交通往來，有利於促進經濟的交流發展。

這樣，全國各地車輛往來就方便了。這就叫做「車同軌」。雖然這項措施受益的主要是富貴人家，尋常百姓是沒有車子可乘坐的。但不管嬴政的主觀願望如何，客觀上他的政令、舉措確實對當時以及後世發揮了積極作用。

古時候都是土路，車輪反覆碾壓之後會形成與車輪寬度相同的兩條硬地車道。馬車長途運輸的時候，讓車輪一直在硬地車道上，行走平穩，能夠顯著減少畜力消耗和車軸磨損，就如同現代車輛走在柏油馬路上一樣。

　　秦朝制定車同軌法令，能夠使全國各地的道路在幾年之內壓成寬度一樣的硬地車道，不僅能夠減少商品和旅客運輸過程的成本，而且有利於帝國軍隊帶著物資快速到全國任何郡縣。所以，車同軌是秦國統一的重要戰略舉措。

　　文字是一個民族文明的代表，也是跨越時空的載體。因此，要肯定統一文字功不可沒，主觀來講統一文字加強了中央的統治，客觀上來講，統一文字大大加強了思想的統一。

　　戰國時期，諸侯國長期分裂，每個諸侯國在沿用周朝舊有文字的同時，都對周文進行了一些演化和拓展。有些東西是周朝沒有的，但戰國時出現了，新出來的東西就要被重新命名。文字也同當時的社會一樣在變化。隨著諸侯割據時間越來越長，各國在文字上的差異也越來越大。

　　始皇帝在統一六國之後，原有六國文字的差異化嚴重影響了政令的下達和百姓的文化交流。比如在咸陽下達的文書，到了桂林就沒人能看懂了。看不懂又不能憑空臆斷，便要找能認識這些字的人來看，於是政令就要延誤。

　　而對於普通的老百姓更是如此，城頭貼上告示，因為沒人或極少數人看得懂，告示也就成了一張廢紙。對於讀書人也是如此，戰國是百家爭鳴的時代，各種文獻對讀書人有著很大的吸引力，因為戰國末年的文字的差異化比較嚴重，使得讀書人學習起來比較吃力。要經過請教、推測、辨別才能知道字面的意思，這樣就造成了文化交流的障礙。

　　政令的不能暢通和文化交流的不便，使得嬴政意識到統一文字的重要性。於是，嬴政下令「書同文」。也就是說，文書、典籍的書寫要用統一的文字。這樣一來，行政文書就有了一致的規範文字，官員們一次性學習，終

身便利。百姓們也可以正確理解上面的意思，讀書人再看典籍時，也就不必那麼麻煩。

「書同文」這個建議實際上最先由李斯提出，嬴政沒有任何異議地同意這種做法。李斯不但主張用秦國的文字作為標準國文，還主張廢除六國文字。

李斯之所以能得到嬴政的偏愛就是因為李斯的思想完全符合嬴政政治統治的要求。嬴政想要穩固江山，李斯就告訴他實行郡縣制；嬴政想天下一統，李斯就告訴他要先統一文字。

於是，李斯就作了《倉頡篇》，原來只是教小孩子認字的字書，後來連同中車府令趙高的《爰歷篇》，太史令胡毋敬的《博學篇》，共同作為小篆的樣板。

全國性統一的文字標準就是小篆。趙高是為皇帝管理車馬的小官，但是因為這個人特別會巴結逢迎他人，肚子裡還有幾滴墨水，所以得到了始皇帝的重視，讓他自由出入宮廷。

胡毋敬是太史令，不僅寫前朝歷史，還要記錄皇帝的起居、言行得失，是皇帝身邊的近人。他是文字的最為頻繁的使用者，秦朝以及之前的文史典籍都要經常查閱。統一文字是他最為迫切的要求。這3個人對始皇帝統一文字造成了不小的作用。

小篆筆畫比較複雜，字形飽滿、形態優美，就是書寫起來太麻煩。隸書是比較簡潔的字體，工整、嚴肅、精巧。那麼，到底哪一種文字是當年始皇帝欽點的標準樣本呢？

一般認為，小篆是千年之前嬴政下令使用的統一樣式。小篆成為統一文字是有文獻可考的。根據《漢書·藝文誌》中記載，秦始皇令丞相李斯作《倉頡篇》7章，令中車府令趙高作《爰歷篇》6章，又令太史令胡毋敬作《博學篇》7章。

李斯、趙高、胡毋敬均用小篆來進行這三部字書的寫作。還有一種現象是，秦始皇統一中國後，曾 5 次遍訪全國。在各地樹立了大量的碑文，流傳到今天臨本或摹本有泰山、嶧山、芝罘、瑯琊臺、會稽等地的刻石，在泰山刻石中還有留存至今的實物，這些刻石文字均為小篆。

　　刻石是始皇帝在走訪全國時，特別注意的一件事。他想要他的豐功偉績廣為人知，他要讓自己名垂千古，不被歷史風乾。石頭是那個年月能夠保存歷史時間最長的載體，於是他用小篆寫下他的豐碑。刻石摹本隨同小篆流傳到了今天。

　　可是在那時，缺乏實用價值的小篆，在日常的應用中，越來越顯露出它的力不從心。六國本有比較簡單的文字，那些用慣了簡易文字的人，自然對小篆產生反感。所以，小篆在實行過程中漸漸被簡化，形成了後來的隸書。

　　有相關的史書記載，隸書是始皇帝時期的程邈發明出來的。相傳，程邈曾做過秦朝的縣獄吏，負責文書一類的差事，相當於如今的祕書。他個性耿直，因此得罪了始皇帝，被始皇帝關進了雲陽大獄。程邈終日無所事事，感嘆光陰的流浙。

　　他希望能做出一些事情來為自己贖罪。即使不能減刑也可以打發時間。但是在獄中做什麼好呢？一定是個不用外出的事才可以。當時，始皇帝正興致勃勃地推行著他的「書同文」的小篆。政務多、文書多，獄吏有時忙不過來，就叫程邈幫一些忙，因為程邈做過獄吏對獄吏文書較為熟悉，做起來也得心應手。

　　程邈在書寫文書過程中，注意到了小篆難於書寫的這一點。於是想到了要簡化文字，接著就動起手來。如果文字可以簡化，不僅能減輕始皇帝批閱奏疏、下達詔令的負擔，還可以讓天下人提高工作效率。最重要的是可能減免自己的罪過。

開創帝制定統一

　　程邈託人蒐集起民間的各種書體，靜下心來仔細研究，一個個改進。經過研究和整理，終於演化出了 3,000 個既便於識別，又便於書寫的隸書。他將這一成果呈獻給始皇帝。

　　嬴政看到之後，不禁拍案叫絕。不僅赦免了程邈的罪，還封他做了個大官，這個官叫御史，這在秦朝可是頂大的官了。因為在簡化篆文時，程邈的職位只是個「隸」，所以人們稱為「隸書」。

　　而始皇帝之所以把小篆定為標準字體，是因為嬴政是個典型的唯美主義者，他對漂亮的事物情有獨鍾。小篆那「華麗的身形、渾厚的氣韻、雍容的態勢」深深地吸引著嬴政。嬴政用它做國文可以顯示出他帝王的氣派。可以說，秦始皇統一文字，對於擴大文化交流有著不可磨滅的功績。他主觀上所希望的政令通暢，在客觀上也促進了思想的統一和文化交流。不管嬴政是用哪種字體做國文，這種統一的文字，都將發揮它不可替代的作用。

依法治國穩政局

　　秦始皇建立了強大的秦帝國，而載著秦帝國這輛威風凜凜的戰車滾滾向前的兩隻車輪，一是強權，二是法治。秦始皇建立了一套從中央到地方的專制集權制度，而這套制度需要嚴密的法律和殘酷的刑罰來保證人民遵守，這就是秦始皇的嚴刑峻法。

　　事實上，戰國時期以前，中國社會根本沒有「法」的概念。在原始社會中，「德」才是規範人們行為的標尺，原始社會結束後，在夏、商、周時代，用「禮」代替了。出現了「以禮治國」的原則。「禮」為什麼在此時能夠代替「德」來規範社會成員的社會行為呢？

　　古人說：「大人世及以為禮」，說的是「禮」起源於世襲制，世襲制又從根本上改變了原始社會那種人人平等的關係，為了適應這種情況，「禮」便代替了「德」。

　　從夏末到春秋時代，「禮」作為規範社會成員行為的工具，似乎造成了法律的作用，但是它與法律還存在本質的區別。

　　到了春秋時代，社會發生了巨大的變化，禮壞樂崩，「禮」越來越無力規範社會成員的社會行為了。

　　戰國時代，由於一切的社會行為都圍繞著戰爭，「以禮治國」顯然行不通，為了把民眾納入戰爭的軌道，就需要把「刑」放在主導地位，使它成為規範社會成員行為的唯一準則。法家人物把經過他們改造的刑稱為「法」，這種「法」實際上是軍法、刑法，是用暴力手段來實現國家意志的唯一工具。

　　這種「法」雖然可怕，但在當時卻具有進步意義。在宗法血緣社會崩潰以後，只有用暴力手段才能在新的社會中建立起安定的社會秩序，這種秩序不僅為統治者所需要，而且也為被統治者所需要。

依法治國穩政局

因為在「以戰去戰,雖戰可也,以殺去殺,雖殺可也,以刑去刑,雖重刑可也」的激進口號的激勵下,人們只有交出自由與權力,用自己的血肉之軀為歷史的前進鋪路。所以,戰國時代的「法」是迎合時代的需要而產生的。因此,依法治國也自然成為秦國的政治傳統。

在秦簡公七年,也就是西元前 408 年,秦國頒布了「初租禾」的法令,確認土地私有的合法性。此後,在獻公時期,也就是西元前 384 年至前 362年獻公在位時,他頒布了「止從死」的法令,也就是禁止用奴隸殉葬。秦孝公即位後,他重用商鞅實行變法開始大規模製定法律令。昭襄王時,秦朝的法令又有了進一步發展。

秦始皇登上帝位之後,高調主張「事皆決於法」。不僅繼承了秦國原有的法律令,在隨著封建經濟、政治的發展,他又制定了許多新的法律令。所以,在統一六國前夕,秦國法律令名目繁多,而且體例和內容已經相當完備。有關秦朝法律的主要內容記載於《秦律十八種》、《秦律雜抄》、《法律答問》、《封診式》。

其中法律令文書《秦律十八種》中包括 :《田律》、《廄苑律》、《倉律》、《金布律》、《關市》、《工律》、《工人程》、《均工》、《徭律》、《司空》、《軍爵律》、《置吏律》、《效》、《傳食律》、《行書》、《內史雜》、《尉雜》、《屬邦》;此外還有《效律》,是對核驗縣和都官的物資帳目有關制度的規定,其中有的已收錄在《秦律十八種》中。

《秦律雜抄》中包括 :《除吏律》、《遊士律》、《除弟子律》、《中勞律》、《藏律》、《公車司馬獵律》、《牛羊課》、《傅律》、《屯表律》、《捕盜律》、《戍律》共 11 種律文的摘錄。

《法律答問》它是以問答形式對秦律某些條文、術語,以及律文的意圖所做的解釋。而《封診式》是關於審判原則以及對案件進行調查、勘驗、審訊、查封等方面的規定和文書程式。

秦朝的法律形式，包含以下幾種。

第一，律。商鞅改法為律。律為當時最主要的法律形式。

第二，令。秦始皇曾宣布：「命為制，令為詔。」當時命、制、令、詔，從法律意義上說並無區別。律與令經常並列使用。

第三，式。它作為一種法律的形式，最早出現於秦。

此外還有「程」「課」等法律形式。

秦朝的法律關於定罪量刑的原則一共有 7 個方面。

第一，以身高確定責任年齡。男 6 尺 5 吋、女 6 尺 2 吋為成年人，達到此身高者開始負刑事責任，否則不負刑事責任；

第二，區分有無犯罪意識。有無犯罪意識，是認定是否構成犯罪的標準；

第三，區分故意「端」與過失「非端」；

第四，併合論罪。所謂併合論罪，是在數罪並罰的情況下，將數罪合併在一起處刑的原則；

第五，共犯加重。共犯，是指兩人或兩人以上所實行的犯罪。共犯的社會危害性較大，故處刑較重；

第六，自首減刑。自首者可以略為減輕罪刑；

第七，誣告反坐。誣告，秦律稱「誣人」。誣告罪的成立，必須是「端告」，即故意捏造事實，向司法機關控告他人，使無罪者入於罪，或使罪輕者入於重罪。依律對誣告者處以與所誣罪名相應的刑罰。

秦朝法律的刑罰一共有 6 種。

第一，死刑。秦朝沿用戰國以來執行死刑的方法，種類很多，其常用的有：具五刑，這是一種以極端殘忍的肉刑與死刑並用的刑罰；族誅，即因一人犯罪而誅滅其親族的刑罰；梟首，即將犯人的頭砍下，懸於木桿上示眾的刑罰；棄市，就是要在眾人集聚的鬧市，對犯人執行死刑，以示為大眾所棄的刑罰。

第二，肉刑。秦朝除沿用過去的墨、劓、刖、宮之外，還有使用廣泛的肉刑與勞役刑並用的刑名。

第三，勞役刑。就是對犯罪者施以強制勞役的刑罰。包括城旦舂，其中城旦是針對男犯人的刑罰，其意思是「治城」，即築城；舂是針對女犯人的刑罰，其意思是「治米」，即舂米。司寇，就是指伺察寇賊，即強制男犯人到邊遠地區服勞役；並以防外寇，女犯人作如司寇，指服相當於司寇的勞役。罰作與復作，這是作刑中最輕者，強制男犯到邊遠地區戍守，女犯人到官府服勞役，刑期皆3個月至一年。

第四，遷。遷是把犯罪者遷到邊遠地區的刑罰。第五，貲。所謂貲刑，就是強制犯人繳納一定財物或服一定徭役的刑罰。第六，誶。誶，就是訓誡。從秦簡看，多用於輕微犯罪的官吏。

除此之外，秦朝還廣泛沿用過去「籍沒」、「贖」等刑罰。秦朝法律令所規定的犯罪種類很多，其中主要包括：

第一，不敬皇帝罪。根據秦律令，不僅對皇帝本人有失恭順，對其命令有所怠慢，都視為對皇帝不敬。聽命書時，要下席站立，表示恭敬，否則，罰二甲，並撤職，永不敘用。

第二，誹謗與妖言罪。《史記·高祖本紀》載，劉邦攻占咸陽後，對父老豪傑曰：「父老苦秦苛法久矣，誹謗者族，偶語者棄市。」《集解》引應劭曰：「秦禁民聚語。」禁止人民誹謗皇帝。

第三，盜竊罪。「盜」，是指以公開或祕密的方式把他人的財物據為己有的行為。

第四，賊殺傷罪。秦簡中有許多關於「賊殺」、「賊傷人」的規定，此行為對封建統治有著十分嚴重的威脅，因此對其鎮壓嚴酷，防範也特別嚴密。

第五，盜徙封罪。也就是偷偷移動田界地標。

第六，以古非今罪。也就是指以過去的事例，指責現時的政策和制度。

第七，妄言罪。也就是指發布反對或推翻秦朝統治的言論。

第八，非所宜言罪。也就是指說了不應說的話。

第九，投書罪。也就是指投遞匿名信。

第十，乏徭罪。也就是指逃避徭役。

而在民事方面的主要內容包括：

第一，所有權。秦時所有權的內容就不動產而言，主要是土地房屋，即所謂田宅。動產除其他財物外，還包括奴隸。秦統一後，於始皇帝三十一年，也就是西元前216年，下令「使黔首自實田」，也就是要人民向政府據實登記所有田地，政府承認其土地所有權。這是秦王朝在全國範圍內推行土地私有制的法令。這個法定的推行，促進了土地私有制的發展。

第二，債。秦朝債的法律關係主要有：買賣契約、借貸契約、僱傭契約及租借契約幾種。對於借貸契約，秦簡《法律答問》有：「百姓有責，勿敢擅強質，擅強質及和受質者，貲二甲。」不難看出，秦律禁止人質為債務擔保。但按秦簡規定，欠官府債務，無力償還時，可以勞役抵償之。

第三，婚姻。秦簡《法律答問》等記載中規定：秦時無後世良賤身分地位的限制，允許良賤通婚；禁止與他人逃亡之妻為婚；男入女家的贅婿地位低下，被人歧視。

法治主義在秦國取得的成功，使秦國能夠橫掃六國，這就使得秦始皇更加迷信「以法治國」的威力了。因此，在他統一全國後，他為了加強「吏治」，對官吏的爵制、祿秩、任免、調動、考核、獎懲等方面都作出了十分嚴格的規定。

第一，道德方面。秦簡《為吏之道》規定了官吏應具備的道德和行為準則，並將其概括為「五善」、「五失」。第二，明悉法律令。秦統治者強調以

依法治國穩政局

法治國，以吏為師，要求官吏通曉法律令，並以是否明悉法律令，作為區分「良吏」、「惡吏」的標準。

秦律雖然不像後世那樣注重門第出身，但也有任官的限制：第一，不准任用「廢官」，也就是不准任用不稱職或不夠條件的官吏；第二，官吏必須正式任命才能到任行使職權；第三，長吏調任新職，不准帶走原屬佐吏。

官吏犯法，也不是像西周那樣享有特權，即「刑不上大夫」，而是加重處罰。這使得秦朝的吏治非常清明，政府的辦事效率極高。秦朝還要求官吏必須通曉法律，人民需要向官吏學習法律，所謂「以吏為師」。

秦始皇任用執法嚴格的官吏，在各個領域一絲不苟地按照法律辦事。採用嚴密的法律和殘酷的刑罰來保證人民遵守，這就是秦始皇的嚴刑峻法。

秦相當注意利用自然資源為其統治服務，因此，在自然資源保護方面法律有秦簡《田律》。

秦始皇即位之後，他繼承了秦國的傳統政策，採取了各種措施發展農業生產，要求各級官吏掌握農業生產情況，並透過法律對具體措施加以規定。

官營手工業作坊主要是為封建國家和皇室提供各種手工業產品，如武器、器物和日用消費品等。為保證產品品質和數量，秦朝制定了《工律》、《均工律》、《工人程》等法律令。

為維護正常的貿易，秦朝制定了有關商品價格、貨幣比價、度量衡誤差限度等法令。如《金布律》、《關市律》等。

秦律的懲罰性招致了爭論。在處理事先謀劃的犯罪時，刑罰的嚴峻更加一等，假如個人處在負有公共責任的情況下，刑罰尤其嚴厲。官吏們如果丟失印璽或文件要被罰款，假如這些東西找到得遲了，罰金將不再歸還。

典獄官和捕快假如對他們的崗位和責任有所抱怨，尤其將受到重罰。有一個很有趣的案例，兩名夜賊醞釀了一個即興的偷盜計畫，當時碰巧他們兩

人都同時在同一所房子裡偷東西。當他們從逃跑中被抓獲，秦的官員必須首先確定他們是否事先串通好了，如果是，他們各自將被罰歸還偷盜的全部贓款，假如他們事先沒有碰上彼此，也沒有串通過，那麼他們各自將被罰的僅僅是他們各自拿走的部分。

秦律對「賊」的定義還不限於偷東西這一行為本身。破門窗而入的行為也被看成犯罪，即使門上了鎖，無論罪犯最終是否打開了門都算作犯罪。

在秦官員眼裡，砸鎖是企圖進去行竊的組成證據，因此砸鎖行為本身也被處以罰金。秦朝官吏的興趣集中在讓國家太平無盜這一點上，不是為公民們討回被竊的錢財。假如某個人的羊被偷了，秦律希望此人在羊回歸時慷慨大度，而且一旦羊的拴鏈丟了，秦律希望他最好不要再生出大驚小怪的事。

做偽證以及錯誤的指控也是要受到懲罰的。所受懲罰正如做偽證者撒謊的結果那樣——錯誤地指控某人殺了人將會導致他自己被處決。但當罪犯為了請求寬大處理時做錯誤指控，情況就有所差異，這種情況有另外的法律條文進行規定。假如被發現他們是在撒謊，他們不是被處決，而是被判處做6年的苦力。

在秦的立法程序中，投案自首和自發地檢舉他人組成了秦律的中心部分。在贊助犯罪、教唆他人犯罪的方面，秦律也作出了嚴格規定。在不太重要的微小案例中，鄰居可以慈悲為懷，但假如犯了罪，情況就不同了。人們必須注意是否有同夥以及有沒有線索等。秦律希望鄰居能對犯罪作立刻的記錄。假如是財產方面的案例，作為鄰居的嫌疑立刻就增加了。而且他們被迫匯報自己跟這件事的關係，因為他們都有嫌疑。

這樣的律條甚至對夫妻之間也適用，假如某位丈夫忽然從某處得到了100錢幣，而妻子沒有問這錢幣的來源，她可能因窩贓罪受到指控；假若妻子問了，丈夫告訴她是偷來的，而妻子又不舉報，她將跟丈夫一起受到處罰。

依法治國穩政局

　　秦律的有罪同罰會立即讓任何相關的人跟原初罪犯承受同樣的刑罰。秦朝將家長式的嚴厲作風推而廣之，對父母則制定了不同的法律。假如一位父親從孩子那裡偷東西是不會被看成犯罪的。奴婢的主人在被迫賣掉奴婢時，必須將身為奴婢的母親和孩子們一起賣掉，直到孩子們能夠自己勞作，不再成為下一位主人的負擔之時。

　　秦律還要求每位罪犯都有負責人或「擔保人」，從中可以看出當時社會組織的血緣親近關係。一名罪犯如果從監獄羈押中暫時緩押，必須提供親戚朋友家庭成員作為擔保。假如他在服刑中潛逃了，他的擔保人將為其行為負相應責任。很少有犯人會逃跑，因為他們如果這樣做會危及親人。

　　假如發生了任何口角和爭執，在百步之內袖手旁觀的人被認為應該插手，否則就處以罰金。

　　秦的法律體系同樣還包括了對「寬大慈悲」的精確算計。秦律有一部分建立在犯罪動機上，但同樣建立在讓國家因罪犯做苦力而受益上。殺死一個健康的孩子是犯罪，但如果殺死的是畸形或殘疾孩子就不是。

　　謀殺執行法律的吏員無論在什麼情況下都被認為是故意的，即使罪犯是在一剎那間才刺中心臟。吏員如果讓犯罪行為逍遙法外，將受到跟這個罪犯應受處罰同等的刑罰。

　　通過秦律的許多案例可以看出，裁決時最好是傾向於明顯占優勢的一方，而不是讓罪犯得到可能有的寬大處理。當刑罰之網向全體人民籠罩開來之際，法律中的任何「保護性因素」都成了強加於全體公民的限制。

　　移民的社會地位更為低等，如果一個秦人跟一個外國人打架，那麼，這個秦國人可能只被判處少量罰金。奴婢如果犯了法，他們的行為只相當於有刑事能力的主人的一部分 —— 秦律是認可奴婢對主人的服從和對法律服從二者之間的界限的，尤其是當一個不情願的奴隸被迫執行相對而言無害的行

為，但這行為讓主人構成了犯罪的情況下。

在這種情況下，奴婢或公民是被另外的人愚弄了，他們或許是收取了偷來的贓物，如果是這樣，他們將被赦免，不受指控，因為他們是無辜的。

在秦律中，罰金的形式在許多時候不是錢，而是甲冑之類。對政府而言，甲冑是比錢更實際的加強武裝的方式，因為秦的專制統治對軍事威懾力的依賴太嚴重了。

在戰役中謊稱勝利將受到嚴峻處罰，即使軍官的爵位也部分地依賴他所領導的士兵的表現。馬匹的管理受到高度重視，這一點跟秦國發源時期作為周天子的牧馬場一樣。

假如旅途後不將馬匹拴緊將被處以罰金；而且秦律非常關注將亂了秩序的馬槽由一組馬匹的位置重新歸出秩序這樣的內容。假如一個上士所訓練的弩手被發現不能以事先的精度射中靶子，這名上士將被罰款；戰車馭手們如果不能正確自如地駕車，他們的老師也要受到相應的處罰，必須償還國家訓練他們所花的費用。

對於熟知秦律體系的官吏而言，有很多具體操作的方法。比如經過一次次特赦，秦朝官吏們被指示宣揚秦始皇的恩威 —— 在這種情況下，偷盜一千銅錢，花掉它並逍遙法外的可能性是存在的，因為這個人是在恰逢大赦的時刻承認犯罪。

然而，如果一個人公開地辱罵負有某個責任的職位將要受到處罰，因為這將被視作忘記職守。在特別艱難的時刻，秦朝公民還有可能因偷盜祭祀上供的食品而被賣。

秦律制定者們必須要熟悉相關的條例，這些條例規定了從宗廟祭祀中所偷竊祭肉的價格。有一部分在祭祀時使用這些祭肉，被認為比用動物作犧牲，最後讓它們變成一文不值的剩菜更加值得，因為既然一場祭祀開始著手

準備了，當祭器等待著神聖時刻的登場，或者當宗廟音樂開始奏響，此時偷竊祭品意味的不僅是犯罪，還是褻瀆神明。至於食腐動物攫取剩食，啄食殘餘，不在處罰之列。

秦律關於死刑的刑事律條包括好幾個等級。其中斬首可能是最仁慈的了。其他罪行則會被劊子手從腰間砍成兩半，或者被 4 輛馬車不同方向牽引著拉成幾塊。

有些罪行讓罪犯活著，但用羞辱進行懲罰，比如在臉上刺字，再填充以墨，還有閹割或某種形式的折磨等，這些都是在死刑之下的。

假如罪犯是麻風病人，行刑官不必接近罪犯，允許把犯人放在水中溺死。罪犯被處決後的屍體仍然還要接受羞辱 —— 越是所犯的罪令人不齒，罪犯的屍體被毀傷的可能性越大，可能是曝屍，也可能是其他形式上的羞辱。

許多判決是包含好幾種處罰的。秦律條文會很隨便地提到「宮廷門衛」，他們看樣子是被砍腳致殘的罪犯，這樣他們的用途只能是看門。跟其他擁有令人驚訝的發達技藝的古代社會一樣，許多用具不是由工匠製作的，而是由那些因為刀具、酷刑致殘的奴隸們製作的。

秦朝中沒有殘障人士的位置，一般畸形的孩子在出生之後就被殺了，受刑致殘的成人則在「隱蔽的職位」上繼續工作，他們不在健全人的視野之內。對殘疾人而言，在秦朝的生活只不過是法家力圖讓全體人民都變成國家機器上的齒輪這一慾望的縮影。

罪犯身著紅衣，以便跟其他人區分開來，或許這是對先前的周朝據有的火德表示一種鄙視的姿態。男犯人常常被剃掉鬍鬚，或許還有眉毛。

墨刑是一種很普通的刑罰，被看成毀傷人體的「五刑」中最輕的一種，毀傷身體的刑罰包括割掉罪犯的鼻子，或砍掉罪犯一隻或兩隻腳，有的人認為這種毀傷是割掉罪犯的腳趾或腳掌前半部分，留下腳後跟，否則受刑之後的罪犯很難去幹苦力活。

然而只要可能，在勞力方面貪得無厭的秦朝政府也寧可罪犯去做細活，有些罪行判處罪犯在牢獄中終身成為官奴，其他罪行則有一定時間的強制刑期。

　　判處做苦力的刑罰可追溯到早期的刑罰傳統，而這早期刑罰傳統則隱藏在一套「委婉說法」的面紗之下。比如，人們被「送去砍柴」供給祭祀之事所用，而這「送去砍柴」就是從砍柴到為皇家爐子燒火等一系列工作。女犯人則可能被判舂米。

　　還有，幸運的是富人或受過教育的人犯罪，官吏不會讓這些人和掌握手藝的工匠做僕役式的勞作，因為他們的技能可能會在某個地方得到更好的使用。

　　最輕的勞作處罰是奴役，在奴役期間，一個工匠必須毫無報酬地幹活。在苦力服刑期間的最後，犯人的工作量可能會全部被計算成砍柴的量，假如表現特別良好，有些罪犯還可能在服刑的最後年頭充當守衛或者是瞭望者。

　　然而，有一種刑罰是所有刑罰中最嚴厲的。犯人的頭會被整個修剃，而後被流放到秦國最邊遠的地方，或許永不回來，通常伴隨著他那注定了如此命運的家人的陪同。這是一項艱苦到令人腰斷的任務，數千苦力勞作者因之喪命，他們被迫揮鏟、舞動錘子，在各種極端的天氣裡遷徙，從令人落淚的大漠流沙到白雪皚皚的綿延山脈。在秦律條文書中，這最可怕的判決可能表現為一個單獨而顯眼的字：「牆」，即築城牆。

　　綜上所述，不難看出，秦律的主要特點就是，保護奴隸制剝削制度，繼續實行輕罪重罰，注意運用法律調整經濟關係。

　　秦始皇力圖設置一個嚴密的法網，使社會生活的各個層面都有法可依，從而鞏固新生的政權。然而由於秦朝刑罰過於繁密和嚴酷，人民時時處在緊張壓迫的環境中，激起了人民強烈的不滿與反抗，這加速了秦王朝的覆滅。

巡遊全國顯雄威

　　秦始皇統一天下不久，和群臣制定了治國的大政方針之後，他就萌生了一個想法：周遊全國。有一天，秦始皇和李斯閒聊，他問：「朕的天下到底有多大？」

　　李斯說：「大到無法估計。只要是天之下，地之上，便都屬於陛下的版圖。所有的人都是陛下的臣民！」

　　秦始皇聽李斯說完之後，很欣慰地說：「朕想遨遊天下，看看朕的國家和黔首，你看怎樣？」

　　秦始皇平定了天下，只是滿足了他部分的霸氣和占有欲。秦始皇必須看看他的所有，聽聽天下黔首對他的頌揚，他才會得到進一步的滿足。於是李斯贊同地說：「陛下，您是該出去巡遊一下了。天下人都希望親眼目睹您的天顏，歌頌您的恩德。您就像光照四方的太陽，光焰萬丈，天下賴您光明，萬物靠您生長，不過儘管這樣，也有樹木、山河遮擋著您，使天下人不能充分地沐浴您的溫暖！」

　　李斯的話，更增加了秦始皇要巡遊列國的決心。他甚至讓李斯會同大臣專門研究此事。經過許多日子的謀劃，李斯等先給秦始皇設定了一條短途的出遊路線。

　　西元前 220 年，秦始皇和他的隨從們第一次巡遊，隊伍從渭河沿岸排到了沿岸高地。秦始皇的巡遊經過先前秦國的都城雍城，此刻它僅僅是一座位於邊區的軍事前哨。在渭河河源之外，秦始皇的曾祖父秦昭王，曾修建過更早的長城來標示秦國的東部邊界。

　　在隴西，秦始皇此刻能夠站在結實的夯土城牆上朝西凝望，盤算他的領土是否安全。不久之後，秦始皇向西沿著舊長城巡遊，而後他轉身沿著渭河

的一條支流前行，到了北地的要塞，然後在一次簡短的繞路後到達雞頭山。

　　儘管此番旅程僅僅經過了古時候的秦國國土，但是卻顯得比事先預想的要艱難。在歸程中，秦始皇目睹了渭水河畔的秀美風景，於是，便在那裡逗留了幾日，而且當即下令在渭水之南修建行宮，後來又改為極廟，意思是至高無上的宮殿。

　　建築開始施工後，秦始皇又擴大規模，下令將極廟、驪山、甘泉挖通，建成前殿，再築兩邊都有圍牆的甬道直通咸陽宮，使他可隨時到那兒遊玩，一路上黔首們卻看不見。這是個很大的工程，但比起後來的許多大工程，只能說是小巫見大巫了。

　　在巡遊的途中，秦始皇發現道路崎嶇難行，使他的車顛簸得厲害。於是，他問丞相王綰：「這樣的路，乘車一天可行幾里？」

　　王綰說：「回陛下，也就是四五十里吧！」

　　秦始皇又問：「新做的好車，走幾天就得修理呢？」

　　「最多需要5天。」

　　秦始皇說：「你幫朕算一下，要是把燕遼的貨物運到楚越得多少日子呢？」王綰一時間沒有答出來。

　　秦始皇說：「商人們運送貨物還好說，要是燕遼和楚越有戰事，我們的戰車和軍隊何年何月才能到達呢？」

　　百官默然不再說話。於是，秦始皇說道：「國家大了而沒有平坦的大道可走，就像一個人癱瘓了，想維護自己也心有餘而力不足，看來必須修築四通八達的馳道才行！」

　　王綰說：「那得耗費多少人力和物力呀！」

　　秦始皇說：「就算耗費再多也要辦！在開國之始，朕就與各大臣定下了修築馳道的策略，可是到如今也沒有實行，原因就是你們怕難！當初朕要是躊躇畏難，怕是到了今天也滅不了六國！」

巡遊全國顯雄威

秦始皇下了絕對的命令：修築通行全國的馳道！為此，秦始皇和大臣們商議了好幾次，需要的財力由中央和地方籌集，人力可徵集民工。由於當時的苛政嚴刑，國內的監獄早已人滿為患，這樣就可以讓囚犯去築路。

李斯聽到秦始皇下的令便說：「恐怕這樣做……人數還不太夠啊……」

「那就再給我抓人！」秦始皇說，「還有許多可抓的人沒有抓起來呢！像是原先各國的貴族、兵士，他們人還在心不死，就像熄滅的野火，一有風吹草動，還會死灰復燃的，讓他們留在家裡幹什麼？難道讓他們惹是生非嗎？還不如把他們集中起來，讓他們修馳道，造宮室，築長城呢！」

秦國的囚犯實行黥刑，就是在犯罪的人臉上刺字，然後塗上墨炭，這樣，囚犯跑到哪裡也會一眼被人看出來。況且秦始皇還有更狠的招呢！「如有人逃跑，就將他們罪加幾等，並株連他們的家屬。這樣，他們就是死在工地上也絕對不敢逃跑了！」

「好，臣一定照辦，照辦！」李斯聽著秦始皇的話，心裡直冒冷汗，他在歷史上被列入《奸臣傳》中，一向以狠毒著稱，可是比起秦始皇來，他常常感到自愧不如。

沒過多久，這個工程就啟動了，赭衣囚徒擁塞於途。輕罪者只穿赭衣，而重罪者還要拖鐐帶枷。常常有人病死、累死、餓死，也有些未等走到咸陽即被押解軍士打死，屍橫郊野。

秦始皇二十八年，也就是西元前 219 年，70 位博士集體上奏秦始皇，請他「泰山封禪」：

始皇帝上承天意，下得民望，平定海內，放逐蠻夷，普天之下，莫不賓服。今既登基，尚望按照古制，臨泰山以行封禪之禮……

泰山，山不很高，但名氣很大，傳說古代有 72 位聖王登臨泰山進行封禪。泰山海拔 1,500 公尺，山間雲霧繚繞，峰頂若隱若現，常常引起人們神

祕的聯想。

古代在泰山山頂設壇祭天稱為「封」，在梁父山祭地稱為「禪」，封禪之說最早見於《管子》。傳說上古時曾有 72 個帝王去泰山封禪，有姓名記載的是 12 個，即無懷氏、伏羲氏、神農氏、炎帝、黃帝、顓頊、帝嚳、唐堯、虞舜、夏禹、商湯、周成王。

古人受地域限制，初以為泰山是天下最高的山。在泰山之巔祭天，與天的距離是最近的，人神溝通方便。初有所行，後世相襲，久而成俗。按封禪之說，凡是改朝換代、帝王易姓，都必須舉行封禪大典，以示受天承命。

但是首先，必須天降祥瑞；其次，受命的帝王必須功德卓著，恩澤廣及四方；最後，必須天下太平，有閒暇的時間。三者缺一不可，否則就不配去封禪。

當秦始皇閱讀完奏章後，在偏殿接見博士中最資深望重者 6 人，傾聽了他們的封禪宏議。讀書人一到了這樣的場合，往往忘了自己是誰，就談興大發起來。他們先說了封禪的勢在必行，又談了應該怎樣具體實施。其中兩個老先生還算本分，不願勞師擾民，就主張只在附近的甘泉山上行禮就行了，不必老遠地跑到魯地泰山去。

他們的理由是：咸陽是秦國的中心，為天下之本，上天也必定是這樣認為的，因為天子就在這裡。然而，有兩個魯地來的博士卻不這樣看，他們主張一定要到泰山上才行。他們說古之聖王都是到魯地泰山去封禪以示對天地的真誠，我國初立更不能破壞這個規矩。

老學究們可得到了展示學問的機會了，都引經據典地發揮起來，有的口濺白沫，有的血脈賁張，有的挽袖握拳，有的面紅耳赤，還有年紀大些的激動得差點喘不過氣。

秦始皇看著他們這樣不加制止，反而笑吟吟的，既不加制止也不加評

論。這時，一位 80 多歲的老先生把雪白的鬍子一掀說：「封者，祭天也；禪者，祭地也。合為封禪，是人君祭告天地的意思。用意在於向天地稟告，人君承天命以治理百姓。並祈求上天賜福，大地賜安，以求風調雨順，國泰民安。這是很要緊的事情！」

這老先生說了半天，終究也沒說明白封禪到底應該怎樣具體去做，因為他也沒到過泰山，更沒有隨帝王去封過禪，他那點兒知識也不過是拾人牙慧罷了。

這時在一旁的一位 70 歲的博士說：「據史載，泰山高 4900 丈 2 尺，周圍兩千里，其中蘊藏芝草玉石，長津甘泉及仙人室，又有地獄 6 處，日鬼神之府。從西而上，可見下有洞天，周圍 3000 裡，乃鬼神受考責刑罰之處。傳說泰山近天也通地，所以古來封禪都選在此地。」

他說到這裡，那位 80 歲的老博士緩過神來了，又接著說：「在泰山築壇以祭天，容易被上天所接受，在泰山一旁的梁父小山築蟬以祭地，表示對地母更加親近。凡蟬十二見方，壇則高三尺，階三等。祭祀時皆用醬色的酒和煮熟的魚，不能用三牲……」

在一旁沒有說話的秦始皇一直微笑聽著，這時他終於說：「你們說，封禪以什麼季節為當？」

眾博士面面相覷了一會兒，最後 80 歲的老博士說：「老朽不敏，尚未見到書上有記載。」

秦始皇說：「那就是說，什麼季節都行了？」

博士們察言觀色，因為他們知道秦始皇很想現在就去，於是便說：「是，是……」

秦始皇說：「朕正好想出去遊歷一番，現在動身最好！」隨即又徵求博士們的意見，並且把這件事情交給了李斯。他對李斯說：「這是朕第一次遠

行，需要注重天子的威儀，一切都要盡心制定之！」

又過了一段時間，李斯終於準備好了去泰山封禪的事情，於是便上奏秦始皇：一切封禪事宜都備辦停當。

秦始皇聽完李斯的上奏後，批準出行上路。出行這天，秦始皇身穿黑色的錦繡龍袍，用黑色的旌旗旄節，御用的輼輬車以 6 匹純黑色的馬拖拉，外加上備用的車輛 6 部，副車則為六六三十六部，以載隨行近侍及大臣。

秦始皇還特命將軍 6 人，率領郎中 600 護衛皇帝。再有 6000 虎賁軍保護車隊，前後有上萬人隨隊行動，以備不時之需。就這樣秦始皇的封禪大隊人馬，浩浩蕩蕩，威儀赫赫，出函谷關，途經原韓、魏的郡縣向東，直指魯地泰山，舉行「封禪」儀式，祭祀天地神靈，宣告秦王朝的輝煌功業。

途中經過的馳道，是李斯下令日夜搶修的。馳道寬 60 步，每隔 3 丈種樹一棵。路基用的是碎石，兩旁有深 6 尺的滲水溝。這樣無論雨水多大，道路也不會泥濘。地方上派軍士看守，搶在前一天鋪上潤濕的黃沙，走上去連點兒塵土也沒有。

每經過一個城市，地方官都要在十里長亭跪迎，如果要進城，地方官就挑選面貌好看，又經過訓練的黔首夾道跪接，齊聲高呼萬歲。

秦始皇看到這種情形，樂得心花怒放。這天，大隊人馬途經一座城市，秦始皇見兩旁房屋、店面整齊，旌旗招展，萬頭攢動，個個喜氣盈盈地望著他，如望天上的太陽，便樂不可支地大喊停車。

車停了，秦始皇從車上走下來，然後拉起一個老漢的手問道：「你多大年紀了？」

「皇上萬歲，萬歲，萬萬歲！」

「朕問你多大年紀了？」秦始皇又說。

「皇上萬歲，萬歲，萬萬歲！」老漢依然這樣說道，而且嚇得目瞪口呆。

巡遊全國顯雄威

秦始皇看到這樣的情景，便把臉沉了下來。

這時，李斯忙走過來，對秦始皇說：「這些黔首哪裡見過如此世面，更沒見過天子，陛下的威儀把他嚇傻了。但他仍知道高呼萬歲，足見他的一片赤心！」

事實上，沿街兩旁站的人全部都是經過那些地方官員嚴格挑選的黔首。均被告之，如果見到秦始皇或者朝中的大臣，不管他們怎麼詢問，只準回答教導的話，別的一個字也不許說，違者殺頭。以至於秦始皇只會聽到這樣的回答。

接著，秦始皇又叫了一個稍微年輕一些的男人，「不要害怕。」秦始皇對他說，「朕問你，舊時的齊國的官員待你們好，還是新朝的官員待你們好？」

由於是事先安排好的，因此年輕人便回答秦始皇說：「老齊國的官兒昏庸無恥，當今朝廷上的官兒公正廉明；老齊國的官搜刮百姓，當今朝廷上的官兒不貪不搶，好得很，好得很……」

秦始皇高興極了，仰頭哈哈大笑。他又走了一段路，向街旁一個面目清秀的女人問道：「你告訴朕，你們的日子過得好嗎？」

女人回答：「老齊國的官兒昏庸無恥，當今朝廷上的官兒公正廉明，老齊國的官搜刮百姓，當今朝廷上的官兒不貪不搶，好得很，好得很……」

秦始皇這下有些困惑了，這兩個人的回答竟然一模一樣，一字不差。於是秦始皇又問道：「那，朕已經知道了。我只是問你，你們的生活怎樣？」

這下，女人不知怎樣回答了，嚇得哭了起來。她見天子仍盯著自己，腿一軟，就跪下磕頭。

李斯看到這樣的情景，連忙跑過來，對秦始皇說：「陛下的恩德有如日月，可是這些小民卻無法說出，您瞧，她感激的淚水流個不住！」

秦始皇聽到李斯這樣說就沒有再追究下去。實際上，老百姓的日子已經窮困得沒法過了。老百姓過去在齊國生活，日子雖然不算富裕，可是還能溫

飽。現在嚴酷的秦法下來，他們無法適應，動輒得咎，觸及法網而不自知。

那些從中央派來的執法官們又不體恤黔首的苦處，還以苛察為嚴明，判罪以重為公正。更有甚者，他們常常借此大肆搜刮，欺壓剝削百姓，下層民眾似落於地獄中！

更讓他們受不了的是，戰爭雖歇，但徭役轉屬。修馳道，開河渠，毀城垣，平要塞……項目繁多。鄉村的壯丁幾乎徵拔以盡，而且往往一去不復返！大片土地荒蕪，來年更不知如何，秦朝統一天下還不到半年，他們的生活水平已降到歷史上的最低點了！

可是經過秦始皇一而再再而三的詢問，大家的回答千篇一律，全部都一樣，這使得秦始皇有些不太高興，而且漸漸產生了懷疑。這時，秦始皇問給他駕車的大黃門趙高，說：「趙高，你給朕說說，難道地方官都是這樣的清正廉明嗎？就沒有一個昏庸貪鄙的？朕看到黔首們有的骨瘦如柴，有的面帶菜色，猜想他們的日子並不富裕，可是他們一句怨言也沒有，這樣合乎常理嗎？朕的法令是很屬害的，加在魏、齊等散漫慣了的黔首身上，難道他們就這樣習慣？」

趙高滿面阿諛之色，說道：「陛下您是上天降下的天子，是生來管理天下蒼生的，當然您所定的所有章程、法律都是得民心合民意的，黔首們就是再愚蠢，他們也能夠體會到這一點的，所以他們打心眼裡擁戴皇上，對皇上感恩戴德極了……」

秦始皇聽趙高這樣一說，心裡便不再有什麼疑問了，而且還顯得十分高興。秦始皇一路上山警駐蹕，翠華招搖，青松掩映，馳路寬敞，平平穩穩地來到了齊魯之鄉的鄒嶧山下。

鄒嶧山，在東土魯境，高秀獨出，是久為華夏所知的名山之一，春秋時的詩人曾對魯僖公這樣歌頌：

巡遊全國顯雄威

> 保有鳧、嶧，遂荒徐宅。

詩中的這個「嶧」指的就是鄒嶧山。

秦始皇來到山下，看到山勢雄偉峻拔，不禁稱嘆不已，於是便召群臣一齊登山遊覽，一刻也不願離開。李斯看出他的心思，就說：「陛下，您駕臨此山，光耀東土，不可不勒石以誌！」

秦始皇聽後覺得很是高興，就命李斯撰文立石。李斯是個才思敏捷的人，沒用多少時間，就寫出了一篇韻文：

> 皇帝立國，維初在昔，嗣世稱王。討伐亂逆，威動四極，武義萬方。戎臣奉詔，經時不久，滅六暴強。廿有六年，上薦高廟，孝道顯明。既獻泰成，乃降專惠，親巡遠方。登於嶧山，群臣從者，咸思攸長。追念亂世，分土建邦，以開爭理。攻戰日作，流血於野，自泰古始。世無萬數，陀及五帝，莫能禁止。乃今皇帝，一家天下，兵不復起。災害滅除，黔首康定，利澤長久。群臣誦略，刻此樂石，以著經紀。

李斯的這一篇文章高度讚揚了秦始皇的高功厚德。秦始皇看過之後，極為高興，於是便立刻下令當地官員找來一塊又大又好的石頭，將這篇文章刻了上去。

秦始皇從鄒嶧山下來後，便下了一道詔令：徵集魯地的儒生，一齊到泰山去行封禪大禮。

可是不曾想，在封禪的當天，一些儒生卻因為封禪的事情和秦始皇隨行的幾個博士爭執起來。一位叫魯鐘的老儒說：「按照古制，天子行封禪之禮必須得步行上山。」

秦博士王錚說：「那得看誰來封禪，我始皇帝乃是上天之子，可不遵守這一古制！」

魯鐘斬釘截鐵地說：「天子只是天之子，他位再尊貴也尊不過上天，既

然要祭天，我覺得還是應該步行上山為好。」

王錚又接著說：「我之前翻遍《周禮》等古籍，也沒見哪裡有這項規定。再說從泰山腳下至山頂，有一百四十八里零三百步，要是走路，像我們這些人，有幾個能夠走到峰頂的？何況山上草莽森森，得召民上山清道！」

魯鐘又說道：「泰山是聖山，山上的一草一木，都得盡心保護，誰若無故擅動，必遭天譴，這件事情誰都不能亂來，就是天子也不行！」

話說到這兒，那些博士們還是說：「不行，不行！你們還要天子步行上山，太放肆了！」

儒生們又接著說：「誰要是不遵守古制，誰就聽不到上天的聲音，弄不好還會惹怒上天！」

這時，秦始皇一擺手，對那些儒生說道：「都別說了！老先生，請回家吧！」然後又對趙高說，「傳詔給地方，要他們立即開山鋪路，一個月內完成！」

「是！」趙高回答道。

秦始皇又對王錚說：「接下來，這封禪大典就由你來主持吧！」

王錚自然十分高興。一個月後，馳道就修成了。於是，秦始皇便帶著自己的文武大臣，連同他的「五德王朝」一造成泰山上舉行他的封禪大典去了。並參照秦國祭祀的禮儀，設置了一套典禮儀式。

在舉行儀式的那一天，6000名將士布滿山道兩側，護衛著聖駕。到了山巔，秦始皇命李斯手書刻石，歌頌秦始皇的功德，表明秦始皇統一天下符合上天的意志。

皇帝臨位，作制明法，臣下修飭。廿有六年，初並天下，罔不賓服。親巡遠方黎民，登茲泰山，周覽東極。從臣思跡，本原事業，祇誦功德。治道運行，諸產得宜，皆有法式。大義休明，垂於後世，順承勿革。皇帝躬聖，

巡遊全國顯雄威

既平天下，不懈於治。夙興夜寐，建設長利，專隆教誨。訓經宣達，遠近畢理，咸承聖誌，貴賤分明，男女禮順，慎遵職事，昭隔內外，靡不清淨，施於後嗣。化及無窮，尊奉遺詔，永承重戒。

這篇頌辭意思是說：皇帝即位就給天下制定了法令制度，臣民都嚴格地遵守。二十六年初並天下後，華夏之內無不歸順降服，皇帝親來巡視遠方的黎民，登上泰山，遍觀東土。隨從的臣子追憶統一天下的經過，敬誦秦始皇的功德。

從此國家的運行治理，生產生活都安排得妥帖得當，這些都是因為有了標準的法度。大義已經顯著明確，垂示給子孫，遵行不改。天下雖然平定了，可是皇帝仍親身聽政，絕不懈怠。他早起晚睡，興隆教化，是為了國家長久的利益。今後，天下都要謹遵人倫道德，貴賤有等，男女有別，各守本分。這教化是深遠無窮的，要把它作為遺訓來遵奉，永遠傳承！

隨後，秦始皇在梁父山舉行了「禪」禮。秦始皇登泰山時，行至半山腰，忽然風起雲飛，下起大雨。幸好路旁有一棵大松樹，秦始皇急忙在樹下避雨。他因此封這棵松樹為「五大夫」，松樹成為朝廷的官員。

後來，秦始皇起駕繼續東行，由臨淄到膠東，經黃縣，穿過成山山麓，來到海邊，來到芝罘島。他立刻被眼前的美景所吸引。煙波浩渺的海上，船與島嶼相映生輝，海鷗不時鳴叫，這景象令人心曠神怡。

誰料一瞬間，海面上又變換了景象，山川裡有行人往來，竟然還有亭臺樓閣。那時，秦始皇並不知道這就是海市蜃樓，他還天真地以為這就是傳說中的天堂。方士們看秦始皇如此痴迷於眼前的景象便迎合始皇帝求仙的心理，告訴他這是海上的仙境。

秦始皇一聽，自己果然料事如神，高興起來。便找人詢問關於海上仙境的事情。秦始皇找到的人就是徐福。徐福是齊地瑯琊人，著名方士。他博學

多才，通曉醫學、天文、航海等知識，而且十分體恤百姓，樂於助人，所以在沿海一帶民眾中名望頗高。他是鬼谷子先生的關門弟子，學辟穀、氣功、修仙，兼通武術。

因為他曾經擔任過秦始皇的御醫，因此，秦始皇很是信任他。在秦始皇發現仙境以後，便找到徐福問其狀況。徐福說：「皇上，這可是您的福氣啊！您一到來就看到了海上難得一見的仙境。是這樣的，海上有蓬萊、方丈、瀛洲3座仙島，島上有仙人居住，他們那裡有世人長生不老的藥。」

秦始皇聽徐福這樣一說，瞬間便來了精神，他心想：我一直渴望能活得長些，沒想到還真有長生不老藥，這不是上天的恩賜嗎？接著，他便興高采烈地問徐福：「那該如何得到仙人的藥呢？」

徐福說：「要到茫茫的人海中探訪仙山，找到仙人才能得到。」接著，他又請求秦始皇給他找1000個童男童女，製造可以遠航的大船，上面裝滿糧食，這樣便可以去訪仙山了。

秦始皇認為只要能夠長生不老，這些要求都不成問題，於是便一口答應下來。當一切準備妥當之後，徐福就帶著船隊浩浩蕩蕩地出發了。

從此，秦始皇一邊在海邊等徐福回來，一邊探訪齊魯風情。終於有一天等到了徐福的歸來，可是，他卻什麼都沒有帶回來。徐福見到秦始皇說：「陛下，這次我遇見了海神，海神嫌棄給他帶的禮薄便拒絕給我仙藥。」

始皇帝聽徐福這麼一說，覺得確實是自己怠慢了海神，於是他就增派了3000名童男童女，將船上裝滿穀物、種子，還帶了大批的金銀和工匠，又派徐福走上了尋仙的道路。

始皇帝心想這次一定能滿足海神的要求了，可是這次徐福一行人一去竟然音信全無。始皇帝在海邊苦等了3個多月終究沒有見到徐福的影子，始皇帝只好敗興而歸。離開時，又令李斯撰文立碑。在海邊遊覽之後，秦始皇的

巡遊全國顯雄威

遊興更濃。便命車駕向南，沿著渤海邊到了瑯琊山。

瑯琊山原是東夷和淮夷居住的地方，自西周至春秋，沒有什麼人知道它。後來越王勾踐滅吳北上中原稱霸，遷都於瑯琊，並在瑯琊造了一個很大的觀海臺，瑯琊才出了名。

秦始皇來到瑯琊已是越王以後250多年了，昔日的瑯琊臺已經被風雨吹打得破敗不堪，秦始皇卻對之興起思古之幽情，慨嘆再三，流連忘返。更奇怪的是，他也想修一座瑯琊臺，可是絕不在原地方，他的瑯琊臺要修在山頂。歷史上說：「始皇帝立層臺於山上，名瑯琊。孤立於眾山之上。」

秦始皇命令在古臺的基礎上，新建瑯琊臺。又立石刻，歌頌秦德。李斯還想一揮而就，可是擬了幾稿都沒有被秦始皇批准，因為，秦始皇嫌棄他頌揚的份量不夠，最後李斯狠了狠心，給他堆砌了一篇洋洋長文，秦始皇才算滿意。

秦始皇二十九年，也就是西元前218年，秦始皇又進行了一次巡遊。這次，他又重訪了許多地方，他巡遊的目的地仍是東部沿海。這次巡遊似乎是想再次造訪山東，最東端的瑯琊臺同樣在他的巡遊路線中。巡行隊伍有36輛馬車，浩浩蕩蕩，兩邊是士兵開道。許多傳統的、象徵帝王身分和吉祥幸運的黑色旗幟迎風招展。

秦始皇在經過博浪沙這個地方時，竟然遭遇了刺客，有一塊隕鐵從天而降打破了這一平靜 —— 在巡遊隊伍前不遠的地方，有一名刺客從懸崖上往下推了一塊很重的東西，瞄準了他認為是秦始皇坐的那輛馬車。

可是他的判斷失誤了，他的暗殺武器沒有撞到秦始皇的馬車上，最終碎片飛揚。而這個刺客也沒能逃走，被衛兵抓到後，帶到李斯和趙高跟前審問。

然而刺客沒有一絲的害怕，似乎在嘲弄他們，說了句詛咒的話：「驕傲自大、自我放縱的皇帝殺死了六國的王子們，將六國夷為平地。難道他們的

後代不想殺了他嗎？所有忠心的六國舊臣都想復仇！」

　　這個刺客拒絕說出自己的名字，聲稱他故意功敗垂成，但他唯一的遺憾是他辜負了他的少主人的希望。當他被強迫著說出這神祕的「少主人」是誰的時候，他避開試圖抓住他的逼供者，一頭撞在附近的柱子上自殺身亡。

　　這時，李斯和趙高推斷，這個刺客的主謀嫌疑人，有可能是一個叫姬平的人，他的父親是韓國的相國，他自己在秦征服之前侍奉兩代韓王，姬平自己有個年輕的兒子，他憤恨於秦的征服讓他失去權位，有動機刺殺秦始皇。

　　顯然，李斯的推斷是正確的。儘管在秦征服之後，許多地方貴族仍然保留了他們原有的財產和生活方式，當地姬家的一個兒子仍然是極度不滿的。

　　他的後裔有一位叫「張良」，因此他才被後人記住，儘管這僅僅是個企圖逃脫嚴酷秦法的化名，他的家庭豪富到足夠在廣屋華廈中畜養 300 名奴婢，他發誓要為被滅的韓王報仇，也祕密地這麼做了。

　　正如早先太子丹的暗殺計畫一樣，張良的計畫在實施之前花了很多時間。儘管他不可能像燕太子丹那樣用國家財力做後盾，他等待著，直到一個合適的人選出現，這就是倉海公。

　　倉海公就是自殺的那位刺客，一個生有神力、能夠從遠處扔出巨大鐵塊的人。儘管他犯了一個誰都可能犯的失誤，但是當倉海公自殺後，他那血肉模糊的頭顱被士兵從他那冰冷的肩膀上砍下，並在當地城門上梟首示眾的時候，張良還是能有足夠的時間成功地逃脫掉，他被迫東躲西藏了好幾年。

　　當陳勝率領農民反秦的時候，張良聚集數百名少年也投身到反秦的浪潮中。後來張良輔佐劉邦，成為西漢的開國功臣。西漢立國後，他歸隱山林。

　　於是，秦始皇派人在這個地區進行了一場簡短但是很細緻的搜捕，他希望當地的百姓能說出誰是主謀。然而同時也可以看出，這一事件某種程度上被隱了起來，因為主謀者們會在秦始皇死後再出來披露他們曾僥倖逃得性命。

巡遊全國顯雄威

　　這樣，朝廷官員們回頭關注起瑯琊臺相對安全與否，這似乎成了秦始皇從濱海地區撤退的原因。在那裡，他可能在相對涼爽的海濱消磨夏季的幾個月時間。

　　在回到秦的心臟地區之前，秦始皇又下令刻了兩塊石頭做紀念，刻石內容特別地提到了他的改革。假如刻辭中有任何真實存在而不是官方程式化套話的話，在西元前218年，秦始皇命李斯統一律令和天下度量衡，並且都完成了。

　　西元前217至前216年，秦始皇一直在咸陽，其間，他並沒有進行遠至海濱的長途巡遊。直到西元前216年末，當時秦始皇已預想好給他帝國的臣民們分配任務，然而，對官方事務缺乏興趣這一原因可能帶有個人色彩——秦始皇可能有了一個新嗜好，一個令他深居內宮，遠離大眾視線的嗜好。

　　在統一天下和大規模建設的艱辛之後，秦始皇於西元前216年的法令表現出了柔和的跡象，甚至流露出暖意。中國最終統一了，不僅僅是在理論上，而且在實際上也是如此。

　　然而人類的天性並沒有改變，秦始皇大概是厭倦了宮廷生活，他決定自己出去體驗他所建立的制度，在西元前216年歲末，他化裝出行，僅僅由4名衛兵陪同著。

　　在宮廷之外，沒有一個人知道秦始皇長什麼樣。此刻他可以沒有恐懼，也不用擔心被暗殺。然而，當他漫步在一處池塘的堤岸上之際，一群盜賊向他身邊跳躍而來。

　　他的貼身侍衛可能按慣例小心謹慎地跟他保持一定距離，但他們仍能很快前來營救，並立刻將企圖搶劫的盜賊打死。這次遭襲擊的結果是秦始皇又回到了以前保衛森嚴的狀態。這時，秦始皇已經當了30年秦的統治者，他發現他不能在皇宮之外的地方毫無偷襲之虞地安全行走。

秦始皇三十二年，也就是西元前 215 年，秦始皇在去往燕國之前，他沿著大道先到了他出生的邯鄲。在到達東部沿海的碣石後又立了一塊刻石，宣揚說他「免除了無辜者的稅收」。

　　此外，他摧毀了燕國的長城，後來對此事的解釋跟山海關的早期建設連繫在了一起。山海關是遼東一個山巒插入大海的地方。在秦始皇以前乃至以後的很長時間，它標誌著中原地區和「蠻夷」的分界。

　　但是秦始皇自己的邊界顯然還要往北，因此毀掉碣石附近的燕長城只是一個姿態，它說明這長城不需要了，因為它們已牢牢地處在秦國領土之內。

　　這次，秦始皇巡遊北方還有一個原因：據說有一個曾經待在燕國的智者能讓秦始皇跟仙人相見。然而，這次相見並沒發生，秦始皇令他的 3 位「超自然」的「建議者」展開進一步尋求不死藥的工作。

　　秦始皇一直沒有得到徐福的消息，但是他的求仙行為並沒有因此而停滯。當徐福走後，他身邊又出現了盧生、侯生等一些人。其中，盧生也是個方士。

　　相傳，盧生是燕地之人，一直在碣石山中隱居。他有兩個生死之交。一個叫羨門，另一個叫高誓。他們是戰國末年有名的方士，人長壽而博學。天文地理不用說，就是生活中難以解決的問題，他們也手到擒來。所以，人們都稱他們為「聖賢」。

　　盧生結識了聖賢後，眼界大開，學業不斷增長。後來，兩位聖賢不知所蹤了。有人傳說他們得到了長生不老藥，成了神仙了。這話傳到了秦國，當然也傳到了始皇帝耳朵裡。始皇帝這麼一聽，內心的波瀾又開始起伏了，趕緊命令李斯擺駕碣石。

　　秦始皇來到碣石，見到碣石的山高得根本就見不到山頂，像是直通到天庭上去的。始皇帝四處打探仙人的下落，就是沒有打聽出來。有的人說，仙人去了蓬萊山。

巡遊全國顯雄威

　　秦始皇一聽便立即來了興趣，徐福還沒有音信，仙人又跑去蓬萊山！這不是讓我撲空嗎？也有人說，仙人沒有走，就在碣石山中。秦始皇下了狠心，天下之大莫非王土，就算是要把國家翻個底朝天我也要把你們揪出來。

　　而李斯卻是一個明白人，他知道仙人是無論如何也找不出來的，只是此時的秦始皇已經「仙迷心竅」，根本就聽不進去別人的話。但要是找不到仙人，始皇帝最先遷怒的就是他的左膀右臂。於是，他決定要找到一個替死鬼！

　　李斯四處打聽有沒有人知道這兩位仙人。結果卻是一無所獲，但值得慶幸的是，他從一些人的口中得知了認識兩位仙人的盧生。於是，李斯趕忙找尋盧生。

　　盧生心知肚明，李斯要找尋的那兩位前輩都已經故去了，根本也不是什麼神仙。但是他又仔細斟酌了一番，如果要是向始皇帝澄清事情的真相，他自己也一定沒有活路的。於是，他便信口雌黃稱：「兩位仙人確實去了蓬萊仙山，我只有到那裡才能找到他們，而且，我需要和徐福一樣的工具才能行。」

　　事實上，盧生只是想用緩兵之計，拖延時間，好趁機逃跑。可是，始皇帝卻加緊了對他的看守，他根本沒有機會逃走。盧生沒辦法，就將從兩位前輩那裡學來的天文、地理知識用到了求仙上面。

　　秦始皇就偏偏好這一口，盧生煉的丹藥他也津津有味地吃了。後來，盧生讓秦始皇稱自己為「真人」，始皇帝也沒有半點懷疑照做。總之，秦始皇對盧生就是堅信不疑。

　　沒過多久，秦始皇下令造的船隻也修好了，工具也準備得齊全了，該準備啟程了。而盧生本想就此像徐福一樣一去不復返了，在途中駐紮在一個安靜的小島上，就此遠離始皇帝。可是，他哪裡猜想得到，始皇帝吃一塹長一智，這次遠行竟然派人死死地看著盧生，這讓盧生根本就找不到中途逃脫的契機。

盧生在海上徘徊了很久，也終究沒找到所謂的蓬萊仙島。這時，盧生心裡開始著急了，因為他知道這一切都是謊言，如果始皇帝知道自己被困在謊言之中，那麼，可想而知自己肯定不會有什麼好下場，而且還會牽連自己的家人。

　　無奈之下，盧生只好繼續編造謊言。就這樣盧生一行人在海上繞了些日子之後，終於找到了一個可以落腳的小島，他就要在這個地方大展拳腳了。

　　盧生先是弄好了神壇開始做法事，然後不知從哪裡找來了一本《錄圖書》，說這是神仙傳下的話，不能再走下去了，不然所有的人都會受到懲罰，死無葬身之地，始皇帝也不會長命百歲。並且還警告說，將來能亡秦國的必是以胡為名的。

　　可是，盧生帶來的人以及始皇帝派來監視他的人，對這一些說法都半信半疑。但是船上的乾糧、淡水都不多了，再不回去真的要餓死了。因此，就算是假話他們也願意相信。如果是無功而返，那麼，必然激怒始皇帝，那麼自己的命就會不保。至於始皇帝派去的人更是認為，監管盧生不利是自己的失職，失職就要受到嚴懲。盧生的藉口和交代剛好給這些人一個理由。

　　所以說，盧生是聰明的，這個藉口不僅使始皇帝不再要求他出海，還讓始皇帝轉移了注意力。那《錄圖書》上的「亡秦者胡也」，讓始皇帝的注意力一下子集中到對抗胡人的戰爭上來。

　　果然，秦始皇聽到了這個消息後，便將矛頭指向了胡人。據說這消息的意思是他在北部邊界的工作還做得不到家。長城地帶的戎狄部落被稱為「胡」，他們仍然生活在北方。這就是說，至少這是對蒙恬下令的一個新的藉口，下令讓蒙恬展開一場新的對付「胡」的戰爭。蒙恬使用了新建的長城，徵調了上萬人，深入內蒙古地區，回來匯報戰果又一次奠定了秦國長治久安的基礎。

巡遊全國顯雄威

　　北部邊界並不是唯一讓秦始皇下令清洗的地區。同樣的清洗也在處理犯罪的司法體系展開，尤其被認為是偷漏稅的人。西元前 214 年，秦始皇下令把所有這類偷漏稅的人跟許多司法判處的亡命之徒和罪犯一起集中起來流放到遙遠的南方地區，在那裡，他們要為新的邊界進行衛戍。

　　一支秦軍深入推進到了以前從來沒有人到過的南部地區，他們沿著長江的一條支流直到它西南的源頭，而後深入盆地、層層排列的山脈，此番遠征建立了 3 個南部邊郡：桂林、象郡和南海。整個這片地區的居民被稱為「百越」。

　　向南越的遠征將秦始皇國土的邊界大幅度地往南推進，推進到了南方另外一個海的海濱，往西南則推進到無窮無盡的密林和山巒之下。現在，他可能認為他征服全世界的工作已經完成了，至少從地理上說完成了。

　　秦始皇三十七年，也就是西元前 210 年，秦始皇最後一次巡遊天下。這一次，他又來到瑯琊這個地方，說也湊巧，在這裡他竟然打探到了徐福的消息，於是就傳來了徐福。

　　這一晃 9 年過去了，徐福看上去也明顯老了許多。但是，老了的徐福似乎更加懂得該怎樣應對始皇帝了。徐福自知當年耗費了始皇帝國庫裡不少銀兩，這次肯定是難以逃脫始皇帝的懲罰了。於是，在參見始皇帝之前，他就已經想好了說辭。

　　徐福見到始皇帝便說：「陛下呀！蓬萊仙山上確實有神仙居住，他們那裡也有仙藥。只是我們出海時總是遇到大蛟魚阻攔，所以我們到不了仙山。我們又沒有射殺蛟魚的工具，只能空手來見您了。」

　　聽完徐福的話之後，始皇帝開始有一些懷疑，便決定親自入海去看看。於是，準備了弓箭手，結果還真的遇見了大蛟魚，始皇帝這才又相信了徐福的話，徐福也因此得以僥倖逃脫始皇帝的責罰。

　　始皇帝射殺大蛟魚以後，覺得可以讓徐福帶足了弓箭再訪仙山，徐福再

次出海。可是，這次出海徐福就再也沒有回來。傳說，徐福帶著童男童女到了日本群島。將秦朝先進的文明傳到了日本，使日本社會飛速發展。徐福也因此被日本人尊為農耕神、蠶桑神和醫藥神。

至今，日本還將祭祀徐福的活動放在每年的大節之中。但《史記》一出，卻為這段傳說帶來了諸多謎團。關於徐福，關於徐福的東渡，留給後人很多的猜想。

而始皇帝直到在沙丘病死前，才幡然醒悟：世間本就沒有所謂的長生不老藥。縱觀秦始皇的 5 次巡遊，他的目的便是宣德揚威、安定天下。秦始皇二十六年，也就是西元前 221 年，當秦始皇一統天下後，就急不可待地頻繁出巡，以圖透過宣德揚威，使六國舊民從精神上對其臣服，以達到安定天下，成就萬世基業的政治目的。

從秦始皇二十七年到二十九年，短短的 3 年內秦始皇就在舊六國的領地上巡遊了一遍，在各地刻石頌功，涉及範圍甚廣。仔細分析不難發現，秦始皇在以宣德揚威、安定天下為目的的巡遊中，有幾個重要的活動區域，即齊地、燕北趙代之地和東南吳楚之地。

西元前 221 年，秦國透過玩弄權詐外交手段兵不血刃滅亡了齊國，齊地的人力物力借此保存了下來。齊依山傍海，商業繁榮，經濟發達，是老牌強國，它既是秦人徵調糧賦的基地，也是足以動搖秦王朝統治的物質基礎。

齊是六國中最後一個被滅掉的國家，統一之初的秦政權對齊地的統治也就顯得特別粗疏、薄弱。這一切秦王朝當然不會熟視無睹，掉以輕心，故而秦始皇在頻繁巡遊東方六國時，表現出對齊地的特別關注，4 次東巡中，有 3 次遊歷齊地。

對統一後的秦帝國來說，匈奴是北疆的一大隱患。西元前 215 年，秦始皇命蒙恬率大軍北征，不僅收復失地，還拓展了疆域，隨後又把秦、趙、燕

巡遊全國顯雄威

長城連為一體，修築了西起臨洮、東到遼陽的萬里長城以及大量障塞，成為秦王朝固守北疆、順利對百越和西南夷用兵的有力屏障。所以秦始皇對此非常重視，先後兩次巡視北邊。

在秦始皇東巡的意圖中，還有一個政治目的不容忽視，這就是所謂「東南有天子氣，因東遊以厭之」。秦統一後，吳楚之地仍潛伏著欲取秦而代之的政治組織和濃郁的針對秦的不滿情緒，秦始皇視之為心腹之患，故借巡遊和視察政務，予以鎮壓抑制。

後世有不少文獻記載了他在巡行吳楚之地過程中，採取更改地名、挖斷地脈、修築厭氣臺等種種手段破壞金陵、朱方、剗山、徐州等地「天子氣」的活動。

秦始皇頻繁出巡除其政治目的外，也與秦人的文化傳統及秦始皇本人的個性特徵有關。秦人好慕遠行，有其悠久的文化傳統。秦國國君多有不辭辛勞，跋涉山川，蒙犯霜露，頻繁遠行的歷史記錄，而以秦惠文王、秦武王、秦昭襄王等為甚。

到了始皇帝，有所謂「勤本事」、「夙興夜寐」、「朝夕不懈」、「視聽不怠」，以及「至以衡石量書，日夜有呈，不中呈不休息」的勤政風格。

秦始皇事必躬親，到實地去體察民風民情，做政治巡遊。故而秦始皇在為帝期間頻繁出巡，既有其政治目的，也有秦人文化傳統和秦始皇本人性格特徵的驅動。

同時，秦代普遍盛行著多神崇拜，神權思想支配著整個社會政治、經濟和軍事活動。及至秦始皇時期，神學思想在其10餘年短暫的統一帝國歷史上，成為其統治的支柱之一，當時全國各地的山山水水無不有神存在之說。

從其分布看，一是東方的神學思想和神祇，以齊地，即山東為中心；二是秦人本土的神學思想和神祇，以陝西西部為中心。東西方的諸神，組成了

秦王朝的眾神之舟，這是先秦及秦王朝時的宗教文化背景。

在這樣的背景下，秦始皇推崇五德始終說，到泰山封禪，在各地祭祀天地山川鬼神，「遂東遊海上，行禮祠名山大川及八神」。這不是秦始皇的迷信，而是整個時代的迷信。

秦始皇於稱帝后的第二年就迫不及待地去泰山封禪，在先後兩次巡遊東南吳楚之地的過程中，有「過彭城，齋戒禱祠」、「浮江，至湘山祠」、「行至雲夢，望祀虞舜於九疑山」、「上會稽，祭大禹」等祭祀的活動。

秦人雖居西北內陸，但秦雍地神祠有所謂「四海」之神的記述，表明秦人對於海神，也有虔誠崇拜的意識。齊地是秦帝國東方神學思想和神祇的中心，屬於齊人神祕主義傳統文化崇拜對象的「八神」，其祭祀之地大多位於海濱。

「日主」祠成山，「月主」祠萊山，「陽主」祠芝罘，「四時主」祠瑯琊，「天地主」祠泰山、梁父等。所以，懷有虔誠宗教情感的秦始皇亻次巡遊齊魯海濱，並多次登臨芝罘、瑯琊、成山等地。

秦始皇頻繁東巡祭祀山川鬼神還有另一層深意，《史記·封禪書》道：「昔三代之皆在河、洛之間，故嵩高為中嶽，而四嶽各如其方，四瀆咸在山東。至秦稱帝，都咸陽，則五嶽、四瀆皆並在東方。」

對秦而言，不但四瀆而且連五嶽也都在東方。秦崛起於西方，乃根基所在，不想向東遷都，便欲以東巡達到「常奉天地名山大川鬼神可得而序也」的宗教目的。

還有就是，秦始皇求仙長生的期望，也是他巡遊的初衷。秦始皇推崇五德始終，又迷信封禪說。但是，鬼神的魔力對秦始皇還不限於此，在祈禱天神護佑其帝王基業的同時，還滋生出另一種強烈的欲望，這就是長生不老，由此引發求仙與求不死藥的狂熱行為。

巡遊全國顯雄威

由於燕齊瀕臨渤海，經常會有海市蜃樓出現，燕齊之地的人們便結合傳說中的海外國度，形成了一個令人嚮往的神境仙界，故而方術文化傳統悠久，到了秦始皇時，芝罘、瑯琊、成山等地，仍是方士們活動的中心。

當秦始皇第一次巡遊至瑯玡時，燕齊之地的方士們就聞風而動，雲起霧和，「齊人徐市等上書，言海中有三神山，名曰蓬萊、方丈、瀛洲，仙人居之。請齋戒，與童男女求之」。齊人方士的上書正合秦始皇的心願。從此，始皇帝便與徐福一幫方士們結下了不解之緣，秦始皇時代狂熱的求仙活動由此而開始。秦始皇三十二年東巡，到碣石，找到燕人盧生，並且讓他去找神仙，又讓韓終、侯公、石生求仙人不死之藥。

秦始皇三十七年，也就是西元前 210 年，在最後一次出巡的時候，秦始皇有所謂「自以連弩候大魚出射之。自瑯琊北至榮成山，弗見。至芝罘，見巨魚，射殺一魚」的舉動，可以看作秦始皇親自進行海上求仙的努力。

對死亡的恐懼，對長生不老的痴迷，在方士們「不死之藥殆可得也」的蠱惑下，秦始皇每次巡遊都要在海濱逗留較長時間，尋尋覓覓，為探求虛無縹緲的海上神仙傳說進行了畢生的努力，直到死都還奔波在尋仙的途中。

方士們所描述的海中三山，只是一種虛無縹緲的幻影，秦始皇多次海濱巡遊，進行求仙及不死藥的努力，連神山的影子都沒見到，這是必然的結果。

秦始皇是中國歷史上第一帝國的締造者，也是我們最為傑出的政治家。他統一六國，推郡縣制，統一文字、貨幣、度量衡，結束了戰國末年諸侯割據的混亂局面，為封建國家機器安裝了一整套完備的運作系統。

可以說始皇帝為封建社會建立了不可磨滅的功勳。雖然他稱不上英雄，也稱不上很偉大。但他所開創的事業推動了中國歷史的進程。隨著始皇帝事業達到頂峰，內心也發生了一些變化。

秦始皇開始向蒼天借生，為了能達到長生的目的，可以說他不惜一切代價。這個聰明一世的君王，偏偏在求長生不老的事情上糊塗了一時。他渴望長生不是突發奇想，這和他生活的大環境有密切的關係。

　　人始終存活在社會之中，這個社會對他的影響是不能忽視的。儘管個人能夠影響歷史，但不代表歷史不能反作用於個人。可以說，嬴政在年紀尚小的時候，對生死已經有了一些認識，童年那些隨時可能喪命的可怕記憶在他腦海裡揮之不去。

　　當秦始皇榮登秦王位後，他看慣了朝廷上的生殺榮辱。他在殘酷的現實裡認清了怎樣去生存。但是，現實中求生的手段太過激烈，不僅折騰人，還隨時會有生命的危險，就是在這個時候，神仙思想乘虛而入。

　　而真正將始皇帝內心的寄託變為訴求的，是那些鼓吹神仙說的方士。他們極力宣傳海上的 3 座神山，並「搬」進去了純白的宮殿、純白的禽獸，還有純白的神仙。說他們長生是因為他們有長生不老的仙藥，吃了這些仙藥，就可以自由自在、快樂美滿地生活。

　　然而，最終求仙不成，秦始皇便在建章宮北面的太液池築了幾個島，喚作蓬萊、方丈、瀛洲，雕刻了許多石魚、石鱉排在上邊，算是到了海上仙山了。

　　不料秦始皇、漢武帝這種借崇神以自娛的園事活動，卻奠定了中國古代園林文化模山範水的基本構想和造園方法，對後世園林景觀營造產生了深遠的影響，並逐漸演化為中國園林造景藝術的一種方式。

平定百越之亂

平定百越之亂

西元前 221 年，秦始皇消滅六國，完成了統一中原的大業之後，就著手制定北討匈奴、南平百越的戰略。只是在當時中原戰事尚未完全結束，秦軍還不能向這個地區投入太大的精力，部分軍隊已開到南部邊境作戰爭準備，只不過是進軍速度比較緩慢而已。

百越在秦時期的東南沿海一帶。這裡居住的少數民族在春秋戰國時期被稱為越人，因其分部眾多，所以稱作百越。百越大體分為東越、閩越、南越、西甌等幾個部分。

東越居住在今浙江南部的甌江流域，以溫州一帶為中心；閩越的勢力範圍以今福建的福州為中心；南越分布於今廣東的南部、北部和西部地區；西甌活動於今廣東的西南部和廣西南部一帶。

百越居住的地區，氣候溫和、雨水充沛、物產豐富、幅員遼闊，但由於為山川所阻隔，遠離中原，至秦時他們仍過著相當原始的生活，社會的發展遠遠落後於中原地區。據《史記》記載，百越那裡的人「披草萊而邑」，在春秋時建立了越國，有一定勢力，是在長江下游稱霸的國家之一。

事實上，早在秦始皇滅六國以前，他就已經把百越之地作為征服的對象了。統一戰爭結束後不久，也就是西元前 219 年，也就是秦始皇正式統一天下之後的第二年，秦始皇正式下達了向「百越」進軍的命令。他命大將屠睢和趙佗率領 50 萬大軍，發動了征服嶺南越族的戰爭。

在《淮南子·人間訓》中有這樣的記載：

秦始皇二十八年，也就是西元前 219 年，使尉屠睢發卒五十萬為五軍，一軍塞鐔城之領，一軍守九疑之塞，一軍處番禺之都，一軍守南野之界，一軍結餘乾之水。

針對百越各部居住分散的特點，秦軍採取多路分兵進軍，遇有大敵再合兵進擊的行動方針。第一次秦與百越的戰爭，在歷史上也叫做「秦甌戰爭」，但是在史書上卻少有記載，只在《淮南子》等少數書籍中有少量相關記載。

　　這是因為秦將趙佗在西元前 214 年攻占百越後不久就與秦朝廷貌合神離，在秦末又拒絕派自己手下的秦軍部隊北上與反秦起義軍作戰，封鎖了兩廣與中原的聯絡，並在秦滅亡後建立起了南越國，按照現在的說法南越國屬於地方割據政權，現今歷史學家對地方政權的歷史了解歷來都不是很多。

　　所以，對這次戰爭的了解，只能侷限在少量史書的記載上。但是我們也能從這僅有的一些資料中看出，這是一場非常殘酷的戰爭，也可以從一個側面看出秦完成統一大業所付出的代價是相當驚人的。

　　歷史上之所以也叫此次戰爭為「秦甌戰爭」，主要由於百越土著部隊的最初首領是西甌國首領譯吁宋，其實參戰的百越軍不僅僅是西甌國軍隊，其他百越地區越人的其他土著武裝也參加了戰爭，但是總指揮是西甌國首領譯吁宋，而主力是西甌軍。

　　譯吁宋是秦代西甌部族聯盟酋長，是秦甌戰爭時期，帶領西甌人抗擊秦軍的部族聯盟領袖。歷史上一般都把秦軍的對手稱為西甌軍。秦軍在這次戰爭中的參戰兵力以及組成，在幾乎所有的史書中都說到秦軍調動 50 萬大軍在屠睢的率領下進攻百越。

　　百越軍在這次戰爭中的參戰兵力則幾乎沒有任何史書有比較確切的記載，只能從部分考古資料中看出百越軍的人數要遠遠少於秦軍，而且當時的嶺南百越基本上為蠻荒之地，交通不便，原始森林密布，自然環境惡劣，所以當時的總人口不超過 50 萬。

　　而在當時能戰的適齡青壯年大致在 5 萬人上下，在不少文獻中也有類似「百越土著軍人數僅及秦軍十分之一」的說法。不管怎麼樣，秦軍的兵力是

平定百越之亂

占絕對優勢的，秦軍為了這次戰爭的勝利是不惜一切代價的。

關於戰爭的經過，秦軍 50 萬大軍雖然在兵力上占絕對優勢，在裝備上更是遠遠超過百越部落軍隊，但是戰爭的過程卻令秦軍感到了戰前從未想到的艱苦和壓力。在交戰之前，秦軍考慮到了糧草可能會出現問題，也考慮到了南方炎熱的氣候對大部分出生在北方的秦軍士兵的不適應狀況。

但是秦軍到了兩廣後才發現，戰場環境的惡劣以及敵軍超乎尋常的兇悍頑強都是以前始料未及的，史書上記載了以西甌軍為主力的百越軍隊的頑強抵抗，百越軍在首領譯吁宋的率領下與秦軍進行了一場慘烈的激戰。

秦朝大軍步步艱難，節節受挫，損兵折將，遲遲不能進入越人的世居領地，在戰爭中，百越軍在首領譯吁宋戰死後又馬上另選了新的首領，並全線退入山地叢林中與秦軍繼續作戰，百越軍甚至不惜與野獸為伍，至死不投降秦軍，並且不斷對秦軍部隊進行偷襲，切斷秦軍糧道。

這樣便迫使秦將屠睢寫信給秦始皇上報說秦軍糧草已經不足，秦始皇被迫命令徵調大量民工開鑿靈渠，溝通了湘江和灕江水系，確保了秦軍的糧草運輸。

另外秦軍還有一個最大的敵人，那就是炎熱的氣候。秦軍士兵多為北方人，大部分為現在陝西、山西、河南等地人，不適應南方炎熱的氣候，士兵中瘟疫橫行，直接影響了秦軍的戰鬥力。

以西甌軍為主力的百越軍這時在新首領桀駿的率領下，大約在西元前218 年對秦軍發起了反擊，秦軍大敗，根據《淮南子》記載，秦兵「伏屍流血數十萬」，而秦軍總指揮官屠睢也在現在的廣西桂林一帶被一支百越軍夜襲部隊擊斃，迫使秦軍「宿兵無用之地，進而不得退」，惶恐不可終日，以致「三年不解甲弛弩，使監祿無以轉餉」，雙方一直處於相持對抗的局面。

一直到西元前 214 年，秦始皇在靈渠糧道全面開通且糧草充足之後，徵

集「諸嘗逋亡人、贅婿、賈人為兵」近 10 萬，加上原先剩下的 20 萬秦軍部隊，秦軍再次集中了 30 萬大軍向百越軍發動了最後的總攻，這時的百越軍，根據不少野史記載，僅僅只有數千人而已，從這裡也可以看出，在此前的反攻作戰和三四年的武裝對峙中，百越那區區幾萬人馬早就被耗盡了，最後秦軍幾乎未遇到大的抵抗就占領了全部嶺南，並設置了南海、桂林、象郡等 3 郡。

靈渠建成於秦始皇三十三年，也就是西元前 214 年。它與都江堰、鄭國渠並稱為秦代三大水利工程。它不僅是中國而且也是世界上最古老的運河之一。關於靈渠的開鑿，需要從古代一次有名的戰爭說起。

西元前 221 年，秦始皇統一六國以後，為了完成統一中國大業，接著向嶺南地區發動了戰爭。「使尉屠睢將樓船之士南攻百越」，用了 50 萬攻無不克的精銳部隊，兵分 5 路，向百越之地推進。其中向現在江西余幹縣前進的一路軍隊，勢如破竹，一舉攻占了東甌、閩越地區，並設置了閩中郡。

而向廣西進攻的一路秦軍，則遇到了部族首領的頑強抵抗，迫使秦軍「三年不解甲弛弩」，戰爭打得很不順利。這是因為，當時的秦軍不適應山地作戰，不服南方水土，病員較多。

但更重要的一點是和嶺南地區山路崎嶇，運輸線太長，糧食接濟不上有關。因此，解決軍糧的運輸問題，成了當時決定這場戰爭勝敗的關鍵。戰爭的暫時挫折，並沒有動搖秦始皇統一嶺南的堅強意志。他透過將領們對興安地形的了解，果斷作出了「使監祿鑿渠運糧」的決定。

西元前 217 年，秦始皇命監御史史祿在今廣西興安縣境內開鑿溝通湘水和灕水的靈渠。在史祿的主持下，經過秦軍與被徵發的勞動人民的艱苦勞動，幾經寒暑，靈渠開鑿成功，靈渠總長僅 34 公里。

靈渠水系由北南兩渠組成。北渠俗稱湘江新道，全是由人工開鑿而成的，大致與湘江故道略成平行，渠槽在田疇間，它的水位高過湘江故道，湘

平定百越之亂

江水在分水塘經鏵嘴分流和大小天坪壩引流後，約 7 分水流入北渠，在高塘村與湘江故道相匯，全長大約 3.25 公里，最大引流量為每秒 12 立方公尺。

南渠自南陡口起，過嚴關，流至溶江鎮老街的靈河口入灕江，全長約 33.15 公里，南渠引湘江水約 3 分，最大引流量為每秒 6 立方公尺。靈渠自越城嶠至溶江鎮的靈河口一段約 29 公里，主要的自然河流有 4 條。

一條為越城嶠以南的始安水，源出越城嶠與點燈山之間的山谷，流程 2.5 公里至鐵爐陡附近匯入靈渠 ；一條為源出臺板石之石龍江，北流 10 公里後再折向西流至靈山廟入靈渠 ；一條為源出唐公背山之馬尿河，北流 13 公里折西至嚴關零西村入靈渠 ；一條為源出三青巖，經梅村垌至樂施堂，再西至青石陡入靈渠，長 15 公里。

南渠自南陡口往北經興安縣城、大灣陡、折向西北穿越越城嶠至鐵路村匯始安水，長 4 公里，全為人工開鑿的航道，寬 8 公尺至 5 公尺，水深 1 公尺至 1.8 公尺，河床全為泥沙結構 ；始安水入口以下向西流至靈山廟，石龍江與靈渠匯口處，河長 6.15 公里，系將靈渠支流始安水小溪擴寬加深，挖成彎曲航道，寬 8 公尺至 5 公尺，河床多為泥沙結構，水深 0.4 公尺至 1.3 公尺 ；自靈山廟以下續向西流經嚴關鄉至溶江鎮老水街靈河口此段 22.8 公里，為靈渠幹流經過整治的水道，渠寬 15 公尺至 50 公尺，水深 0.5 公尺至 3 公尺，河床為卵石和泥沙構成。

靈渠的鑿通，溝通了湘江、灕江，打通了南北水上通道，為秦王朝統一嶺南提供了重要的保證，大批糧草經水路運往嶺南。有了充足的物資供應，秦軍在百越戰場上兵鋒淩厲、勢如破竹。

至此，從湘江用船運來的糧餉，可以透過靈渠，進入灕江，源源不斷地運至前線，保證前方的需要。為秦始皇完成嶺南的統一大業提供了可靠的物質保障。

至秦始皇三十三年，秦軍終於全部攻下了嶺南，設置了桂林、南海、象

郡，並派兵戍守。至此，秦始皇完成了統一全國的偉大事業，而靈渠則為完成這一偉大事業作出了重要的貢獻。

實際上這是秦王朝與整個南方百越民族的戰爭，這次戰爭確立了中國的基本版圖。從此以後，廣西和廣東兩地區成為了中國版圖，在這期間雖然在秦末漢初時期曾經由秦將趙佗建立了南越國而獨立出去，南越軍在漢初高祖和呂后當政時期也曾經數次擊敗漢軍的進攻，但是南越軍同樣消耗很大。

在漢文帝時期，南越國撤帝號，與漢朝修好，在漢武帝時期，10 萬漢軍南下進攻南越國，南越國經過此前的對漢戰爭，傷亡已經很大，無力抵抗強大的漢軍，最後南越王率領南越全國在籍的 40 多萬老百姓投降漢朝，此後兩廣之地再也沒有和中華大地分開。

但是戰爭畢竟是殘酷的，且不說秦軍在 3 次戰爭中前後損失了 30 多萬人馬，兩廣地區的老百姓也遭受了慘重的損失，在歷史資料中記載秦軍在第二次戰爭後的部隊全部留在兩廣，這些秦人與當地人融合，成為現在兩廣老百姓祖先的一支。這留下的近 30 萬秦軍士兵為兩廣的開發作出了不可磨滅的貢獻。

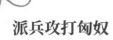

派兵攻打匈奴

西元前 221 年，曾經在戰國末期叱咤風雲的齊、楚、燕、韓、趙、魏等關東六國，在秦國軍隊為期 15 年的征討中全部滅亡。中原大地上持續幾百年的割據混亂局面宣告結束，中國第一個統一的封建專制中央集權的國家——大秦帝國誕生了。

到此，北至長城，南到長江南岸，東至東海、黃海，西到巴蜀，盡入大秦帝國的版圖。大秦帝國的締造者秦始皇所建立的輝煌偉業，正如他自己所誇耀的那樣：「德逾三皇，功蓋五帝。」

可是，在秦始皇剛剛統一中國之後，在中國北部仍有許多少數民族過著閒散的遊牧生活，這便是北方的匈奴。他們在某種意義上來說，對秦國造成了很大威脅，這些民族長期以來與秦國的關係一直是十分緊張的。而在這些北方民族中最有影響、最能打仗的要數匈奴了。

匈奴長期以來活動於南達陰山，北至貝加爾湖之間，成為北方一個強大的遊牧民族。戰國時期，居住在中國北部的匈奴，已經進入奴隸制社會。奴隸主貴族利用騎兵行動迅速的優勢，經常深入中原，對以農業為主的內地各族進行襲擾和掠奪。

因此，在當時秦、趙、燕與匈奴為鄰，經常會發生戰爭。由於各國忙於內戰，各國都沒有精力對付北邊的匈奴人，一般對匈奴都採取守勢，在北邊修長城並派軍隊戍守。而匈奴人乘機南下，重新占領了北部邊郡的許多地方，並以河南地為據點，這樣勢必對剛剛建立的秦王朝具有相當大的威脅力。

這種威脅力，對雄心勃勃、意氣風發的鐵血人物秦始皇以及整個秦帝國而言都是無法避而不見的，要想保持帝國的強大和牢固，就必須對外來的威

脅力量進行打擊。於是，大秦帝國對匈奴的征伐也就不可避免地發生了。

　　自此，秦始皇對匈奴用兵作了兩手準備，他任命蒙恬為主帥，率兵駐守上郡，長期經營北部邊防，保守秦都咸陽的安全。從此，蒙恬開始了 10 多年的守邊疆生活，他對北部的山川地形也作了深入的了解，為日後反擊匈奴的行動作好了準備。

　　蒙恬是齊國人，他出身名將世家，他的祖父蒙驁、父親蒙武都是秦國名將，因此，從小他就深受家庭環境的影響，自幼胸懷大志。西元前 221 年，蒙恬率領秦軍，拿下了六國中最後一個國家，那就是齊國，實現了秦橫掃六國的夢想。

　　蒙恬因破齊有功被拜為內史，他的弟弟蒙毅也位至上卿。蒙氏兄弟深得秦始皇的信任，蒙恬擔任外事，蒙毅常為內謀，當時號稱「忠信」。其他諸將都不敢與他們爭寵。

　　秦始皇三十二年，也就是西元前 215 年，秦始皇巡視北方邊境。龐大的隊伍北巡行進 1000 多里，很快便到了燕國的故都薊城，軍隊在那裡休息了幾日，又馬不停蹄地往正東走了 300 餘里，到了後來的河北昌黎地區之北的碣石山，在碣石山上觀賞了一番山野迷人的風光。接著，便去了海邊，欣賞了一回大海的波瀾壯闊和海鷗展翅飛翔的景象。

　　後來，秦始皇一行隊伍便順著海岸往北走，走了四五十里，便到了後來的秦皇島地區。夜幕降臨之前，秦始皇命 3 萬隨從者都駐紮到海岸巖石之地，他對李斯說道：「朕想在這個地方多駐留一段時間，仔細觀察一番大海，看是否能夠渡過去！」

　　李斯回答說：「陛下一定是疲勞了，應當歇息幾天，然後再做打算吧！」於是，他們便在此駐留下來。

　　第二天清晨，秦始皇便和丞相議定，儘量多蒐集一些民間的船隻，以備

派兵攻打匈奴

下海之用。於是，秦始皇立刻命令將軍馮劫快速蒐羅民船。結果馮劫在一天之內，竟然就蒐羅到民船 200 隻。後來，馮劫、李斯二人又定下下海的人數，然後報給秦始皇。秦始皇高興地批了一個「准」字。

第二天，秦始皇及 20 多個文武朝官乘坐上了船，向東駛進，當船行 20 多里的時候，已經看不見西岸的巖石和小山頭了，人們大吃一驚。再繼續前行 10 多里時，突然海上狂風大作，波浪翻滾，船隻也隨著搖擺不定。

李斯、馮劫等人頓時感到了驚慌，於是趕忙向秦始皇進諫：不能再前行。秦始皇看到眼前的情景便立即下旨：「回程！」大約過了 3 個時辰之後，船終於重回了岸邊，可是當清點人、物時，竟然少了七八隻船，人也少了 100 多。秦始皇上了岸，回頭看見海中大風掀起一個大水柱，有 10 多丈高，往岸邊直撲而來，千人萬馬都驚叫起來，真可謂是人悲馬叫。

這颶風一刮就是 3 天 3 夜，秦始皇哪裡還有心情再次下海，便下詔：「不再赴海中。」正在這時，到海中求神訪仙的盧生、石生等二三十個方士從瑯琊臺上岸，聽說秦始皇在渤海巡幸，便來叩見秦始皇。

秦始皇看見盧生、石生等人便問他們：「你們一去數月，是否見過仙人呢？」

盧生趕緊跪下來回答秦始皇，他說：「陛下，臣等奉欽命入海，東行 1000 餘里，經過百十小島，都沒有仙人，但有人居住，他們不知道朝廷事，那些人不種五穀，但食桃、杏、梨、李……男女都活百餘歲，問他們不死藥事，他們卻都不知道，只聽得他們說，他們壽命較長是和當地的水土有關。

「後來，我們又繼續向東行了 1000 餘里，到了一個名叫捉月山的仙人島，那個島大約高有千丈，是仙人所居住的地方，山上還有很多巖石、古洞。因此，我們便在這個地方細細訪問了 10 天，並且遇到了仙人的 3 個徒弟，他們說，他們的師傅早就已經升空而去，不知什麼時候才會回來。

「後來，其中的一個徒弟，年紀大約有十七八歲的樣子，面如玉，俊美超凡，叫做『溫良』，他把我們二三十個人領到一個古洞中對我們說，他們的師父在升天時曾經說過，後一年有大秦皇帝派人來這裡，其天命早就已經刻在石頭上了。果真，我們看見了一個青石如玉細，上面刻著斗大的 5 個字，即『亡秦者胡也』，臣等按原路返回，即駕舟又經一個月方從瑯琊處上岸，又隨附致此，特詳奏於陛下！」

說完，盧生趕緊把記錄在一塊大帛上的「亡秦者胡也」的字樣呈給秦始皇過目，秦始皇細細看過之後，半天都沒有說話……盧生、石生等人一直跪了半個時辰，然後秦始皇擺了擺手，讓他們退了下去。這時，盧生、石生等方士早就已經嚇得渾身大汗淋漓，生怕丟了小命。

第二天，秦始皇單獨召見了盧生和石生二人，對他們說道：「你二人去告訴同你們下海的人，如果要是將大書圖錄 5 個字說出去，我就要對他們處以礫刑，夷三族！你們即日南行，回到瑯琊下海，給你們 3 年的時間，必須給我取回長生不老之藥！」

盧生、石生聽完之後，嚇出了一身冷汗，便立刻慌慌張張地按照秦始皇的話，駕船入海，也不管狂風惡浪，到處去尋不死藥。

不久之後，秦始皇和李斯出燕國之故城薊地東來時，發現當年燕國為了防備匈奴、齊國等地軍事入侵，修建了很多的土城和渠道，土城妨礙修馳道交通，渠道中有水，上築堤防，不但阻行人，而且占地廣。

於是，秦始皇和李斯一起商議，一聲詔令，連軍帶民，一齊動手，破毀了原有的那些土城牆，填平掘通了那些渠道，一來可以擴大耕田面積，二來防止反逆者據為存身之地。

後來，秦始皇便密傳李斯，把那塊「亡秦者胡也」的大帛拿給李斯看，然後問李斯：「依你所見，你看這個會不會是盧生等人偽造出來的呢？」

派兵攻打匈奴

李斯回答道：「依臣所見，不是偽造。既偽造，怎麼會知道是個『胡』字呢？這個胡，是姓胡的胡，還是胡國的胡呢？」

秦始皇又問李斯：「有胡國嗎？」

李斯接著回答說：「胡姓原本是出於媯姓，是舜的後裔，有個胡公滿，也沒封過邦國。戈、戟頭上的叉子也叫胡，是說戰爭嗎？也不是。牛的頸下、狼的頷下肉都叫胡，這能證明什麼呢？再者，北邊之匈奴等部落族，統稱『胡』，雖然不是國號，但也是屬於部族的代稱！是不是指的是他們呢？」

秦始皇聽完之後瞬間便領悟說道：「一定是這個胡了！現在匈奴屢屢犯邊，擄掠我方的牛羊、子女、珍寶、糧食、衣服，早已經形成了很大的禍患，只是朕還沒有顧及得過來，這明明就是上天的旨意，要防備匈奴的入侵。如今朕擁有雄兵百萬，不滅此胡，朕的心怎麼能夠安慰呢？」

這時李斯回答說：「陛下聖明，一定是這個意思了。」

於是，秦始皇便旨命馮劫、蒙毅到中央大帳中密議了一陣，最後秦始皇把手一揮道：「朕意已決，向匈奴開戰！」

然後，秦始皇對眾臣說：「自從我統一六國之後，邊防並不安寧，南有百越，北有匈奴。現在我們的大軍已以排山倒海之勢攻占了南方，各百越部落已失去了獨立生存的能力，基本上都向我們投降了，這是一件可喜可賀的大事。但我們的北部並不安寧，匈奴時常在我邊境進行挑釁，生活在那裡的邊民根本沒有一個和平的環境來從事生產。過去我曾提議向北方發兵，打算與南方的戰事同時進行，但你們中的一些人認為時機還沒到，我也認為這有一定的道理。而現在我認為時機已到，應當立即著手向北方用兵，爭取儘早將那裡的匈奴消滅乾淨，現在你們也討論一下，看看派誰去征討匈奴最適合。」

這時，群臣開始紛紛議論，都認為這次北伐匈奴事關重大，因此各方面都應該小心翼翼，不能草草就下結論，所以，一時間沒人能向秦始皇舉薦合

適的統帥。

這時，秦始皇笑著對群臣說：「北方的匈奴能征善戰，長於騎術，工於射箭，長期以來都是靠掠奪而生存，我們不能輕視他們。因此我提議委派大將軍蒙恬出任北伐軍的統帥，他過去在北方打過不少漂亮的仗，和匈奴也算間接打過交道，是再合適不過的了，你們意下如何？」

群臣聽到是蒙恬將軍，都很興奮，認為在這個時候派蒙恬統帥是最穩妥的選擇。

接著，秦始皇又問李斯：「你認為這場戰爭什麼時候才能結束？」

李斯說：「讓蒙恬統兵是英明之舉，但是，臣認為對匈奴仍然要按照老祖先的那種方法，重在防守，不宜深入其腹地強攻。」

秦始皇說：「這次北伐匈奴要發揮兩個作用，一是要給北方所有少數民族以沉重打擊，二是要將河南境內的匈奴全部趕出去。」

李斯說：「匈奴趕走了還會來，這個問題要徹底解決。」

秦始皇回答說：「這個問題我是有考慮的。」

不久，秦始皇回咸陽，蒙恬便在旬月之間從故趙、燕、韓、魏、齊等地調集了 30 萬騎兵，訓練 3 個月之後，軍旗便直指匈奴！自此，秦國討伐匈奴的戰爭就拉開了序幕。

蒙恬練兵 3 個月，如箭在弦上，引而未發。尤其騎兵，絕不如匈奴兵士。但是蒙恬這次卻精選了原七國的百戰之士，可謂人人都是菁英。事實上，蒙恬引而不發自有他的道理。他裝出只守長城不會北征的樣子，用此策而麻痺敵方，使匈奴懈於防備。

30 萬騎兵在長城之內，日日苦練戰技，要超過匈奴兵士；又加以驅逐匈奴的保國、保民的大義鞭策，士氣便旺盛起來。

秦始皇三十三年，也就是西元前 214 年二月，蒙恬接到秦始皇兩次督旨，

派兵攻打匈奴

皆回奏「陛下宜待，非不開戰，開戰必大勝方可，臣待去北方偵探之人，抑天寒甚切，於我不利」。因為秦始皇完全信任他，因此，便不再催促他。

三十三年三月底，匈奴單于頭曼的太子冒頓率 10 萬騎兵，號稱 30 萬，繞道陰山背後，南趨九原，趁黃河封凍，一舉渡河成功，直奔長城。蒙恬多年未戰，他能勝得了這些天之驕子嗎？

匈奴 10 萬大軍分成 5 路，左賢王一路，右賢王一路，左谷鹿王一路，右谷鹿王一路，冒頓太子是當中的一路，每路 2 萬騎兵。騎兵過處，黃沙踐成細粉，衰草變為碎末。

在一片人叫馬嘶聲中，自黃河南岸馳驅南來 300 餘里的匈奴兵，離長城還有 10 多里了，冒頓下令：「安營！」於是眾多騎兵都收住馬，黃塵向東方慢慢散去。

馱糧草的駱駝隊如大牆一樣，一牆一牆地開過來。由於是急行軍，駱駝的頭部全被銀霜罩住。接著，一隊又一隊的駱駝跪伏下去，匈奴士兵急急卸下糧草，扯起帳篷，派出偵探騎兵。

年近 30 歲的冒頓，生得赤紅色的臉頰、細眼、濃眉、鼻端口正，身體健壯，身上披著一件紫貂裘，內罩黃金甲，手按劍把，坐於大帳中央。帳中聚了七八十員匈奴的將軍，等候冒頓的調遣。帳外吹了三陣號角，軍營中肅靜起來。

冒頓說道：「蒙恬在長城上帶軍有年，我軍和他多次接觸，皆未勝他。此次，聽說他聚兵 30 萬，謊言也，有眾不過 10 萬。秦始皇忙於修宮殿、陵墓，征役 200 萬，他還有這麼多軍隊嗎？南人不慣騎戰、野戰，雖也是騎兵，3 人不抵我一人。但是用兵要以智勝。我們先派 1 萬軍，明日衝入長城，試試他的力量，大軍做接應，打他一個夾棍戰，只要勝了他第一陣，以後便好辦了。」

眾將應聲回答道：「太子之策甚是，先試他一陣，便於再次量力而毀滅之！」

冒頓於是命令右賢王明日領騎兵1萬，須一舉衝入長城，殲滅秦國的守備之軍。

蒙恬早已探得冒頓風塵僕僕地來了，但他按兵未動。他對馮劫道：「匈奴屢次侵入長城，已成慣技。此次他軍隊到時，我只按兵不動，他急切要戰，必先犯我。我軍在殺虎口東西分別伏軍4萬，待他衝入後，圍擊之！大將軍帶4萬軍伏於長城缺口兩旁，痛擊其救應軍，吾自後帶大軍往北，克其先入長城軍後，速向北推進！」

馮劫大將軍說：「好啊！」

匈奴將軍右賢王年方20歲，雖長得細皮嫩肉，可力能舉牛，武藝非凡，13歲起便馳騁疆場，建功頗多。那日清晨，他提著長矛，穿戴好盔甲，騎著千里鐵青雪花駒，帶1萬匈奴騎兵，一齊叫著「殺」，攻入了長城！

右賢王1萬軍馬急馳了20多里，也沒見著秦軍，「是不是有埋伏？」右賢王不是沒有想過，但是萬騎雷動，怎好制止。又前行了10里，他才下令，把1萬軍止住，止住後，戰馬悲鳴起來，大事不好了！戰馬的預感比人要來得快。鐵騎人苦戰開始了！

喊殺之聲震天動地。匈奴軍的戰馬都就地打起旋轉來。秦國騎兵黑色的軍旗已經衝入匈奴軍的陣中，鬼跳八方，神驚四道。右賢王縱馬殺入秦軍之中，一起手就將3個騎士挑落下馬，兩軍遇，刀矛交叉，放出十里方圓內的銀色光輝；戰馬如鼠竄貓跳，群影綽約，左旋，右轉，前躍，後退。

秦軍西路2萬騎兵的帶軍將軍由無前，乃秦相由余之後代，也正年方20，官裨將軍，最為秦始皇所愛惜。由無前，虎面重頤，粗壯雄悍，使一桿沉重的大長戈，渾身扣著銅甲，騎著黑色長鬃馬，直入匈奴軍中，一連挑翻

派兵攻打匈奴

10 多個匈奴將士，匈奴騎兵大駭讓道。他直衝到右賢王的軍旗前，使右賢王吃了一驚。

秦軍 4 萬騎兵排山倒海般衝過來，形成一個兩頭窄、當中寬的包圍圈，把 1 萬匈奴騎兵夾在當中，穿亂攪撓地轟殺、夾殺、圍殺、繞殺、拚殺。10 里之內，天搖地動，狐兔出巢。

弓鳴陣陣，似隱雷擠到山坡，發出嗡嗡哼哼的聲音；第一陣弓鳴過後，傷亡的人就如廚娘往鍋中倒餃子，紛紛地撲下戰馬。

右賢王掣著長矛，和由無前將軍相遇了，兩個人於亂軍之中交手，矛戈飛揚，帶著一簇簇冷風楦轉，使雙方將士不得不給他二人讓出場地，由他們二人盡興廝殺。長矛、長戈，散成一團團的霞光，攢銀照紫，閃忽在萬目之前，足足鬥有 70 餘合，分不出強弱。

大將軍馮劫的 4 萬人馬，埋伏在和右賢王遭遇人馬之北 20 里。右賢王的人馬向南過去後，馮劫密傳軍令，東、西兩支人馬都悄悄地從山谷、密林間開出，橫縶在殺虎口中間地帶，4 萬人馬分八橫陳，間隔 20 丈，矛在肩上，馬在座下。

後來，南方戰場塵土飛揚，探子來報：「我軍已和右賢王軍遭遇，戰事甚急！」馮劫聽了點點頭，手挽韁繩，再不言語。右賢王走後的一個時辰，冒頓下令他的 9 萬人馬向南開進，均不得出聲，9 萬騎兵也都是悄悄地走，他的目的也是偷襲秦軍後背。

還有 10 多里地，就到殺虎口。冒頓行至中途，便遙遙望見南方塵煙滾滾，並隱隱聽見鼓聲激越奔流。他知道，右賢王一定是和秦軍進入了決戰。於是便下令，9 萬人馬加快步伐，但仍然不得出聲。

可是前方軍剛到殺虎口大缺口處，前軍探馬紛紛來報：「前方有秦軍大陣，約四五萬人馬！」

冒頓帶領一干彪兵悍將，旗幟飄搖地到軍前來看。只見旌旗如林，兵列如嶺，卻是一聲不響。冒頓派出左賢王，帶 8 個飛騎兵到秦陣前火線偵察。30 多歲的左賢王，圓臉，虎腮，金剛一般。騎棗騮駒，手持兩條短矛，如閃電一晃，帶 8 個飛騎離隊而去。

　　左賢王等 9 個勇士在兩軍之間跑了兩個來回，最後直衝秦軍陣門。秦軍還是一動不動，一聲不響，卻見門旗一閃，也飛出 9 個勇士，直向左賢王等 9 人衝去。9 匹黑馬，飛縱如斑豹捉麋，一縱一丈多遠，馬肚皮離地不過 2 尺高下。

　　秦軍的頭將，名世豪俊，官裨將軍，30 餘歲，魁偉，俊麗，一身金盔金甲，手持開山斧。雙方 18 將士，如兩支硬箭，碰撞在一起，發出喊聲。18 條軍刃如飛梭穿亂，舞蛇盤旋。

　　左賢王戰世豪俊，世豪俊力大無窮，七八斧過後，震得左賢王的兩個虎口發麻。已有兩個匈奴人落下馬去，也有兩個秦國將士落下馬去。

　　左賢王 10 多個回合戰不過世豪俊，躍馬先走。還有 6 個匈奴將士，也都撥馬跳出圈子，有 4 個匈奴將士在馬身上探下身去，兩個人架一個，把兩個匈奴的戰亡者架走。後邊的兩個匈奴將士做護衛，6 匹馬飛向北方陣門。

　　左賢王並不甘失敗，他回馬 20 餘丈，拈弓搭箭，向世豪俊射來，世豪俊一提馬，箭中馬頂門，那馬帶箭還往前飛縱。世豪俊早已取下小銅矛用力投過去，正中匈奴後邊兩個護衛騎士當中的一個，插入其後心栽下了馬。

　　當世豪俊再取第二支小銅矛時，左賢王又一箭射中了世豪俊銅盔頂，「嗆」的一聲，箭向世豪俊後方落去。左賢王帶回馬，一共 6 人回到冒頓的馬前。世豪俊是 7 個人回到馮劫的大旗下。

　　匈奴人死了 3 人，秦軍死了一個，傷了一個，各自抬回去了。沒有響鼓，沒有鳴鑼，就那麼在 14 萬軍前，各逞威能，試探地一鬥！兩軍之間空出的 200 餘步，登時又如魔宮一樣擺放在 14 萬人前。

派兵攻打匈奴

冒頓瞧不起秦軍將士，一定要較量一下，他很自負，沒有和任何將士商議。他向全軍下令，他帶著長矛嘶叫：「全軍衝鋒，嗬嗬……」他自己縱馬先衝上去。後面的將士，先是「嗬嗬……」聲，其後便如數千崖瀑布墜下的聲音了。

匈奴人衝鋒也喊「殺」，但出音不是殺字，是匈奴語「嗬嗬……」9萬人馬，除了押送糧草的將士還在老營駐紮外，所有的匈奴兵分成18隊向馮劫的陣地如大浪一般澎湃洶湧地捲了過去。

馮劫令將士們不要輕舉妄動，當匈奴兵衝到距離自己三四十步時，秦軍陣上，萬箭齊發。衝在前面的匈奴兵像風颳樹葉一般紛紛落下馬去。冒頓太子的馬被射中兩次，換了兩次馬，依然下令：「給我包圍秦軍！」

可是秦軍如圓扇形展開一點也不慌亂，雙方進行了你死我活的苦戰。冒頓太子衝入秦軍中央，左右有百員悍將為輔，所到之處，秦軍將士忽忽地後退。但是世豪俊掄動開山斧又衝了上來，帶著風聲，和左右將校抵住了冒頓中軍一夥兒。

冒頓太子挺著長戈，專戰世豪俊，世豪俊接住，兩個人如屬雷駭電般狂戰，直鬥了80回合，未見高下。忽然，40多歲的秦國百戰練將、大將軍馮劫帶百員彪豹之中軍將領殺到。馮劫臉如重棗，身軀偉悍，手使長戈，連挑七八十匈奴將士落馬，他的坐騎都被人血染成了紅色。

他趁世豪俊和冒頓決鬥之際，拉開銅胎鐵把弓，搭上長羽雕領箭，一箭射去，正中冒頓的左肩，冒頓仰身落馬。世豪俊揮動開山大斧，一斧劈中馬頭，那馬又跑了數丈，倒地而斃。

冒頓早被匈奴將士架走。接著，匈奴軍如雲壘一樣來圍攻馮劫，秦軍亦如堵牆一般擋住。冒頓受了箭傷之後，被一大堆的匈奴軍護住，隨軍醫生忙給他拔箭、敷藥、包紮。

包紮好以後，他又帶傷指揮匈奴軍包圍秦軍，兩軍屍橫遍野，傷亡慘

重。冒頓中箭之事很快在匈奴軍中傳開，人心搖動。這叫馮劫射一箭，勝過5萬兵！

忽然左賢王殺得如血人一般衝到太子冒頓馬前，先問了傷勢，爾後道：「太子，秦軍在南邊戰場上必然得手，恐他還有援軍衝過來。不如且退到百里之北安營，度勢再戰！」

冒頓道：「秦軍只是這些，戰到黑夜，便毀傷殆盡了！發我命令，再次衝鋒。」

「嗬嗬……」彎刀如雪，短矛似柴，匈奴軍從四面八方再次向秦軍衝過來，馮劫一方局勢頓顯不妙。但是戰場上的秦軍，大多是從掃平六國的軍中調來的精兵強將。

他們明知主帥蒙恬之軍不久就到，為此奮勇苦戰，無一退後者，每一次包圍、衝突，都使匈奴軍付出更大的代價。然而，4萬人已去其一了。戰場上塵沙翻滾，山裂水漲，鼓破旗折，伏屍枕藉。

在南邊戰場上，已進行了約3個時辰的戰鬥。秦軍以4萬對1萬，就算匈奴軍都是菁英也無取勝之理，哪裡還敢做燒殺搶掠「香車美女」滿載而歸的美夢。

匈奴軍也想向北突圍，但是蒙恬指揮8萬軍隊先攔住了北方，使匈奴軍無一幸逃者。戰到午後，匈奴軍還剩下不足2,000人。蒙恬指揮8萬伏兵齊上，全殲了匈奴軍。

右賢王和由無前戰到200餘回合時就想突圍逃跑，可是被由無前等秦將纏住。待右賢王的將佐被全殲時，右賢王終於跳馬飛出數丈，由無前正要用箭射他，這位勇悍的右賢王用矛頭戳斷自己的咽喉，墜馬亡身。這叫風掃流雲，一過而淨。

蒙恬下令後備給養軍打掃戰場，收拾所得甲仗、馬匹，計點傷亡。人死

派兵攻打匈奴

得太多了，沒法兒掩埋，都抬向殺虎口的深溝中，分開秦軍、匈奴軍。匈奴軍不管將還是兵，一律放在崖上蓋住。

秦軍陣亡將士待驗明身分，登記入冊後再行安葬。死馬都變成鍋中物，活馬是寶貝，從山林裡、村莊裡、荒原裡都找回來，讓它們馱上秦軍將士，再上戰場。

太陽就要下山了，天氣陰冷起來。前些日子，黃河北下大雪，而過了黃河，雪就漸漸小了，到殺虎口地區，也就沒有雪了。雖然沒有雪，北方吹來的冷氣也讓人感到冷得難受。天一冷，所有戰亡人的死屍都凍僵了，一眼望去，使人痛心不已。

蒙恬大將軍、30萬騎兵的統帥，就在這太陽欲落未落的時候，向他的20多萬軍將下令：「衝出殺虎口，全殲包圍馮大將軍之匈奴軍全部！」在這之前，他連連接到馮劫和冒頓戰場情況的飛報，他知道，馮大將軍快抵擋不住了。

20多萬英勇將士分成8隊，敲著激越的鼓點，舉著獵獵的旌旗向北衝進。在殺虎口包圍匈奴軍的秦軍，已奉命休整。20多萬生力軍，躍躍欲試，把矛桿伸得長長的，把戰馬餵得飽飽的。蒙恬在驅軍之前，已下令給養軍打掃戰場之後，繼續向北，不誤供應。

包圍右賢王之部的秦軍，要護持給養以行，再後邊，還有推車、擔筐的土軍、百姓，這仗不是幾天可以完的，也不是近期可以完的。蒙恬早就向全軍密令：「衝過黃河，奪回九原地區，繞向陰山背後，趕匈奴於化外去！」

日頭還沒有完全落下去的時候，殺虎口以南塵土遮天蔽日，鼓聲震耳欲聾，連大地也被震得抖動起來。馮劫大喜，連叫：「我大軍已到，突圍！」於是四麵包圍圈中的秦軍將士又向匈奴軍猛衝，一時間，又戰得天昏地暗！

蒙恬所統領的20多萬騎兵，如同滿天翻滾的驚雷，追隨號令，鼓動乾坤

般壓了過來。10 里方圓內，征衣如一片黑海，翻騰噴射，趁著颶風撞沈了萬層海邊的巨巖！

冒頓與左賢王正在商議退兵之際，隱隱聽到南方鼓響，接著便見南方天空上出現了漫漫塵土。接著，幾千隻寒鴉，呱呱叫著，從南往北，順低空飛來，這明明是秦國的大隊軍馬殺到，因為如果是右賢王回來，定有飛騎先來報信。

接著，秦國四面被圍的軍將發起了困虎出籠般地突圍。尤其是秦國裨將世豪俊，他已經輾轉苦鬥了一天，十幾齣，十幾進，但是自始至終都毫不懈怠。

這一次突圍，他最先衝出陣外，趕殺匈奴將軍，如鷹鶻之入雀陣，一時之間，雀兒啾啾地叫著，分頭而去。太子冒頓急忙下令：「穩退，北去，不要衝動我方老營！」此令卜達之後，六七萬匈奴軍如春冰之解，板塊陸離，漂洋東去。

秦兵 20 多萬，如春日吹沙的黑風，遮雲蔽日地來到了，有的隊伍中舉起了熊熊的火把，分明是早準備好了夜戰。1 萬，2 萬，3 萬，4 萬，5 萬。當說到 5 萬時，匈奴人的馬頭都已朝北了。

冒頓的中軍，最先逃走，在離老營的 20 多里，一衝就到，給養軍被自家的人衝翻了，只好一齊上馬跟著跑，也有 1 萬多屍體扔在了殺虎口，秦軍大敗了匈奴軍。而就在冒頓浴血奮戰之時，其父單于頭曼卻正在草原上打獵，根本不考慮匈奴將士的生死存亡。

蒙恬使用接力戰法，徹底擊敗了冒頓太子的 10 萬大軍。之後秦軍鋪天蓋地地向北追擊。一日半後，冒頓只帶 1 萬多殘騎跑過冰封的黃河，逃命去了。

蒙恬擊死、擊傷、擊降五六萬匈奴軍之後，不作休歇，也直渡黃河，轟轟烈烈地率 20 多萬軍隊紮到九原之北陰山腳下。後方的給養供應軍也陸續

派兵攻打匈奴

趕到，蒙恬命令運送給養的 10 多萬將士、百姓也要隨軍渡過黃河，準備再次北進。

可是單于頭曼也並不是個愚主，他雖晚到戰場半個月，但他於路上又召集了許多部落人馬。為此匈奴軍後部由六七萬人擴大到 15 萬人，連帶冒頓帶回的殘兵敗將，又有十六七萬將士了。

這樣，匈奴軍威又為之重新振作起來。冒頓逃歸，見了單于頭曼，父子兩個沒有什麼可說的。冒頓打敗了，應該治罪；但是父親來晚了，也不能不引咎！

匈奴的將領們公議：「各自罷休，提兵再戰，報復前仇！」於是單于頭曼帶領 16 萬多騎兵紮在九原之東，距離蒙恬的營地 40 餘里。但是這次，他不敢像冒頓那樣冒進了，只是先對峙著。包括右賢王在內的將士共有 7 萬多人陣亡，單于頭曼開祭、哀悼、撫卹。

蒙恬見單于頭曼不再進犯，只是紮營守寨，以備久戰，也不先犯他。時令已是秦始皇三十三年四月了，天氣漸漸暖和起來，蒙恬深恐匈奴軍在陰山之中有大軍埋伏，便天天出老營到陰山山谷中視察地形。

一天夜裡，月兒高高地掛在頭頂，群山起伏，猶如橫陳豎臥而酣睡的一些巨人。蒙恬這一日帶 100 個親兵、親將早出晚歸。共工近也在其內。他們走到一座小山頭下，看見那座小山雖不高，卻拔地而起，四面是懸崖，只有一條路可上。

蒙恬等人把馬都拴在小山下的榆林中，爬上那座小山賞月。蒙恬坐在小山頂一塊大石頭上說：「此山雖小，卻這樣孤險秀麗，本將軍坐的這塊石頭，也不亞於泰山之石呢！」

就在這個時候，聽見小山下有馬嘶聲音。蒙恬等人先前還以為是老營來了接應軍隊。後來發現，原來是有 1,000 多匈奴軍把小山嚴嚴地圍住。蒙恬

等人頓時魂飛天外，不知所措。

匈奴軍飛騎兵 1,000 多人，收了蒙恬等人的 100 匹戰馬，形成了一個圈子陣，死死地困住了這座寶貝小山！蒙恬大將軍被人困住後，好長時間沒有說話，將士們也都驚呆了。

這時有位將領說：「大將軍勿憂，我們只要把住唯一一條路的出口，他們上不來，馮大將軍定會派人來。如果他們射箭，我們就藏在巖石後面。」

蒙恬又說道：「我和馮大將軍議下，子時不回，他派人來接我，如今時辰已到。如果他們還有後繼騎兵，那就壞了。」

說著，1,000 多匈奴騎兵開始向小山頂上放箭，蒙恬等人忙躲在巖石後面。山雖小，也有幾百步遠，箭雖快，卻達不到目標。匈奴兵很機警，他們聲兒也不喊，連馬也不叫喚。

後來，匈奴兵都悄悄地找路，但只有山南一條嵯嵯峨峨的路，其他處儘是斷崖。一條小路，是砍柴的人踩的，他們年年到這個小山頂上祭祖、祭天。

射完了箭，匈奴兵像一串螞蟻似的從小路爬上來，都舉著彎刀，彎刀在月色的照映下，放出銀光。共工近帶領幾人到了山頭的頂端，把住兩塊高大巖石中間的一隙空子，就像是一個門口兒，為此，共工近叫它「石口」。頂頭的一個匈奴兵「噓啾」了幾聲，又喊話：「下來，不下來就放火燒山了！」

匈奴兵說的是匈奴語，共工近聽著一句也弄不清是什麼意思。匈奴兵又喊了幾聲，共工近扯開他那天下第一粗嗓子叫道：「我要請你吃大饅頭呢，一個 200 斤沉！」

說完他舉起一塊大石頭扔下去。那塊石頭滾了下去，一下子砸倒一串子三四個人，他們都趴到小路上不做聲了。後面的匈奴人不等共工近再扔石頭，都跑到了石口外，第一個人伸出彎刀刺去，正攮到共工近的胸脯子上，

派兵攻打匈奴

但沒刺進去，那個匈奴人吃了一驚，共工近順手一劍就把他給劈開了，他往後一倒，把第二個人也砸倒了。

那條小路，只能容一個人往上走，是在斷崖上人工劈出來的一個石夾縫子，石夾縫子兩沿兒都有秦軍埋伏著。就說走一個人吧！還像上碾軲轆一般，陡得嚇人。

匈奴兵傷了3個，死了1個，後面的人也都叫了起來。此時石口上換了個人，共工近躲了起來。前頭的匈奴軍叫：「射箭！」後邊的一個匈奴軍拈弓就是一箭，正對準秦兵面門，箭卻落在了地上。

其實，是故意讓他射的，卻射不進去！射箭的匈奴軍大罵：「什麼狗娘養的，為何射不進去？我看得分明呀！」

又一個匈奴軍道：「我們是月虧缺則退兵，月壯滿則攻戰，這麼好的月光，能射錯嗎？」

就在說話之間，共工近帶精兵一人仗一把劍殺了下來！匈奴軍和他們接仗。兩個人都運足內功，你用刀砍他不入，他殺你只在一閃忽間。他們連連劈倒了5個匈奴軍，後邊的匈奴軍退下小山石夾縫。共工近在黑影中隱住身子，匈奴軍再不敢靠近，但也不退，這就很危險了。

蒙恬怕匈奴軍萬一從旁處爬上來，便叫百十人伏在小山四周巖石後，下令：「若上來，便早早地挑他下去，等待救應。」

但是他很著急，在巖石平板上來回走，他想：「如若救應找不著我們，只能跳斷崖盡節了。」他不住地仰頭看月色，計算也到了醜時了。幸虧兩個護衛兵士守石夾縫守得住，否則，匈奴軍人頂人地也早攻上來了。

果然，匈奴兵又攻了兩次石夾縫，都沒得手，又死了幾個人。後來他們不攻了，在山下放起大火來，把草木引燃，飛煙沖空而起。他們一放火，蒙恬一喜一憂。一喜者，自方救應軍看見煙火，必來；一憂者，匈奴軍看見煙火，也會來。

果然，火起時間不長，馮劫統領 3000 騎兵從谷外殺到小山下，橫擊匈奴軍，匈奴軍退去，蒙恬等人下了小山和馮劫會合。馮劫道：「大將軍子時不回，我知有大事，故統 3000 眾來巡山，但找不著，看見煙火，我離此只有幾裡遠近了，所以及時殺到。」

　　蒙恬說了受困經過，爾後道：「此難，我之輕忽罪也。幸虧護衛共工近守住石口、夾縫，才得堅持了一個時辰！」

　　正說間，大隊匈奴騎兵也殺到。蒙恬不令一人接仗，只是悄悄退走。匈奴卻勒住馬觀望多時，深恐山谷之中有埋伏，不去追趕。後來他們知道了困住的人是蒙恬時，急得單于頭曼滿頭大汗，連稱「可惜」。冒頓用彎刀砍倒一片凍柳，大叫：「天不佑我！」

　　蒙恬回營休息了一日，重賞了共工近。共工近，因為人生得又高又粗又醜，像一隻大癩蛤蟆，雙肩拱著像翅膀一般，人們都瞧不起他。但自小山一戰，人們傳開他「刀槍不入」，再走到營中，人們側目以視了。也有的小卒問他：「總是刀槍不入嗎？」

　　共工近回答說：「什麼時候也一樣。」但他那是說謊，有些大將知道後說：「他不運足內功時，和平常人一樣。」蒙恬在回營的當夜便派出 3 萬騎兵直向西開去，同時又和馮劫議好，調整了自己一方運糧的道路。蒙恬的 3 萬人馬向西，匈奴偵探報給了頭曼，頭曼聽了問諸將：「他兩三萬人馬為何向西？」大家議了一陣兒，都說：「他防我從陰山背後來襲他，故弄玄虛耳！」

　　太子冒頓道：「他的軍隊人數不到 26 萬了，再去掉給養軍，也只有 20 萬多一點兒，這樣便和我兵力相差不多；又去了二三萬，和我相等了，何不進行野地一戰？」

　　左谷鹿王道：「蒙恬的給養軍從黃河冰上來，大大方方的，似無恐懼。我何不傾營而出，搶他糧草以繼我，爾後背水列陣和他一戰？」

派兵攻打匈奴

頭曼點頭大笑道：「這個計謀好啊。」

事不宜遲，次日天剛亮，頭曼親帶 14 萬大軍，直向黃河方向撲去搶糧，實際是斷絕蒙恬之軍的糧道。頭曼老營只剩二三萬人，但是旗幟不減，好似還紮以重兵。

頭曼的大軍如螞蟻求雨一樣，黑壓壓地壓向黃河北灘，10 里多地，如群鴉落樹，一哄而到！此時，蒙恬的給養軍正運來大批的糧食，連車帶馬擺在黃河灘上 10 多里地長。

給養軍、百姓在望見騎兵踏起的塵埃時，都早已順黃河北岸向西逃去，故意將千石之米扔給了匈奴軍。人家扔了，咱們就搶！什麼搶，那是拿，好似從自家囤裡往甕裡撮米一樣，沒人敢擋。

可惜，東西是不少，都讓人家把美好的拿走了。瘦馬、殘驢、破車、漏袋。袋子是不少，用粗麻布縫的，打開一袋，裡邊裝的是沙土，又打開一袋，裡邊裝的是樹葉，又打開一袋，裡邊裝的是馬糞。

沒有一個袋子裝的是糧食，這一當上得可不小，整個黃河灘上儘是這些不值幾個錢的東西。再說，也沒有秦軍運糧了，黃河冰上，空無一人，運這些破爛的秦軍、百姓也都跑光了。

這分明就是那個蒙恬大將軍使的心計。心眼兒這玩意兒使多了可不好呀，但是這一次匈奴軍慌亂起來，單于頭曼大怒，下令道：「殺過黃河，直取咸陽！」

左賢王道：「單于，我們的給養還在老營，殺過黃河，蒙恬之軍尾隨，我軍即不戰死，也會餓死，望單于三思之！」

太子冒頓帶著個傷口，只是參軍，不拿兵器，向頭曼道：「單于，蒙恬一定去襲我老營，若不快快回軍，糧草、營帳即為他有了。早晨王兒說不可輕進，單于不信。」

單于頭曼道：「你早晨抱住我的大腿，我不就不來了嗎？你也是個馬後砲！」

冒頓不敢再做聲兒。左賢王直勸單于頭曼回軍，頭曼才下令道：「不回老營，他去搶我糧草，他營中也空，衝他的老營！」

他這次的決策也許是對的，於是10萬多呼雷豹又折回北方，向九原城那面撲過去。九原城原來是晉國治下的城，後來被匈奴奪去，徹底拆毀，只是一些禿牆茌子，沒有城了，蒙恬的大營就安在那個地區。

蒙恬得知頭曼幾乎傾營而出之後，心中大喜。他知道頭曼動此重兵之策有二：一是可搶秦軍的糧草，斷秦軍的糧道。二是誘蒙恬之軍出戰，在黃河灘上寬闊處消滅秦軍，至少，黃河南不來救應軍。可是，秦軍的糧道，接到蒙恬命令後，改成向西繞行，不走舊道了。所謂殘筐破簍盛沙子、盛馬糞的那些運糧人，全是秦軍和百姓的偽裝，正要勾引頭曼只見利而不見害。

蒙恬自己持10多萬軍守在老營，馮劫持10多萬軍直搶頭曼的老營。馮劫大軍一到頭曼的老營，幾乎是兵不血刃。匈奴兵大多從營中飛騰而出，集合在一起，又重新來攻自家的營。

可是人心不齊，又知道單于頭曼已中敵方之計，攻了幾次，全被秦軍橫掃而散，大多都去追頭曼之軍了。偌大個家底兒，不大一會兒就送給人家姓秦的了。3,000峰駱駝，5,000輛跨螻蛄車兒，5,000石炒米，肉、奶、茶、腸、酪、酒……都為秦軍所有了。馮劫得計之後，立刻命令守糧軍把所得給養歸在中營守護。又命全軍備戰，以待西擊，會合蒙恬之軍，對頭曼的10萬騎兵打「夾餡兒」！

雷崩電掣遮不住，打到海濱無去處！頭曼的10萬騎兵分成10路，敲擊著大地，仰望著天空，人都伏在馬鞍上，咪溜咪溜地衝過來。喊聲如華山裂頂，如千萬鈞石塊從空中墜下，形成了斗大的冰雹，摧毀了平原上的房屋、樹木……

派兵攻打匈奴

蒙恬在馮劫之軍走後不多時即得軍報：「馮大將軍全占敵營，敵之殘部逃遁。」蒙恬又命來報人速回馮劫之軍去傳命：「待機合殲，察敵方力乏，從背後襲之！」馮劫得命令後，又派飛騎報蒙恬：「待大將軍入戰一個時辰後，吾即全部捲上，合而圍殲之！」

於是蒙恬帶領 8 萬人馬出營列陣，等待頭曼之軍的到來，他料到：「頭曼一怒之下，必來攻我。若不攻我，也去奪我老營，不論攻哪，我已占優勢，必定合圍以殲他全部騎兵！」

蒙恬這一次不是待機而戰了。他一望見匈奴軍捲起的黑黑塵土，便下令：「衝擊！」秦國的 8 萬騎兵，一齊縱馬向南衝過來。

秦國騎兵和匈奴騎兵對捲而來，猶如兩株千丈高的古松樹，都被神仙使用車輪大斧同時伐倒，驚天的一聲，對頭砸在一起，支架懸空，怎能一時分出誰長誰短？

雙方的戰鼓早就鳴了起來，兵士們趁著那如雷的威勢，揚威奮武，精神倍長。

秦國大將軍蒙恬亦如匈奴軍之主帥，每戰必親自殺敵。他頭頂鏨金盔，身披方塊銅甲，坐上黑光千里駒，手持雙矛，領著他的中軍將士 700，直衝匈奴軍的中軍。不論將還是卒，逢著蒙恬，統統落馬，人們都稱他是「馬前無三合之將」，這可能有些誇張了，但是他的大勇，卻是超古冠今的。

單于頭曼看到蒙恬中軍的大旗直往自己的中軍捲來，便也舉著彎刀，帶隊直衝蒙恬的中軍。他的左、右翼軍，便是左谷鹿王、右谷鹿王的兩隊善戰的騎兵。

左、右谷鹿王看見單于直衝蒙恬之中軍，便也揮兩翼騎兵，當先衝入蒙恬的圍子手隊。但見千人旋轉，萬人喊殺，蒙恬的圍子手被擊得紛紛落馬，戰場上形成了 10 裡直徑的大鼎油烹羹翻之形勢，每人的雙眼都布滿了血絲，每人的面上都刷了一層黃泥。

左谷鹿王英勇無敵，手使雙鋌，先衝到蒙恬的馬前，蒙恬狂吼一聲，展開雙戟，和左谷鹿王兩個石碾交撞在一起，矛、鋌交擊的聲音，震得親將、親兵都倒退了 3 尺，一片片火珠兒飛迸。兩匹馬都是訓練過的龍馬，只要一有機會，就狂嘶一聲，伸出脖子，狠狠地咬對方一口。

　　蒙恬和左谷鹿王狂戰了 30 回合，不分勝負，雙方的親兵、親將都瞄準了對方，以防冷箭，以防偷襲，有一方動者，另一方隨即對戰。圍子之外，層層兵將激戰得更苦了……

　　由於蒙恬衝鋒如颶風摧林一般快，已把他的中軍一丈五尺高的大黑坐纛旗閃在了圍子外面。坐纛旗者，是全軍得以知曉主將在何方、何地的標誌，如果這桿旗倒了，全軍失去指揮，登時紛亂。

　　這桿大旗，3 人在馬上換手，5 人保護，不是百戰的將士，不能執旗和護旗。除此 8 人之外，尚有 100 護旗隊，馳騁戰場時，不許有一人離開隊伍。旗後便是鼓車，小相隨而戰，小衝小退。

　　匈奴軍中的右谷鹿王，小團臉，兩撇小黑鬍子，黑眉烏目，30 多歲。人稱他能衝入萬軍之中取上將之首。他果然十分兇猛，衝到蒙恬軍中，便使長矛連將 10 多個秦軍將士挑落下馬，一直衝到蒙恬坐纛旗下，長矛打花兒一轉，一個護旗的秦軍被他洞穿肚腹，落下馬去。

　　又有一個護旗的秦軍，一長矛過去，捅在右谷鹿王的白毛鬥篷上，鬥篷刷地粘在矛尖上。右谷鹿王回手一矛刺中那個秦軍的左腿，那秦軍當即滾下馬去。

　　這樣，護旗隊便出了一個空子，右谷鹿王擠馬跳到旗下，一矛戳到執旗秦軍的面門上，那秦軍連人帶旗都掉下馬去。另一個執旗秦軍從馬身上斜探下身子，又把大旗拾起，高高舉起，馬也轉了三轉。護旗隊衝上來了，但全部被右谷鹿王的左右輔弼擋住。

　　右谷鹿王扔了長矛，雙手抓住執旗秦軍的後背，大喝一聲，生擒過去。

派兵攻打匈奴

情急之中那個執旗秦軍把大旗一扔，被最後一個執旗秦軍接住。右谷鹿王把擒到手的秦軍扔到 5 尺之外，那人落在地上摔昏了過去。

隨即，右谷鹿王跳下馬去，拔出銅劍，向最後一個執旗秦軍直衝過去。最後一個執旗秦軍 30 多歲，瓜子臉，濃眉秀目，穿著一身黃金甲。此人名叫杞梁，先是杞國人，後是魏國人，便是後世傳說甚久的孟姜女的丈夫。

杞梁見右谷鹿王拔劍衝來，忙一手執旗，一手拔出短刀。但是右谷鹿王其勢如彪，早伸出閃電般的一劍刺中杞梁的肚腹。杞梁雖然受劍，卻不慌忙，隨即把旗杆伸出，故意叫右谷鹿王抓住。

右谷鹿王伸手一把抓住旗杆，正得意時，早被杞梁一刀紮入左目，刀尖透過頭顱兩寸多，他大叫一聲，倒地身亡。杞梁擊斃右谷鹿王後，「嘻嘻」一笑，雙手舉著大旗，縱馬數丈，爾後肚腹上鮮血如注，頃刻之間也一命歸西。

蒙恬中軍的護旗隊看見杞梁如此神勇鏖戰而亡，便都奮起殺敵，把右谷鹿王的親兵、親將一一擊退。依然是 3 人執旗，5 人護旗，大旗又飄揚於軍中，其他部伍的秦軍也衝上護旗，使得匈奴軍再也不能衝到旗下了。

蒙恬和左谷鹿王戰到 70 餘回合，那左谷鹿王勇悍異常，分不出雌雄。左谷鹿王的兵器短，利於近戰，纏繞蒙恬之左右，分拆不開。又戰了一回合，蒙恬心生一計，一揮左手的矛，左谷鹿王雙鋌齊下，「噹」的一聲，把蒙恬左手的矛砸離了手，落在地下。

蒙恬一個鳳凰展翅，右手的矛如閃電般地刺中了左谷鹿王的馬鼻子，那馬「嗷」的一聲慘叫，仰頭立了起來，左谷鹿王的身子趴在馬脖子上，雙鋌仰頭朝上抱在懷中。

蒙恬趁勢一矛，正好擊中了左谷鹿王的後腦骨，左谷鹿王沒有戴盔，只戴了一頂貂鼠皮鬥篷，便覺腦子嗡的一聲兒，在馬上隨著馬打起轉轉來。

蒙恬縱馬而過，張手一抓，便活擒左谷鹿王於馬鞍前，撲通扔在地下，

被 10 個秦軍五花大綁起來，直到這時左谷鹿王還沒醒過來。

匈奴騎兵見左谷鹿王被人活擒，試了幾次衝上來奪人。蒙恬中軍的將士受著蒙恬 30 萬大軍神勇精神的鼓舞，如銅牆鐵壁一樣擋住匈奴軍，雙方當即展開你死我活的大廝殺。

蒙恬活擒左谷鹿王之後，又舞動雙矛，如遊龍盤彩般朝匈奴中軍之前部殺來。他是專一來尋單于頭曼的，他把單于頭曼中軍的大旗衝退 30 餘丈，匈奴軍將的「嗬嗬」聲，如一天猛烈的冰雹落在方圓數頃的大銅板上。而蒙恬的中軍大旗又隨在蒙恬之後，左顧右盼，血戰汪洋，無涯無際。

單于頭曼留在老營的那兩三萬給養軍，爭先恐後地驅到黃河灘上，但是單于頭曼之軍已經奔向了西北，他們又呼呼地順著行軍踩出的沙路往西北趕。

三月的那場大雪，早已被風吹光、被口頭喝化，只有一片又一片的殘雪，馬跡踏過，十分明顯。他們並沒有費大事，終於見到了單于頭曼與敵苦戰的人戰場。這兩三萬人當然不是弱漢子營，他們一經合攏在一起，刀刀割草，矛矛中傷，跟其他匈奴軍亦旗鼓相當。

有這兩三萬人馬加入匈奴之軍，蒙恬的騎兵便是以寡敵眾了，苦戰幾大回合後，有許多秦軍騎兵被匈奴軍圍住。正在此時，秦國馮劫大將軍所率的那 10 萬騎兵，從東方如黃河決堤之水衝了過來。

馮劫之軍分成 8 個大隊，800 個小橫隊，形成栲栳圈形向匈奴軍包抄上來。一推，便把匈奴軍推出 2 裡多遠。遍地都是死人、死馬、傷人、傷馬；失去了主人的戰馬，因為沒有受傷，集成一群又一群，像耗子一樣亂呼亂竄，往往把戰陣衝開，把騎兵隊伍擋住。

太子冒頓傷勢漸好些，便單手提刀，加入戰鬥。他見情勢危急，向單于頭曼道：「單于，我軍給養已被秦軍搶掠殆盡，何不退向東北，還可帶走一些。路上支用！」

派兵攻打匈奴

單于頭曼道：「你不要多言，事已至此，一定要和蒙恬拚個你死我活，爾後東走，把我營中的糧草，放火燒燬，不為秦軍所得！」

頭曼說完，命16個擒龍捉虎之將頭前開路，他帶隊直進殿後，直衝蒙恬中軍，並揚言：「有取蒙恬之首級者，封為單于之副，富貴與單于共之！」冒頓太子心知無力回天，像單于頭曼如此戰法，將重蹈殺虎口的覆轍，於是，他指揮部下的七八千騎兵往東北衝殺，意欲開路突圍。

蒙恬帶軍正由西推卷而來，戈、矛、戟、刀、叉、斧，七叉八叉地呼呼地捲動。秦軍很快便占了優勢，匈奴軍一堵又一堵地向北、向東敗退下去。此時，天黑了，雪紛紛揚揚的，像漫天翻捲的鵝毛一樣飛舞下來，幾十萬騎士眨眼之間都變成了白馬白甲。

幸虧太子冒頓指揮得宜，幫他父親開了一條逃生之路，頭曼被一群匈奴將士保護著，急急地向群山深處逃去。秦國大軍乘勝追擊，兵分十路，包抄而上。

雪霧氤氳中，冒頓沖在最頭前，秦軍攔截皆被他指揮擊退、衝開。他回首看著西方，喟然嘆道：「河南之地，從今不為我匈奴所有了，然而我若生還，必定早晚取回之！」

他身旁的諸將還要衝進他們的老營燒糧草，冒頓道：「千萬不可！我軍若衝進營去，秦軍必定放火先燒之！我為此耽延時間，就回不得北方了，天若不滅我，使我們所剩之部回得北方故土！」在冒頓的指揮下，敗退的匈奴軍分成兩翼，從他們的老營分流過去。

當頭曼退到老營之西時，也要衝進他的老營燒糧草，左賢王縱馬擋住頭曼道：「單于，若不是太子開路、突圍，我等皆死困於秦軍中，戰上一夜，全軍覆沒了。單于應保重自己，不妨回到北方，養士愛民，再過3年，大舉南攻，河南之地，還屬我匈奴所有！」

蒙恬大軍追了 50 多里，大雪已經沒了馬蹄，仍然紛紛揚揚下個不停。火把雖經點著，但仍抵擋不了大雪的攻擊，紛紛熄滅了。蒙恬下令：「軍馬立刻停住！」後隊做前隊，回九原廢城老營。

　　兩日之後，蒙恬親帶 10 萬騎兵北去追敵，並接應已過陰山的 3 萬騎兵。此追，以得地為主。馮劫帶領 7 萬騎兵駐守九原，處置一切善後。

　　蒙恬派出的裨將由無前、世豪俊帶 3 萬騎兵，越過陰山，直向東進 200 里，切斷了匈奴軍源源不斷的給養隊。凡所得，能挾帶的，挾帶之；不能挾帶的，焚燬之。那就是說，單于頭曼，即不敗於九原，也會困於飢餓。

　　頭曼在會合冒頓 1 萬多殘兵時，曾帶著不少閼氏女子，經左賢王、冒頓勸說，已扔在中途。她們全被由無前、世豪俊之軍所擄，共數百餘人。蒙恬統軍北來，會合了由無前、世豪俊之部，蒙恬放了那些俘來的女人，令她們自由北去。

　　但是由無前、世豪俊之部沒有攔截住單于頭曼那兩三萬敗殘鱗甲。單于頭曼領著他那些驚弓之鳥，離由、世二將之部還有 50 里，便望北而去。

　　雖如此，兩三萬敗殘鱗甲也難以保全。沒有糧草，一路上就只能靠搶掠為生。吃不飽的人，餓死了一部分，又去往他方一部分。當頭曼走到故土，即現在的蒙古國溫都爾汗的克魯倫河邊時，也只剩下不到 15000 人了。

　　蒙恬帶領 10 萬騎兵由九原動身，會合了由無前、世豪俊 3 萬人，共 13 萬騎兵，穩紮穩行，又往北追敵 900 里，實在望不見匈奴軍的影子了，才收住馬蹄，返回舊道，至九原屯軍並將戰況飛報朝廷。

　　蒙恬、馮劫的功勞震動了秦廷，威名傳遍了天下。尤其是蒙恬，人們稱他為秦廷的「奇將」。北方匈奴人一聞蒙恬之名，便說：「不得了，上馬往北跑吧！永遠不和他打仗了。」

　　秦始皇聞得蒙恬戰勝匈奴軍，收復河南地的消息，大喜於心。待蒙恬追

派兵攻打匈奴

敵 900 里回到九原後，派使加封蒙恬為秦國冠軍大將軍。蒙恬原為內史大將軍，這次封為冠軍，實在榮寵至極。馮劫也有加封，並調回朝廷。凡是蒙恬報上的立功者、傷亡者，秦始皇都按級封、賞、恤……杞梁追封為都尉，並派人齎重賞到古杞國的范村去安撫他的親屬。

不久，秦始皇下詔，把蒙恬所得河南地，由九原、榆中往東順著黃河所流經的方向一直到漁陽，即現在的北京地區之西，差不多有 1,000 多里的地方，建置 44 個縣。

蒙恬北伐匈奴的勝利，不僅有力地制止了匈奴奴隸主貴族對中原的搶掠，而且進一步促進了這一地區的開發。在長期的交往和勞動中，不少匈奴人南遷中原，逐漸同秦人及其他各族人民共同居住和生產，促進了民族的大融合。秦北擊匈奴，奪回河套地區，並使該地區永遠成為中國的版圖。「東至海暨朝鮮，西至臨洮、羌中，南至北向戶，北據為塞，並陰山至遼東。」

至此，秦攻匈奴之戰，是秦帝國中央關於「天下版圖」南北擴張策略的重要組成部分，其一系列征服戰爭奠定了中國統一的多民族中央集權國家的基本格局。

秦始皇三十四年，也就是西元前 213 年，秦始皇平定北方，開拓了疆土，他心中異常高興。於是，他為了頌秦之功德，在咸陽設宴慶賀，款待群臣。秦始皇坐於中位，歡歡喜喜。

筵席間，李斯向百官說道：「聖上今日開筵，要大家高興地談談，究竟是古代君主治世的策略對，還是當今聖上治世的策略對，暢所欲言，言者無罪，各抒胸臆，毫無所留！這是聖上的主意，斯也不才，言與各國僚！」

李斯說完這一席話，使殿上立刻出現了死一樣的寂靜。大家都放下了酒杯，互相看著，無言以對。這時有個僕射周青臣起身大聲說道：「聖上，丞相，誰都知道，秦國以前，有地不過縱橫千里，深受諸侯的挾制，陛下你

開上古神靈、明聖，用百萬大軍平定了海內，消滅了六國，天下統一之後，又逐蠻夷，驅匈奴，開地萬里，凡是日月所照之處，沒有不賓服秦朝大國的人。聖上又以天下分成郡、縣而治之，統一政權，全歸聖意所握，天下永無戰爭之患，皇帝之位，可以一姓相傳，萬世不衰。自從三皇五帝到聖上為皇帝之前，所有的君王都遠遠趕不上聖上的威德。聖上是泰山，古來的那些君主，也只是些蟻堆而已！」

周青臣說完，李斯當即笑逐顏開，大聲地問大家：「所有同僚，和周僕射言志相同的，舉起手來，我看看有多少人。」

呼的一聲，手臂林立，300多人，有200多人舉起手來。李斯不太高興了，他又問：「還有舉手的嗎？現在舉起來還不晚。」

那些不舉手的人都嚴肅地坐在席地上。周青臣、姚賈一齊大聲地問：「不贊成者，可以當眾一言，歌頌聖帝，有何異議。」

正當這時，原本為齊國人的儒生淳于越站了起來，他說：「臣聞之，殷周之王千餘歲，封子弟功臣自為支輔。今陛下有海內，而子弟為匹夫，卒有田常、六卿之患，臣無輔弼，何以相救哉？事不師古而能長久者，非所聞也。今青臣等又面諛以重陛下過，非忠臣也。」

事實上，淳于越提出的意見就是想奉勸秦始皇分封王子，建立王朝屏藩，復活封建制。秦始皇聽了這話之後，陷入了深深的思索之中。他深思的不是該施行郡縣制還是分封制，而是有多少人在反對他的郡縣制。於是他把淳于越的建議交給群臣討論。

這時，丞相李斯站出來，明確地表示不同意淳于越的觀點。因為李斯在最初的秦王朝創業時就反對分封制，主張的是郡縣制，因此，他自然是不會同意復辟分封制。

於是，李斯說道：「時代在變遷，五帝時的治國方略不能用在現在。五

派兵攻打匈奴

帝有五帝所生活的時代，那個時代有那個時代的環境和特點。我們這個時代也有我們這個時代的特點，不應照搬五帝的治國之道。現在陛下開闢了空前統一的國家，希望建立萬世基業，這本來就不是一般的讀書人所能明白的。淳于越所談的夏商周之事，是諸侯紛爭、群雄並起的年代，而我們已經橫掃六國，成了一個統一的大國。淳于越所說的制度是將統一的國家再次割裂的方法。我們不該效仿。」

李斯主張的是，事情會隨著時代的發展而變化，政治和制度也得順應不同時代的世情，所以不能把夏、商、週三代的政治和制度用在當下。當下需要適當的政治和制度。

為了別黑白而定一尊，樹立君權的絕對權威，李斯又向秦始皇提出焚燬古書的三條建議。

第一，除《秦紀》、醫藥、卜筮、農家經典、諸子和其他歷史古4籍年，；一律限期交官府銷毀。令下 30 日後不交的，處以黥刑並罰苦役第二，談論《詩》、《書》者處死，以古非今者滅族，官吏見知不舉者，與同罪 ；

第三，有願習法令者，以吏為師。

秦始皇聽後竟然批準了李斯的建議。在宴會散後第二天，就在全國各地點燃了焚書之火。這就是秦代後來的「焚書」事件，即焚燒《詩》、《書》以及諸子百家之書的理論基礎。它試圖以一種極端的手段解決當時遭遇到的社會治理的壓力。

秦國統一天下之後，六國殘餘力量仍然存在，貴族仍然嚮往回到過去的富貴生活，人心浮動，發動叛亂的可能性並沒有完全消除。這樣的政治形勢，迫使秦始皇處處考慮增強自己的權威，壓制一切可能的反抗。秦始皇採納了李斯的建議，隨後又採取「焚書」的手段，打擊那些持不同意見的人。

在不到 30 天的時間裡，咸陽城中就聚《詩》、《書》簡冊 2 萬車之多，連竹帶帛，在咸陽城西挖了 3 畝大方圓的 10 多個大土坑，都推下去。燒書

那天，秦始皇帶滿朝文武，坐在搭起來的高臺上監督，但聽一聲鐘鳴為令，李斯大叫一聲「燒！」

1萬個宮衛軍圍在10多個大坑邊，人手一捆蘆柴，燒著大火，向坑中扔下去。不多時，10多個大坑中發出乒乒乓乓的爆裂聲，接著10多座黑煙大柱，向高空冒去，日色為之暗淡了。火勢愈猛之後，群臣皆向秦始皇下跪，高呼「萬歲」，以賀燒書之策。這時秦始皇笑了，李斯也隨之而笑了。從此以後，再也沒有人敢於公開批評郡縣制度。

秦始皇還怕軍隊中有剩餘的書沒有燒，所以特詔令一些屯戍的將軍在軍中也燒書、不容情。而蒙恬將軍無奈，只好在軍中也燒了點兒書，走走過場，算是執行了君王的大法。唯一遺留下來的圖書便是咸陽宮中的圖書、祕錄、墳典藏於庫中不動，以備博士等人翻檢查閱。

在焚書的第二年，又發生了「坑儒」事件。「坑儒」不是焚書的直接繼續，而是由於一些方士、儒生誹謗秦始皇引起的。

秦始皇在攫取到巨大權力和享受到榮華富貴之後，十分擔心自己會死。在統一中國之後，他異想天開地要尋求長生不死藥。方士侯生、盧生等人迎合其需要，答應為秦始皇找到這種藥。

按照秦律規定，謊言不能兌現，或者所獻之藥無效驗者，要處以死刑。侯生、盧生自知弄不到長生不死藥，不但逃之夭夭，而且誹謗秦始皇天性剛愎自用，專任獄吏，事情無論大小，都由他一人決斷，貪於權勢等。

秦始皇聽後，盛怒不可抑止，以妖言以亂黔首的罪名，下令進行追查，並親自圈定460餘人活埋於咸陽。這即是所謂的「坑儒」事件。

《史記》中坑儒實際上坑的是術士，術士多是讀書人，所以稱為坑儒。而按照衛宏的說法，嬴政誘殺了天下的讀書人。實際上衛宏的說法是值得懷疑的。以嬴政的個性，他不需要用欺騙的手段來偷偷地殺掉讀書人。

嬴政本身就是一個鐵腕專制的人，他要想剷除誰從不顧及天下人怎麼評

派兵攻打匈奴

論。即使怕他也有辦法處理，但絕不是偷偷摸摸地。滅六國所發動的戰爭足可以讓六國人恨到骨髓。

處理呂不韋讓人們看到了嬴政的暴戾，國人心中也頗有微詞。但嬴政並沒有因為懼怕民眾的辱罵就停止他決心要做的事。嬴政一向是不管別人怎麼說，就做自己認定了的事。

不要以為他是因為沒有藉口堵上天下蒼生的嘴才出此下策。欲加之罪何患無辭，嬴政只要安排一個像鄭國一樣的人物就可以除掉一大批文化人。他犯不上動那麼多心思欲蓋彌彰，嬴政的智商並不像衛宏想像的那麼低。

衛宏之所以這樣說主要是因為董仲舒「罷黜百家，獨尊儒術」之後，儒家思想貫串了整個封建社會，儒生對嬴政拿天下讀書人開刀十分地憤恨和不滿。

懼怕天下帝王如同嬴政一樣殘殺讀書人，於是對「坑儒」事件做了些渲染或道聽途說。這樣不但順應形勢，而且也可以給天下君王敲響一個警鐘。

迫害讀書人的行為是天理不容的，必然遭到亡國的危險。這個說法在唐朝極為流行也是因為唐朝是封建社會的頂峰，儒家思想根深蒂固。讀書人寧願相信始皇帝對他們進行了嚴酷的迫害，對中華文化進行了毀滅性的破壞。

西元前 215 年，秦始皇到北方邊地巡遊。就在這次巡遊中他遇見了燕人盧生，於是派盧生四處尋找仙人。盧生出海尋找仙人卻一無所得，非但如此，他還給嬴政帶回了「亡秦者胡也」的傳聞。因為嬴政求仙心切又派了韓終、侯生、石生等一批方士去探求長生不老藥。

西元前 212 年，求仙不得的盧生向秦始皇建議說，您不如隱藏了自己的行蹤，免得打擾到「真人」。從此，嬴政就稱自己為「真人」，而不是「朕」。不久之後，嬴政開始焚書。

之後，秦始皇便斬殺了懷疑向李斯告密的隨從。這下可嚇壞了侯生和盧

生一行人等。他們在一起談論起嬴政的種種不仁之處。侯生對眾人說：「你們看，如今我們的陛下做出了這麼多殘忍的事，我們如果找不到長生不老的藥必定也會受到嚴厲的懲處。」

盧生說：「是啊！」

「始皇帝是個剛愎自用的人，他聽不進別人的勸告。找不到仙藥，就算有人為我們求情他也不會放過我們的。」就這樣大家你一言我一語地開始討論起嬴政來。眾人都覺得，嬴政是個兇狠的角色，睚眦必報；嬴政也太過專權，朝中的博士只是他掩人耳目的擺設，朝中的大臣也只是奉命行事。

天下的事都由他一人決定，生怕別人掌管了朝政，不放權給下面的人，所有奏摺都要自己親自批閱。待在這麼一個專制、冷酷的人身邊就像待在老虎的身邊一樣，要盡快逃離他左右才好。誰知，隔牆有耳。

他們的議論被嬴政知道了，嬴政氣憤異常，一群小人竟在背後議論起我來。侯生、盧生怕自己尋找仙藥的謊言被拆穿，便急急地收拾了金銀細軟逃亡去了。

嬴政憤怒到了極點，自己花重金派徐福出海探訪仙藥，徐福卻有去無回，杳無音訊。而盧生、侯生非但沒有找到仙藥，竟然還誹謗自己和朝廷。這不但是不忠，更是妖言惑眾，蠱惑人心。

於是，一場血雨腥風的報復活動在全國展開了，被逮捕的諸生互相揭發，結果有 460 人被牽連其中。嬴政將這些人全部活埋，並詔告天下。這一招叫殺雞儆猴。

沒想到這一招殺雞儆猴竟然引來了天下人最為嚴厲的批判。就是在幾千年以後的今天，我們仍不能原諒始皇帝的暴行。不管是坑儒還是坑術士，總之是大開殺戒的。他以為殘酷的懲罰能堵住悠悠眾口，沒想到卻在這件事上遺臭萬年。

派兵攻打匈奴

「焚書坑儒」是嬴政最為殘酷的暴行，他之所以引發這麼大的斥責之聲，是因為「焚書坑儒」殺害的是一群手無縛雞之力，又與他無冤無仇的讀書人。這些讀書人實際上對他的統治並沒有造成威脅。只是因為嬴政自己懼怕儒生的反抗，便產生了極端行為。

「焚書坑儒」的實質其實是統一思想的運動。但有些東西是國家強力結構很難駕馭的，特別是在秦朝初年，戰國時期剛結束，百家仍然在爭鳴中，思想領域內極度混亂，而一個國家能在多大程度上統一，最主要的條件是能在多大程度上形成共同的價值觀，而思想混亂是形成共同價值觀的大敵。

因此，光在政治、經濟、文化等方面有大一統措施還不行，最關鍵最長遠的統一要素是思想的統一，形成統一的核心價值觀念，才能讓政治、經濟、文化等領域內的統一措施有效。

而當時最大兩種思想潮流就是儒家和法家。儒墨並稱顯學，但墨家更側重對農業方法的創新，注重種地務農。和道家更注重研究身心，人性觀的形成探索相比，名家更注重形而上的哲學思考。

修建萬里長城

　　嬴政在統一六國後，極其渴望自己的帝業能夠永世長存，自己可以長命百歲，享受這世間少有的繁華與尊貴。他篤信鬼神，害怕自己的帝業會被他人奪走。胡人在邊疆的連續作亂已經令嬴政不勝其煩，在聽盧生「亡秦者胡也」這樣一說就更加堅定了擊退胡人的決心。

　　事實上，長城修築的歷史可上溯到西周時期，那時周王朝為了防禦北方遊牧民族儼狁的襲擊，曾築連續排列的城堡「列城」以做防禦。到了春秋戰國時期，列國爭霸，互相防守，因此，根據各自的防守需要在邊境上修築起長城，最早建築的是西元前 7 世紀的「楚方城」。

　　後來，齊、韓、魏、趙、燕、秦、中山等各個諸侯國便開始相繼修築長城，用以自衛。其中，秦、趙、燕三國和北方強大的遊牧民族匈奴毗鄰，在修築諸侯互防長城的同時，也是為了防禦匈奴，秦、趙、燕都分別在自己的北部邊境建造長城，其中趙國的長城長達 1300 多里，也就是 650 公里。

　　這時長城的特點是東、南、西、北方向各不相同，長度較短，從幾百公里到 1,000 公里至 2,000 公里不等。為了與後來秦始皇所修萬里長城區別，史家稱之為「先秦長城」。

　　秦始皇二十六年，也就是西元前 221 年，秦吞併六國，統一天下，他建立了中國歷史上第一個統一的多民族的中央集權制國家。

　　嬴政統一六國後，北方的胡人也開始了勢力的擴張。胡人原是北方的遊牧民族，後來在蒙古高原成立了自己的政權。在大秦的邊疆，胡人燒殺搶掠，給邊地人們帶來了深重的災難。

　　嬴政知道這件事後，也頗為憤怒。只是他認為時機還未成熟，沒有採取

修建萬里長城

具體的行動來抵抗。就在此時，方士盧生從海上出使回來，報告關於鬼神的事，並進呈據說是抄錄來的神仙圖書，上面畫著「亡秦者胡也」幾個字。

自從有了「亡秦者胡也」的讖言，秦始皇就再也不能忍受了，他下定決心要對匈奴進行抵抗。可是就在蒙恬擊退了胡人之後，贏政依然放心不下。

為了安全起見，秦始皇三十二年，也就是西元前215年，秦始皇派大將蒙恬率30萬大軍北擊匈奴，取河南地，其後築起了「西起臨洮，東止遼東，蜿蜒一萬餘里」的長城。將原來的秦長城、燕長城、趙長城連接起來防止邊患。

而今，這條長城西起甘肅省岷縣，循洮河向北至臨洮縣，由臨洮縣經定西縣南境向東北至寧夏固原縣。

由固原向東北方向經甘肅省環縣，陝西省靖邊、橫山、榆林、神木，然後折向北至內蒙古自治區境內托克托南，抵黃河南岸。黃河以北的長城則由陰山山脈西段的狼山，向東直插大青山北麓，繼續向東經內蒙古集寧、興和至河北尚義縣境。

由尚義向東北經河北省張北、圍場諸縣，再向東經撫順、本溪向東南，止於朝鮮平壤西北部清川江入海處。是迄今為止，世界上最偉大的邊防工程之一。

它充分顯現出2000多年前中國人的勤勞與智慧。整個長城順應不同的地形地貌，蜿蜒起伏，氣勢雄偉，用土、土石和沙石混築而成。險峻之處建有城堡，每相隔一段距離設有關卡。整個工程充分顯示出秦王朝強大的組織能力和軍事工程學上的卓越成就。

萬里長城建造完工，蒙恬依然率領他的30萬大軍駐守邊地，保衛著大秦的江山。萬里長城，有力地防禦了當時北方胡人的進攻。從此之後，秦朝與匈奴之間十幾年沒有發生戰爭。長城的建造保衛了中原地區經濟、文化的發展。但長城在抵禦胡人的同時，也在一定程度上阻礙了民族的融合。

長城的修築儘可能地利用了自然的地形和障礙。它蜿蜒於崇山峻嶺的山脊之上，幾乎一半的秦長城都位於山坡的頂上，北側挖掘形成一個個險峻的障礙。

　　假如碰到的是地勢險峻的臺地，長城也會偶爾整個地消失。長城跨度的五分之一是根本沒有牆體的，而是在山谷間天然形成的狹窄入口處散布一些戰略要點和要塞，否則會對敵人的侵襲茫然無覺。

　　但既然長城的本質就是防禦牆，修築長城所需的土是從它前邊挖掘的壕溝中取的，挖溝取土再築起城牆，挖出的壕溝對任何企圖入侵者來說就形成了額外的一道屏障。

　　長城的修築大部分是靠夯土的層層夯築，這是根據流行於南方的、原理相同的田隴修築技術而來，不過後者規模要小得多。南方地區往往用泥土壘砌成稻田田隴，長城的基本修築技術與之相同。

　　然而，在一些需要額外加固的地方，比如接近河流或地勢低窪的沖積平原，修築長城的材料還包括大小石塊，以便於加固長城，延長它的使用壽命。在那裡，士兵們長時間地站崗放哨。假如認為應該加強警備，那麼，長城的修築就會更多地使用石頭而不是泥土。

　　根據相關的史料記載，秦始皇使用了近百萬勞動力修築長城，占當時全國總人口的 1/20。秦長城不僅在構築方法上有自己的風格，而且在防禦設施的建置上也有一定的特色，以石築見稱。

　　秦長城第一階段的重點是維修、連接秦、趙、燕等戰國長城，新築的部分不多，工程量不大，還沒有動用全國的人力物力，由蒙恬率部和沿線軍民共同完成，後期則大力修建長城。在修築北方長城的同時，原諸侯國間用以「互防」的長城被拆毀：「皇帝奮威，德並諸侯，初一泰平。墮壞城郭，決通川防，夷去險阻。」

修建萬里長城

　　根據當時的歷史環境，長城確保了邊防的鞏固和國家的安全，給這一中原農業的生產提供了一個穩定的環境，就如《過秦論》中所說：「卻匈奴七百餘里，胡人不敢南下而牧馬，士不敢彎弓而抱怨。」

　　長城被始皇帝視為大秦的驕傲，卻被秦國百姓視為罪大惡極的暴政。長城的修建要動用大量的人力、物力。自始皇帝下令修建長城之後，官府到處徵用民工，但凡男丁，有了勞動能力都要被始皇帝的下屬拉去修長城，坐牢的囚犯就更不用說了，首當其衝。他們被發往長城，沒日沒夜地幹活，不知累死了多少人。

　　秦始皇絕想不到，他能阻止胡人的干擾，卻無法化解蕭薔之禍。統治者往往以為抵禦外辱比安撫百姓更重要，可事實上百姓安定才會有力量和精神去抵抗外來侵略，統治者最應該做的就是聚攏人心。

　　事實證明，秦始皇修建的長城最終也沒有保住始皇帝的萬世江山。

大力開鑿驪山陵墓

中國古代的人相信靈魂不滅，以為人死後，靈魂仍生活在另一個世界裡，因此對古人而言，墓葬非常重要。在「侍死如奉生」的意識支配下，上自皇帝、諸侯，下至官吏、豪強，對人生儀禮的這最後一幕都極盡奢華之能事。千古一帝秦始皇帝陵墓之巨大、規模之驚人自不待言。堪稱中國古代帝王陵墓之最。

秦始皇即位的時候才 13 歲，就開始穿鑿驪山，為自己營建陵墓。當秦始皇統一六國以後，他便被勝利燒壞了半邊腦袋，經常信神、信鬼，當然更加注重風水。本來古人就願意把墓地建在庇佑子孫的位置上，更何況是祈求奉帝國千秋萬代、永世長存的嬴政。

於是，秦始皇召開了一次關於興修宮殿和陵墓的會議。參加者有左丞相李斯、右丞相馮去疾、廷尉蒙毅、趙高、程鄭、田齊，以及掌管山林、稅收的少府。

秦始皇說：「興建宮殿陵墓有必要，但想到費用巨大，所需人力眾多，若導致勞民傷財、危害社稷，則得不償失，朕也有些下不了決心，希望各位儘量發表看法。」

李斯第一個發言，說：「古人說，人有三不朽，立德、立功和立言。今陛下統一宇內，永息戰爭之禍，德過三皇五帝，乃是立前人所不能之德；平定海內，放逐蠻夷，建萬世之功，是謂立自古以來前所未有的大功；陛下改法制，與民便利，更是立前人所未曾立過之言。陛下兼具大德、大功及大言三不朽，宮殿及陵墓也必須與之相配，所以臣認為非興建不可。」

這時右丞相馮去疾表示反對：「陛下所立的德、功、言既已能永傳後

大力開鑿驪山陵墓

世，何必要再勞民傷財，多此一舉？古代先賢堯舜屋梁都用原木，連樹皮都不刮掉，屋頂蓋的茅草都不修剪，百姓到如今還歌頌他們的德行不止。

「大禹治水，三過家門而不入，親自操作鐵桿，將膝蓋上的毛都磨光了，直到如今家家戶戶都仍在感懷他的治水之功。孔丘生前不得意，但他所著的《春秋》，令亂臣賊子聞之膽寒，傳誦到如今。可見立德、立功、立言必須有益於世，方可傳之不朽。

「陛下之功、德、言都已遠超三皇五帝，不必再用華宮高陵來彰顯。何況，目前正在修建萬里長城，消除千百年來的胡人之禍，修成之後自會保佑陛下江山永傳萬世，足夠表現陛下之功德。」

「不然。」趙高表示異議，「陛下日夜為百姓憂心操勞，興建宮殿也只不過是表示天下百姓對陛下的一點兒感恩之情。至於陵寢，陛下為開天闢地以來第一個皇帝，當然應該與眾不同。以天下之大，大秦國勢之盛，興建一座較大的陵墓，算不得是勞民傷財。」

這時，廷尉蒙毅也發表了自己的意見，他擔憂地說：「北方築長城，所需人力甚多，大量勞力被徵用。南方要移民戍邊，更要有大量的百姓遷移。但中原人一直安土重遷，所以築長城也好，移民戍邊也好，目前全靠流放的人犯。最近地方紛紛上報，流放人口已不足，要是現在修建宮殿和陵墓那就必須分配百姓服役來充數，現在天下初定，百姓尚未安定，恐怕會引發民怨，望陛下三思！」

秦始皇看了看蒙毅，臉上微露不滿，本來李斯等人的話已堅定了他興建的決心，而那些本來想提財政困難的少府等官員，也不敢再表示反對，而蒙毅卻否定了這個建議。

這時，程鄭說：「小人本來沒有資格在朝議中說話，但承蒙陛下恩寵，特別命小人與會，小人不敢不說出肺腑之言。」

說到這裡，他停下來察看秦始皇的臉色，只見秦始皇點頭微笑，他才又繼續說下去：「小人以在商言商的觀點來看，興建這兩項大工程不是勞民傷財，而是為百姓創造了更多的生存機會。自從統一戰爭結束，各國君主貴族逃亡的逃亡，當俘虜的當俘虜，昔日繁華景象不再，而眾多的能工巧匠不會耕種，又力不能負重，紛紛失業，變成名邑大都的流民。興建這兩項工程不但能使這些能工巧匠得到工作，無形中減少了作姦犯科的現象，而且間接地促進了經濟繁榮。由此可見，這兩項工程對社會穩定大有益處。」

　　「程先生妙論，真是朕前所未聞！可見看事情不能專從一個角度去看！」秦始皇哈哈大笑，大有「深得吾心」的感覺。

　　最後秦始皇還是決定：阿房宮和驪山的工程同時按田齊的設計立即動工。秦始皇在興修阿房宮的同時，又令丞相李斯從全國調集了 70 萬的人力，加緊了對陵墓的修建。

　　秦始皇的帝陵位於陝西西安臨潼以東 5000 公尺的下河村附近，北靠驪山，南臨渭河，又稱驪山陵。秦王剛即位的時候便開始營造驪山陵墓，晚年更是加緊修建，陵墓工地施工人數最多時可能有幾十萬。直到秦始皇去世時，陵墓還沒有完工，秦二世又用了兩年的時間才建成，前後歷時 29 年。

　　既然要修陵墓那就一定要找個風水極好的地方修，最好這個地方可以取日月之精華、集天地之靈氣。於是秦始皇把陵墓的地理位置選擇在了驪山腳下。

　　驪山又叫藍田，山南邊產玉，山北面產金，是典型的富貴地方。而且渭河以南的山脈，就像是一條巨龍，而驪山是龍頭，華山是龍身，龍尾蜿蜒數百里，直至陝西潼關一帶。驪山陵建在龍頭上，因此成為巨龍之首。

　　東側有一道人工改造的魚池水，水本來是從驪山的東北方向流過來的，因為始皇帝的墳墓修在山的北面，所以水流過時被阻截，又向北轉去一部

大力開鑿驪山陵墓

分，因為始皇帝建造陵墓需要取大量的土，土被挖了很深，於是，水在這裡成了池，稱為魚池。始皇帝陵南面還有座尖峰，叫做望峰，建造陵墓的人看著這座山峰的走向來築造陵寢。

驪山陵是一個口向下的方形巨鬥，原高 50 多丈，約 116 公尺，陵基東西長 485 公尺，南北寬約 515 公尺。經過 2000 多年的風雨侵蝕和人為破壞，至今還保存有高 76 公尺、東西長 345 公尺、南北寬 330 公尺的夯土堆。

秦始皇陵園和隨葬的範圍，總面積約 56 平方公里。陵園築有兩道城牆，象徵著皇城和都城。內城為正方形，周長 3890 公尺；外城為長方形，周長6294 公尺。

秦始皇陵寢的風水特點：南面背山，其他三面環水，十分符合傳統國人心中風水寶地的標準。嬴政選這個地方作為身後的帝國確實是經過一番考究的。

然而再考究的風水寶地也無法阻擋秦帝國覆亡的腳步，驪山陵墓的修建進一步激起了秦國國民的憤怒。如果說，長城是為了抵禦胡人的侵略才修建的，尚能說得過去的話，那麼，驪山陵墓的修建就完全是滿足始皇帝那沒完沒了的私慾而建造的了。這樣不為民著想的帝王怎會得到人們的擁護呢？

這種依山傍水的造陵觀念一直影響著後世帝王的選陵標準。高祖長陵、文帝霸陵、景帝陽陵、武帝茂陵等後世君王的陵寢幾乎無一例外地承襲了始皇帝的風水思想，將陵墓依山傍水而建。

始皇帝陵還有一個特點，那就是它的朝向。秦始皇陵的朝向是坐西朝東。這可是個古今少有的朝向。在古代一般尊貴的位置是坐北朝南。帝王的寶座是南向的，有群臣共敬的意味。帝王的陵寢也多是南向的，似乎這樣的方位，可以表示威嚴猶在。

只有始皇帝陵墓的方向非常特別，選擇東西走向的墓葬結構。這樣的陵墓走向為始皇帝陵又增添了一股神祕的氣氛。關於始皇帝陵墓坐西向東的原

因的猜想層出不窮。其中有幾個很具代表性的說法。

最具代表性的說法是說嬴政悟道，秦始皇一直想尋求長生不老藥，於是，他派徐福東向渡過黃海，尋找蓬萊、瀛洲等仙島，並多次出巡探訪仙人所在。向東到達碣石，向南到達會稽。所到之處都留下了他尋仙的足跡。

誰知徐福一去不復返，杳無音訊，始皇帝的美夢終成了黃粱·夢。然而始皇帝求仙的願望沒有因此而削減，又奈何命不由己，只好坐西向東一償夙願。

傳說，秦始皇在 50 歲生日的時候，李斯曾向他報告說，他帶了 72 萬人修建驪山陵墓，已經達到了難以想像的深度了，火都點不著，只能聽到空空的鑿壁聲，簡直像到了地底一樣。錯開這個地方，再鑿了 300 尺才停止。

在《史記》和《舊漢書》中都記載了皇陵之深，《呂氏春秋》也說深到泉水。這樣形容起來，人們確實會認為，始皇帝的陵墓已經挖到了地表的最裡層，和他所嚮往的仙境可以同日而語。

《史記》上還有記載說，地宮裡到處布滿了機關，裡面有各種金銀銅器，繪製了大量的天文地理畫面，還有一樣是很難做到的，那就是用「人皮膏」做燈，這種燈可以長期地點著，甚至永遠都不會熄滅。地下宮殿中最讓人感到好奇的是，用水銀做成的江河湖海，這些景象還是流動的。

對於天文地理的畫面，有人想像是像畫日月星辰、山川河流的壁畫，也有人想像是地宮畫二十八星宿的圖像，下面的江河湖海用水銀代替了。這樣地宮就成了帝王死後的又一個王國。按照古人的生死觀念，他又可以做他的千秋帝王了。

一些寫始皇帝陵用水銀造成江河大海景象的記載被收錄到《史記》、《漢書》中。但人們一直認為這只是個美麗的傳說，並沒有太多人真正相信這一傳說，誰也無法想像在這座始皇帝陵裡，水銀灌註的湖海會是怎樣一幅波瀾壯闊的景象。

大力開鑿驪山陵墓

　　秦始皇陵還有一個令人矚目的建築群，這就是兵馬俑。秦始皇在生前不是一點兒沒想過死後的事，就算他對長生不老藥的尋找從未停止過，但自己也並不完全相信，結果也印證了他的擔心。不但徐福沒有回來，就連盧生、侯生也消失了。秦始皇就是在半信半疑、尋藥不果的情況下，堅持建造了他死後的地下兵團，那就是兵馬俑。

　　秦兵馬俑博物館坐落在距始皇帝陵東大約 3 里的地方，是秦始皇的從葬坑。它被譽為世界第八大奇蹟。1987 年被列入「世界人類文化遺產」目錄。

　　兵馬俑是由一位農民在 1974 年，下井工作時，無意中發現的。接著又相繼發現了後兩個俑坑。3 座坑計有陶俑陶馬 8,000 餘件。

　　秦兵馬俑是個陪葬坑，它是世界最大的地下軍事博物館。俑坑布局科學，結構特別，在深 5 公尺左右的坑底，每隔 3 公尺架起一道東西向的承重牆，兵馬俑排列在牆間空著的方洞中。

　　秦陵內共發現有 3 個兵馬俑坑，呈品字形排列。秦始皇一號俑坑，呈長方形，東西長 230 公尺，南北寬 62 公尺，深約 5 公尺，總面積達到了14,260 平方公尺，兵馬俑坑的四面有斜坡門道。俑坑中最多的是武士俑，身高 1.7 公尺左右，最高的 1.9 公尺。陶馬高 1.5 公尺左右，身長 2 公尺左右，戰車與實用車的大小一樣。

　　人、車、軍隊完全運用寫實手法再現秦帝國兵團的威儀。秦俑大部分手執青銅兵器，有弓、弩、箭鏃、鈹、矛、戈、殳、劍、彎刀和鉞。所有的銅器都經過防腐處理，深埋地下 2000 年，依然光澤、鋒利，在目前所挖掘的 3 座兵馬俑坑裡，二號坑很引人注目。

　　二號坑裡出土的長 86 公分、劍身上有 8 個棱面的青銅劍，極為對稱均衡。他們歷經千年卻無蝕無銹，嶄新如初。這些都是當時秦國將士的行頭。

　　嬴政統一六國後，秦國軍隊實行全國徵兵制。參與的人來自全國各地。

因為地域、民族的不同，他們臉型、表情、年齡、珮飾、膚色等各方面都有差異。

從這裡可以看出秦國工匠的匠心之細。整體看起來，兵馬俑氣勢宏大，威武莊嚴，從個體看上去又不失逼真、生氣。迄今為止，對秦陵兵馬俑的爭議還在持續。有時候人們看到物件越多，人們的試聽越容易發生混淆，需要慢慢地梳理才能找出頭緒。

在秦陵兵馬俑中最令人費解的是沒有統帥俑，這麼龐大的一支軍隊沒有一個統帥實在說不過去，秦俑卻為何單單缺少這個統帥呢？一種猜測是，這個兵俑的統帥就是始皇帝，為了維護始皇帝的權威與神聖，人們才沒有把這位最高軍事統帥給雕塑出來。

西元前 238 年，22 歲的嬴政開始接手秦國的統治人權。他 13 歲繼承王位時，年紀尚小，大權由趙太后和呂不韋控制著。加冕禮以後，年輕的嬴政才擁有了自己對軍隊的絕對控制權。

嫪毐叛亂並沒有取得軍隊的支持，嫪毐企圖用國土和太后的印章來策反軍隊，但是這印章卻沒有派上用場。結果參與叛亂的只有親信幾百人，被呂不韋一舉剿滅了。

嫪毐在當時秦國的權力僅次於嬴政，與呂不韋並駕齊驅，是十二級爵位的頂峰。那麼連這麼高權威的人都沒能調動軍隊，那麼還有誰能調動軍隊呢？

能調動軍隊的東西叫虎符，秦國的法律規定：除了戰爭時期，調動 50 人以上的軍隊，必須持有虎符。虎符被分成兩半，左邊的歸統兵之將，右邊的由國君掌管，兩半合攏才能徵調一支軍隊。

於是，虎符就成為軍隊指揮權的代表物，沒有虎符誰也指揮不了軍隊。是它使秦國的軍隊只掌握在國君之手。所以，嫪毐的失敗不是應當的，是必然的。

大力開鑿驪山陵墓

死後的始皇帝作為地下宮殿的統治者，當然也該享有這樣的權力。所以秦俑的最高統帥就是始皇帝。如果不是發生意外，始皇帝的屍體就能統領這些兵俑。這是其中的一種猜想，也或許是因為始皇帝怕在九泉之下他的王國再次發生類似嫪毐的事件，才不設最高統帥。他比誰都知道軍隊的厲害，沒有統帥，自己就是絕對的統帥。

還有另外一種猜想是，秦國的制度是每次出征前才由秦王指定一名將帥做統帥。這個將帥是不確定的，視戰爭的情形和將帥的能力而定。所以，在沒發生戰爭的時候，統帥是不能確定的。這就是兵俑沒有統帥的另一種原因。

這種觀點更能契合秦國當時的軍事管理情況，更為可信一些。在考古工作中人們發現，秦俑一號、二號坑的木質結構幾乎都被燒成了碳或灰燼。俑坑經火燒後全部坍塌，坑裡的秦俑和陶馬被砸得東倒西歪、身首異處，完整保存下來的很少。

有人推測是秦人自己點了火，就像現在人們紮了紙車、紙馬、紙樓……燒給去世的人一樣。秦人將祭墓物和墓周圍的某些建築燒掉，來供陰間的人享用。

這個說法存在疑點，一號、二號坑被燒，三號坑卻基本完好。莫非古人燒祭只燒一部分，還要留一部分？道理上說不通。就算是燒祭，也不至於做這麼多難燒的陶人、陶馬。

關於燒祭的猜想多半是站不住腳的。還有人說，這是因為坑內的陪葬物中有些含有有機成分，這些成分腐爛產生了沼氣，引起了自燃。所以才造成了眼前的景象。

這些兵馬俑是按照真人大小製作的，這些武士俑身穿戰袍，神態各異，服飾裝束各不相同，栩栩如生。人物的髮式就有許多種，手勢也各不相同，面部的表情更是各有差異。

從他們的裝束、神情和手勢就可以判斷出是官還是兵，是步兵還是騎兵。總體而言，所有的秦俑面容中都流露出秦人獨有的威嚴與從容，具有鮮明的個性和強烈的時代特徵。

　　兵馬俑雕塑採用繪塑結合的方式，雖然年代久遠，但在剛剛發掘出來的時候還依稀可見人物面部和衣服上繪飾的色彩。在手法上注重傳神，構圖巧妙，技法靈活，既有真實性也富裝飾性。正因為如此，秦兵馬俑在中國的雕塑史上占有很重要的地位。從已整理出土的 1000 多個陶俑、陶馬來看，幾乎無一雷同。

　　秦始皇統一六國之後，秦國實行全國徵兵制，兵源來自全國各地，這恐怕是他們在臉型、表情、年齡上有差別的主要原因。工匠們全都是用寫實的藝術手法把它們表現得十分逼真，栩栩如生。在這個龐大的秦俑群體中包容著許多顯然不同的個體，使整個群體更顯得活躍、真實，富有生氣。

　　數以千計的陶俑、陶馬都經過精心彩繪。陶俑的顏面及手、腳面顏色均為粉紅色，表現出肌肉的質感。特別是面部的彩繪尤為精彩。白眼角，黑眼珠，甚至連眼睛的瞳孔也彩繪得活靈活現。

　　陶俑的髮髻、鬍鬚和眉毛均為黑色。整體色彩顯得絢麗而和諧。同時陶俑的彩繪還注重色調的對比，個體整體間均有差異，不同色彩的服飾形成了鮮明的對比，增強了藝術感染力。陶馬也同樣有鮮艷而和諧的彩繪，使靜態中的陶馬形象更為生動。

修造最龐大的宮殿

秦國自秦孝公定都咸陽以來，經過六代君主的建設，都城已經具有相當規模。秦統一前，咸陽已經成為聞名天下的繁榮都市。隨著統一戰爭的節節勝利，秦始皇不斷擴建他的宏偉帝都，大興宮殿園林。而阿房宮則是嬴政在咸陽修建的最為龐大、奢華的宮殿。

秦始皇三十五年，也就是西元前 212 年，秦始皇統一六國後，經過一段時間的調整，國力基本恢復。隨著人們大量擁入京都，咸陽人口劇增。秦始皇覺得首都咸陽人太多，而且，先王留下的宮殿又太小，於是就下令在渭水南邊的上林苑中重建朝宮。

在《史記・秦始皇本紀》中有相關的記載 ：

始皇帝以為咸陽人多，先王之宮廷小。吾聞 ：周文王都豐，武王都鎬。
豐、鎬之間，帝王之都也。乃營作朝宮上林苑中。

可見，秦始皇在建立了秦帝國之後，並沒有立即遷移政治中心，依然在全力經營先王的宮殿。時人因其前殿所在地名為阿房，即稱為阿房宮。

阿房原來只是朝宮前殿的名字，原本秦始皇打算在整座朝宮建成之後「更擇名命名之」。但是，由於宮殿規模實在太大，雖然每天都有十幾萬苦役參加營建工作，但一直到秦朝滅亡的時候，阿房宮仍然沒有竣工。這樣，人們就將它稱為阿房宮了。而對於這個「阿房」的名字，後人對它的解釋都不一樣。

後人甚至對「阿房宮」這個名字給予了一個美麗傳說，並且美麗傳說不止一個版本，第一個是說，嬴政在巡遊的途中，愛上了一個美麗的民間女子，這個女子便叫做阿房。

秦始皇看到她之後，便深深地愛上了她。可是好景並不長，因為地位的懸殊和世俗的偏見，阿房最終沒能與嬴政廝守。秦始皇為了紀念自己曾經深愛的女子，將自己正在修建的宮殿叫做阿房宮。

　　還有一個版本是說，那時，嬴政在治理黃河的時候，地方官為了討好這位好色的嬴政，為他選送了不少女子做妃子，其中就有一個叫阿房的女子。由於嬴政十分喜愛阿房，因此特意為她修建了宮殿，取名阿房宮。

　　還有說法是，阿房原是整個宮殿前殿的名字。始皇帝原本打算等宮殿全部竣工以後，再重新取名字。沒想到工程太過巨大，即使動用十幾萬人來做這個工程，也無法在短期內完成。直到嬴政逝世時，工程還在修建。

　　二世即位後，命人繼續修建。後來項羽攻入秦宮，將阿房宮燒燬了。始皇帝還沒有來得及為整個宮殿起名字就駕鶴西去了，秦二世剛剛當上皇帝，寶座還沒坐熱就被趕了下來，他更無暇顧及宮殿的名字。於是人們就把修完的前殿名給了整個宮殿。

　　而前殿稱作「阿房」，也有人給出了幾種不同的解釋。一種解釋是說宮殿在咸陽附近。阿，有附近的意思。宮殿在咸陽的旁邊，所以暫取名為「阿房」。

　　第二種解釋是，阿房這個名字是根據此宮「四阿房廣」的形狀來命名的，阿，在古意中可以解釋成曲處、曲隅、庭之曲等意思。阿房宮「盤結旋繞、廊腰縵回、屈曲簇擁」的建築結構就體現了這種「四阿房廣」的風格和特點。

　　正是由於阿房宮建築的這種風格，在《史記・秦始皇本紀》索引中解釋阿房宮的命名時說，這是看形狀來命名的，宮殿的周圍很是廣袤。第三種解釋就是阿房宮是因為宮殿建築在大陵上才這樣取名的。

　　相傳，秦始皇為了修築阿房宮，動用了 70 萬囚犯，一次所用的建築木材，幾乎將四川山上的樹木砍伐殆盡，又用搜刮的民財把阿房宮點綴得輝煌無比。王孫貴族們驕奢淫逸，花天酒地，揮金如土，把寶鼎看作鐵鍋，把

修造最龐大的宮殿

美玉看作石頭，而百姓卻掙扎在水深火熱之中，人們的負擔超過了承受的極限。

阿房宮從驪山北邊始建，折而向西，一直通到咸陽，綿延 300 多里地。它東西寬 690 多公尺，南北長約 115 公尺。殿上可以坐萬人，高處可以豎 5 丈高的大旗，約 12 公尺。據說，阿房宮內有 700 多個大大小小的殿堂，一天裡，大小殿堂的氣候、氣溫都不相同。

阿房宮的屋頂四面呈斜坡形，從底往上有 11 公尺高，宮牆和外部范圍的建築也占地廣大，據記載有 144 平方公里。阿房宮是當時人們心目中天堂的反映，它是北極星的模擬，而它那各種各樣延伸的柱廊似乎是想勾勒出天上的星座。這種姿態是勇武的、目空一切的，它將秦朝都城的一部分變成巨大星圖的一部分。

因為有一條長廊穿過渭河，將它跟咸陽連接起來。這樣的工程需要木料，於是木料源源不斷地從四川和黃河南岸運來；還需要石料，於是石料從遙遠山區的採石場源源不斷地運來。而阿房宮自身，假如真的完全建成了，它無疑是真正能給人留下深刻印象的。

高大的樓閣遮天蔽日，渭川和樊川兩河穿宮牆而過，五步一樓，十步一閣，被連接建築物的那些曲折的走廊寬寬地圍繞著。突起的屋檐，像鳥嘴向上；樓閣依山而築，像蜂房，像水渦，聳然矗立，不知有幾千萬幢。長橋橫臥在水上，就像是雲中游龍一般；在空中架木築成的復道，油漆色彩燦爛，看上去就像雨過天晴空中出現的彩虹一樣絢麗，使人眼花繚亂，分不清東南西北。只聽不時傳來一陣陣歌樂之聲。

相傳，阿房宮的殿門用磁石做成，又叫做磁石門。外族使者來朝貢的時候，都是由這個門進入，如果攜帶兵器，兵器便會被磁石門吸住。而使者遇到這種情況，往往就會大驚失色，以為秦有神靈相助，更生敬畏之心。

阿房宮四周建有架空的閣道，從殿門向南通過閣道可直接到達終南山，在終南山頂修建「闕」，是一種表示宮門的立柱，這意味著秦始皇所建的宮殿大門在終南山頂。從阿房宮開始，向北修建一種與天橋相似的「復道」，橫跨渭水，通向咸陽。

　　宮中到處放著珍寶、瓷器，牆上刻滿了畫，宮內住滿了原六國的嬪妃、宮女，她們日夜對鏡梳妝，個個都以皇帝的喜好而梳妝打扮，希望得到皇帝的寵幸。秦始皇的後宮女子達 1 萬多人，有的在宮中 36 年都不曾見皇帝一面。由此可見，阿房宮的規模巨大。

　　現在陝西西安西郊三橋鎮以南，東起巨家莊，西至古城村，還保存著面積約 60 萬平方公尺的阿房宮遺址。可見，阿房宮宮殿之多、建築面積之廣、規模之宏大，是世界建築史上無與倫比的宮殿建築。

　　至今在阿房村南，仍保留著一座巨大的土臺基，它東西 400 公尺，南北 110 公尺，高約 15 公尺，當地老百姓稱為「始皇上天臺」。

　　傳說，秦始皇希望自己長生不老，便令徐福渡海去求長生不老之藥。秦始皇盼望心切，於是在阿房宮內築起高臺瞭望。阿房宮還沒有竣工，秦始皇便病死於出巡的途中。後人譏笑秦始皇，把這個土臺稱為「妄想臺」。在阿房村的西南分土綿綿不斷，形成了一個長方形的臺地，差不多 26 萬平方公尺。當地人叫它「郿塢嶺」。

　　阿房宮極盡奢侈豪華，考古人員在阿房宮遺址發現了大量瓦當、陶制排水管道、鋪地磚、空心磚等。瓦當上的圖紋有各種花蟲鳥獸，出土的空心磚上有龍鳳紋，龍鳳飛舞，若騰空在天。在遺址的牆面上，還發現了大量的壁畫，有人物、動物、植物、建築等，色彩極為豐富，足見當時宮殿的華美綺麗。

　　阿房宮的建設，從某種意義上說，加速了秦王朝的滅亡。秦始皇病逝

修造最龐大的宮殿

後，阿房宮尚未修成，但是修建阿房宮的工程被迫停了下來。直到秦二世胡亥即位之後，為實現先帝的遺願，秦二世又繼續修築阿房宮。

秦二世元年（前209年）七月，陳勝、吳廣起義爆發，秦帝國危在旦夕。在當時天下賦稅繁重、民不聊生和戰事危急的狀態下，阿房宮工程即使不停工，也不可能按部就班地施工下去了。

於是，秦朝統治集團內部在阿房宮是否繼續修建這個問題上產生了嚴重分歧。右丞相馮去疾、左丞相李斯、將軍馮劫勸阻秦二世停止修建阿房宮，觸怒二世，3人被送交司法官署問罪處死。

秦二世三年（前207年）八月，趙高作亂，將二世劫持在望夷宮，從而逼迫二世自殺。二世既死，阿房宮最終完全停工，直到秦帝國滅亡。

後來，推翻秦朝統治的項羽率軍隊攻入咸陽時，移恨於物，一把火燒了這個舉世矚目的宮殿及所有附屬建築，使之化為灰燼。據說，大火熊熊燃燒了3個多月才熄滅。

秦阿房宮不僅是秦代建築中最宏偉壯麗的宮殿群、中國古代宮殿建築的代表作，更記載著中華民族由分散走向統一的歷史，承載著華夏文明的輝煌記憶。

同時，從某種意義上講，勞民傷財的阿房宮也是秦滅亡的一個象徵物。修建阿房宮時，秦始皇要調動全國所有的人力、物力、財力來集中力量辦大事。秦帝國確實在短時間內奠定了很多歷代延續的制度，但同時也超越了當時的社會承受能力。

寄予厚望的扶蘇

秦始皇開創了中國歷史上第一個統一的大帝國，他的兒子扶蘇也是人中龍鳳。只可惜這個德才兼備的兒子卻在宮廷政變中成了犧牲品。扶蘇是秦始皇的大兒子，他是最有資格繼承始皇衣缽的人。

據說，公子扶蘇的母親鄭妃是鄭國人。因為喜愛當時非常流行的一首名叫《山有扶蘇》的情歌，而將孩子的名字取名「扶蘇」，是樹木枝繁葉茂的意思。可見，秦始皇是對扶蘇寄予了厚望的，希望他將來能給國家帶來繁榮昌盛，也希望自己子孫滿堂。所以，少時的扶蘇是受過良好教育的。

少年時的扶蘇就顯示出了他的聰穎和仁愛。對待手下的人寬厚、能體諒他人的難處。宮中的人都很敬重他。隨著年紀的增長，這種仁愛性格卻被始皇帝所排斥。

秦始皇是徹頭徹尾的法家思想的執行者。在他眼裡扶蘇的仁愛是對自己的殘忍，很難管制住別人。在始皇帝的眼裡，沒有鐵血的手腕是沒辦法管理好國家的。把政權交到扶蘇手裡多少有些不放心。

秦始皇最大的錯誤不是他在統一六國時使用冰冷、殘酷的鐵蹄，也不是統一初期的專制作風。而是他始終沒有明白：得天下靠武，守江山靠仁。

扶蘇在能夠參政的年紀，上朝與秦國群臣一起討論政務。最讓秦始皇受不了的是，自己的兒子竟然多次在朝堂之上反對自己的意見。父子的政見常常是不合的。嬴政心裡很不痛快，因此，扶蘇在始皇帝這裡越來越不受待見。

父子思想觀念上的衝突最終在「焚書坑儒」的事件上爆發了。在李斯的煽動下，嬴政欣然接受了「焚書」的建議。扶蘇曾勸過始皇帝，始皇帝認為扶蘇是婦人之仁，不予理睬。

寄予厚望的扶蘇

接著，秦始皇因為痛恨方士的欺騙，要把 400 多名儒生在咸陽活埋了。扶蘇預料到事態的嚴重性，便勸諫說：「父皇，現在天下剛剛平定，四周的百姓還沒有完全歸附於我們，這些人都是孔子思想的追隨者，我們若是用重法來制裁他們，恐怕會引起百姓的驚恐。希望父皇三思。」

嬴政一聽十分憤怒：你不贊成我的做法也就罷了，還在群臣面前擺我陣，我皇帝的威嚴何在？你這樣心慈手軟能有什麼出息？！把你弄到下面去吃吃苦頭，讓你知道什麼是現實。

於是，一聲令下：「發配到邊疆陪蒙大將軍修長城去吧！」就這樣，扶蘇便在蒙恬的軍隊裡做監軍，一邊幫助蒙恬修建長城，一邊戍邊。兩年裡，他吃了不少苦，也經歷了一些戰事，逐漸地成熟起來。他還是一樣的仁愛待人，與蒙恬結下了深厚的友誼，將士們也很愛戴他。

秦始皇是個十分有心機的人，他表面上沒有過問扶蘇的任何情況，實際上也派人打探扶蘇在邊地的表現。當聽說扶蘇得人愛戴時，心裡也是頗為高興的。只是還不是調他回來的時候，讓他多吃些苦，知道些政治的殘酷也少一點兒頂撞。氣消了的始皇帝感到自己的一時衝動也會帶給扶蘇一些好處，所以遲遲不調扶蘇回來。

始皇帝沒想到的是，他還沒有來得及等到扶蘇鍛鍊出帝王的氣質，自己就命歸西天了。秦始皇一直都知道扶蘇是個帝王之才，只是他一味地反對自己，又面慈心軟才將他下放進行鍛鍊。現在自己眼看就要不行了怎麼也得招他回來。

於是「乃為璽書賜公子扶蘇，上寫『與喪會咸陽而葬』」。意思是將傳國玉璽賜給扶蘇，命他來主持自己的葬禮。能將傳國玉璽給扶蘇就是在明示扶蘇是自己的接班人。

始皇帝萬萬沒想到的是，自己一直寵愛的小兒子胡亥會在奸臣趙高的慫

愿下，將自己的遺詔篡改了。他利用始皇帝之口，將扶蘇徹底解決。

篡改後的詔書內容是，我巡遊天下，祭祀各地的神靈祈求他們幫助我增壽。現在扶蘇在蒙恬那裡駐守邊疆，已經 3 年了，沒有做出什麼成績，也沒有立下半點功勞，反而多次上書誹謗我的所作所為，又因為不能解職回京當太子，日夜怨恨不滿。扶蘇作為人子是不孝順的，賜劍自殺！將軍蒙恬和扶蘇整日在一起，不但不糾正他的錯誤，還幫助他說好話。作為人臣是不忠的，現在一同賜死，把軍權交給王離。

扶蘇接到始皇帝的詔書後，傻了眼。自己沒有犯過什麼錯，就是多進了幾次言。怎會招致生父如此的怨恨？生父難道真的如人們口中所說的那樣心狠手辣？但是他又想到身體髮膚受之父母：既然我的身體、骨肉都是你給的，那麼你就拿回去吧！他哪裡知道這是他同父異母的弟弟的傑作呢。

但是蒙恬將軍還是有一些清醒的，他勸阻扶蘇：「皇上在外地，沒有立太子，而我帶著 30 萬大軍被派到這裡駐守邊關，公子你被派來當監軍。這是多麼大的使命啊！現在要殺我們卻只派來一個使者，其中定是有詐的。我們請示一下再去赴死也不晚啊！」

「君要臣死，臣不得不死；父要子亡，子不能不亡。主上對我是兩者兼之，他要我死，我還能說什麼？」扶蘇又長長嘆口氣。然後忍不住帶著眼淚笑起來，他不好意思地用袖口擦乾了眼淚說：「蒙兄，你知道我不是怕死，而是傷心父皇為什麼會這樣誤會我，所加的罪名根本都是我沒有犯過的！」

「這個正如詔書上所說的，我是再清楚沒有的了。主上說你日夜怨懟，我看到的是你時時自責不能討父皇的歡心；詔書上斥責你上書誹謗，依我看句句都是肺腑血淚之言，」蒙恬慘笑著說，「每次公子上書言事，主上覆書都是慰勉有加，怎麼這次突然變了？」

「唉，罷了！」扶蘇仰天長嘆，指著書架上的詔書說，「書是父皇的親

寄予厚望的扶蘇

筆手跡，這是熟知而且核對無誤的，上面蓋的密璽，乃是父皇隨身所攜帶，絕不會假手於人。也許是父皇生病，性情一時大變。」

蒙恬總覺得這中間有什麼不對，仍然堅持他的懷疑：「公子其實不需要這樣急著死，稟報以後再說吧！」

「君命不可違，父命不忍背，君父賜臣子死，還有什麼可稟報的呢？」扶蘇掩面而泣，淚下數行。

蒙恬滿懷憤怒，但卻不便再說什麼。過了一會兒，扶蘇擦乾了眼角的淚，命侍僕拿來筆墨白綾，他提筆想寫封信給父皇，但思緒太亂，無法下筆，最後他執筆長嘆說：「既然已決定死了，還做什麼解釋？」

扶蘇又轉向蒙恬說：「我有一個折中的辦法，就是不知道將軍是否會同意呢？」

「什麼辦法？」蒙恬好奇地問。

「將軍暫時不死，留下向主上稟報，我一死，主上也許就會幡然醒『蒙恬並不是怕死，而是怕死得糊塗。』」

蒙恬仍想勸阻扶蘇。

「蒙將軍，我們多年相處，情同兄弟，願不願意陪我走完人生最後一段路程？」扶蘇泰然地笑著問。

「公子是什麼意思？」

「沒有什麼，擺酒為我送行！」扶蘇從容地笑著說。

「在九泉之下，公子稍候，等我一起同行。假若真是主上詔命，我們都知道他的脾氣，事情決定了就不會更改。」蒙恬也淒然而笑。

僕人片刻之間擺好了簡單而精緻的酒菜，兩人相對痛飲。酒至半酣，扶蘇起身向南拜了三拜，然後打開髮髻，以髮覆面，左手拔劍置在喉間，右手則緊握左手，他微笑著向蒙恬說：「後死責任重，除了代我向父皇謝罪以

外，你還得注意，我一死，北邊恐怕會亂，你得好好安撫，收拾殘局！」

蒙恬將軍說：「公子你不能死啊！」

扶蘇的話提醒了蒙恬，但等到他上前拉時，扶蘇右手用力帶動左手。劍深深切入喉管，一道血箭噴得他滿臉都是血。公子扶蘇的屍體緩緩倒了下去。

蒙恬觸景傷情，不免有兔死狐悲的傷感，再想起多年來深厚的友誼，忍不住悲從中來，忘記了自己是獨當一面的大軍統帥，抱著扶蘇的屍首痛哭起來。

顏取得到消息趕來，自恃是胡亥親信，又是皇帝使者，見了扶蘇遺體不拜，反而要斬下扶蘇首級覆命。

氣急之下，蒙恬站起身來怒聲一吼，武將到底是武將，別看他平日爾雅俊秀，一派儒生風度，他這一吼，卻是聲徹屋梁，顏取嚇得兩腿發軟。

蒙恬圓睜鳳眼，滿懷憤怒地說：「你敢！再怎樣說，扶蘇公子乃是主上的長子，賜死乃是他們的家務事，公子並沒有犯下什麼刑法，你是什麼東西，竟敢將公子當成死囚來處理？」

顏取挨罵，雖然恨在心裡，卻是敢怒不敢言，他只有自己安慰自己，看你還能橫行到幾時！遲早你還是和扶蘇一樣伏劍自刎，大人不計小人過，我這個前途光明的人，不與你這個活死人一般見識。迫不得已，顏取以屬下之禮向扶蘇遺體拜了一拜，起來後，未等蒙恬相請，自己坐了上賓席。

蒙恬看都不看他一眼，只是親自為扶蘇擦拭臉上的血跡。從人們整理好遺體，正想抬出去，蒙恬制止他們說：「且慢，暫時放在那裡，等下連我的一起整理！」

嚇得渾身不舒服的顏取聽到蒙恬如此，心安了不少。他討好地說：「下官急於覆命，有得罪之處，還望恕罪！」

蒙恬沒有理他，只顧自己喝酒。

寄予厚望的扶蘇

過了一會兒，顏取又忍不住催促：「扶蘇公子已奉命自裁，將軍將如何自處？」

「你等得及，就在這裡慢慢地等，等不及就回驛館休息。蒙恬不是不懂事的人，知道貴使急於覆命。」

原本神氣活現的顏取，經過蒙恬剛才一吼，早已失去了那股傲氣，反而看起蒙恬的臉色來。蒙恬不再言語，只是時而飲酒，時而沈思，有時站起來踱到扶蘇遺體前面徘徊檢視一番，似乎眼中根本沒有這位御使的存在。

不知過了多久，從人慌慌張張來報，王離將軍求見。蒙恬笑著說：「他來得正好，我剛想派人找他，快請進來！」

王離是王翦的孫子，身高9尺多，濃眉大眼，虎頭燕頷，生得十分威猛。原先跟著蒙武，後來轉到蒙恬部下，因為有功被升至蒙恬的裨將，現在又奉詔取代蒙恬為獨當一面的統帥。雖然一半是由於他驍勇善戰，但大半是蒙武和蒙恬對他的提攜。

所以，雖然他奉詔代理統帥，臉上卻充滿了悲憤之情，但為顧及日後相處，他不得不先向顏取見禮，因為顏取目前是御使，緊接著就是監軍。接著他向蒙恬見禮後就席位，臉上一副著急相，連橫躺在室內陰暗處的扶蘇遺體都沒注意到。

「王將軍，你來得正好，想必御使另外有詔書給你，平日軍備錢糧都是由你在處理，想必交接應該不會有什麼問題。」蒙恬將軍以不經意的語氣說。

「將軍，現在還談什麼交接？」王離虎眼已流出了眼淚。他一面說話一面眼睛瞄著顏取，蒙恬明白他有緊急私話要對自己說。他站起身來，指著室內另一端的陰暗處說：「扶蘇公子的遺體在那邊，你跟我去參拜一下。」

「什麼？扶蘇公子已經自裁？」王離急得哭了出來，「看來，末將還是來晚了一步！」

這時，王離跪下雙手扶住屍首痛哭，如此高大威猛的老將，哭得滿臉淚涕縱橫。看得顏取也暗暗心驚，扶蘇如此得軍心，看來繼位者日子不會好過，何況扶蘇貴為始皇帝長子，他只不過是太子胡亥的一個門客而已。他心生懼意，隨之也起了退意，還是借回去覆命之際，力辭北邊代理護軍這項官職。

這邊蒙恬悄悄問王離，到底發生了什麼事，以致他的神情如此緊張。王離輕聲回答：「不知哪裡傳來的消息，說是李斯丞相假傳詔命，要謀害扶蘇公子。」「扶蘇公子已自裁而死，」蒙恬哽噎著說，「他親自檢視過主上的詔書，蓋有密璽，同時還是主上的親筆手跡。」「空穴來風，末將查不出謠傳的來源，可是軍心已不穩，要是知道公子已自裁……」

顏取那邊也在豎著耳朵傾聽，雖然聽不全，但是也聽了個大概，他面色變得蒼白，背脊發涼，原先認為是輕易得來的富貴，如今才明白是個火坑，弄不好這次會將老命賠在這裡。

蒙恬和王離神情沉重地回到席位，正想將目前情況告訴顏取，只見一名中軍匆匆進室來報：「啟稟將軍，大事不好！」「什麼事這樣驚惶？」蒙恬叱問。「眾多軍民將將軍府團團圍住，說是要見扶蘇公子。」蒙恬轉臉看了看顏取問：「御使大人要不要同去看看？」「不要……不要……」顏取連連搖著雙手，聲音發抖。蒙恬和王離帶著侍衛來到府前的望樓上，只見黑壓壓的人群四面八方包圍著將軍府，將整個前門廣場擠得水洩不通。趕來的民眾都手提燈籠，將廣場照得明亮猶如白晝，還有很多執著桐油火把，更增添了緊張的氣氛。

最使蒙恬和王離憂心的是，在四周的陰暗裡，憧憧人影，隱約看得出是眾多兵卒，有騎卒也有步卒，他們和嘈雜的民眾相反，靜靜地佇立，人無聲，馬也無聲，即使有點人的咳嗽和馬的踏蹄聲，也被整個聲音的浪潮掩蓋住了。

蒙恬和王離都是身經百戰的猛將，明白這股沈寂力量的可怕，正如暴風

寄予厚望的扶蘇

雨要來臨前的寧靜。「這些士卒是哪個軍隊的？」蒙恬大聲問王離，可是就算再大的聲音，王離仍然聽不清晰。「末將也不知道。」王離說。「這些兵卒最可怕，這是民心的動搖，也是民眾的先鋒，弄不好，帶頭衝殺進將軍府的會是他們，」蒙恬笑著問，「相信嗎？」「將軍的話，末將什麼時候不相信過？」王離也笑著回答。兩人登上望樓最高處，蒙恬對左右說：「將火把點旺，照清楚我的臉！」「將軍，這樣實在是太危險了，請將軍一定要三思啊。」侍立在旁的中軍說。

「別多話，照我所說的做！」

幾十根火把點燃起來，將望樓照得通明，蒙恬英俊的臉龐，廣場上的群眾看得一清二楚，「蒙將軍到！」再加上中軍的嗓門大，一聲喊叫，全場突然寂靜下來，這時候才能清晰地聽到陰暗處的馬嘶和蹄聲。

接著群眾看清是蒙恬後，全場一陣響雷似的歡呼。「蒙將軍，我們要見扶蘇公子！」有人帶頭這樣喊。

「我們要見扶蘇公子！」更多的聲音附和。

「蒙將軍，有人說，李斯和趙高聯手要陷害公子和你，你們要小心！」也有人這樣大叫。

「蒙將軍，扶蘇公子現在人在哪裡？為什麼不讓他出來見我們？」有些人直擊要害地吼叫。

提到扶蘇，蒙恬一陣心酸，眼淚瞬間便奪眶而出，但他不能讓這些群眾知道他們熱烈愛戴的扶蘇早已自裁身亡。於是，他只好鎮定一下自己的悲傷情緒，然後舉起雙手要大家安靜，這時全場也就平靜下來等候聽他說話。

蒙恬放大了喉嚨喊著說：「各位父老兄弟，不要聽信謠言，扶蘇公子正在和御使議事，現在請各位散去！」

群眾議論紛紛，嘈雜的聲音就像一群離巢飛舞的蜜蜂，遠處已有民眾漸

漸散去。突然，在陰暗的兵卒堆裡有人高叫：「蒙將軍的話是安慰你們的，扶蘇公子現在說不定已自裁身亡了！」

蒙恬和王離聽到這人的話，全都驚得渾身一震。蒙恬想起兩人接詔的禮儀是在大廳，想不到消息外洩得如此之快。他大喝一聲說：「躲在陰暗處說話的是什麼人？為什麼不敢站出來說話？」

「將軍怎麼連末將的聲音都聽不出來了？」那人哈哈狂笑，隨即又帶著哭聲說，「將軍和公子千萬不要上當！」

隨著說話聲，一名身穿都尉甲冑的人躍馬衝出陰暗，到達樓下群眾的最前面。在火把的照耀下，蒙恬認出他的臉，不免暗暗心驚。

這名都尉不是別人，而是自小跟著他的蒙升，原本是他的小書僮。他到軍中後，跟著他做中軍傳令，南征北討，足智多謀，因為有功升到了騎卒都尉。

「蒙升？」蒙恬叱喝，「是你在鼓動？」

「不錯，是末將為護主所做的不得已之舉，末將不但策動了在這裡的民眾，而且已飛騎傳書，通知了各軍。」

「你知道你這樣做，有多嚴重的後果嗎？」蒙恬又急又氣，但也有幾分感動。

「還有什麼後果比扶蘇公子和你的死更嚴重？」

「不得胡說，扶蘇公子正在和御使談事！」蒙恬已說了謊，只能硬著頭皮說下去。

蒙升仰天長笑，但笑聲帶著太多的無奈和淒厲，他含著哭聲說道：「將軍和公子都不應盡愚忠愚孝，有可靠的傳言已傳到各地，始皇帝早已死了，放在車上的屍體都已發臭，不得不用鮑魚的臭味來遮蓋！」

「你是怎麼知道的？」蒙恬口中如此問，心中卻在盤算，假若始皇帝已

寄予厚望的扶蘇

死，他就不必這樣聽話自裁了，這擺明是李斯、趙高的陰謀。假若真是這樣的話，扶蘇真的死得太冤枉！

「可靠方面的消息，」蒙升回答，「將軍，你想想看，皇帝的車上怎麼會放惡臭的鮑魚，這不是欲蓋彌彰嗎？李斯和趙高陰險可怕，將軍千萬不要為了愚忠上當！」

「不管怎麼說，你這般聚眾鬧事，應當怎樣處罰你？」蒙恬暗中贊成他，卻不能不說點兒門面話。

這時群眾已等得不耐煩，前面一些人開始叫囂：「我們要見扶蘇公子，見不到我們不會回去！」

後面的群眾不知前面發生了什麼事，聽到前面的人這樣喊，也就跟著喊：「不錯，見不到扶蘇公子，我們都不回去！」群眾的吶喊聲就像大海中的波濤，一波波地由前至後，再由後至前。

「蒙升，你這樣做，惹出大事來，你要受軍法處置的！」蒙恬十分痛心地吼叫道，「趕快帶你的人走吧！設法要黔首散去！

群眾聽到蒙恬的吼叫，想知道他在說什麼，突然又安靜下來，在這種時候，寂靜比嘈雜更可怕。

「公子，」蒙升突然改口以昔日稱呼喊蒙恬，「蒙升知道聚眾威脅，罪該處死，但為了公子你和扶蘇公子，蒙升也顧不了這麼多了，蒙升不需要軍法處置，只望公子不要上當，善自珍重！至於群眾，易發難收，蒙升已管不了了！」說完，蒙升拔出佩劍自刎而死。

蒙恬一聲驚呼，眼睜睜地看著蒙升屍體從馬背上掉下去，他搖搖頭，淚水模糊了視線，有點惘然。

樓下廣場裡的群眾開始騷動，有人叫罵，也有人用石頭擲砸將軍府大門。這時候，兩旁陰暗處的騎卒紛紛衝到前面，擋住了人潮，抬起蒙升的屍

體。一名軍官模樣的人大聲向蒙恬懇求：「將軍你就找扶蘇公子出來安撫一下群眾吧！」

「不，我不能受這種威脅，扶蘇公子也不會受這種威脅，你要維持秩序，驅散這些人！」

蒙恬明白自己的話完全是強詞奪理，但他更不敢公布扶蘇的死訊，不然後果更不可預料。他沒等那名軍官答話，帶著王離等人下望樓而去，將群眾的吶喊聲、叫罵聲丟在身後。

群眾包圍將軍府，數天數夜不去。扶蘇自裁的消息外泄，上郡及別的邊地城市民眾半信半疑，越來越多的群眾聚集在府外。唯一的要求是，他們見到扶蘇就散走，偏偏這就是蒙恬唯一不能滿足他們的要求。

蒙恬不願調兵馬對付這些民眾，顏取想對付，卻又調不動兵馬。蒙升帶來的那些人反而變成維持秩序的部隊。

最後群眾實在見不到扶蘇，他們要求皇帝使者出來向他們說明，蒙恬再怎樣邀請顏取，顏取兩腿發軟，搖手以示不肯。扶蘇已經裝殮好，就在將軍府白虎堂設置了靈堂。

蒙恬調席鋪設在棺木右側守靈，數日來未下席，實在倦了，就在席位上打個盹。幾天來，他只飲酒，東西吃得很少。王離隨時會出現在他的身旁，報告一些軍情。而最害怕的是御使顏取，他來的時候看到情形不對，早已派人回去再作請示，現在還沒得到回音。

雖然蒙恬為他在府中專設客室款待，並有專人服侍他的飲食起居，但他也是食不知味，睡不安枕，在靈堂陪伴蒙恬的時候居多。他在等候消息，也是尋求蒙恬和王離的保護。府中上下，無論文武老幼，士卒家童，全都對他和他的從人瞪目而視，彷彿隨時會殺掉他們一樣。

連執著戈矛守靈堂的護靈兵卒，看到他們也是兩眼冒著仇恨的火焰，他

寄予厚望的扶蘇

們經過這些全副甲冑的士卒身邊，還真是提心吊膽，深怕他們的戈矛橫下來將他們刺個對穿。

最使顏取膽寒的是每日都有軍使來報，全是些軍心不穩如北邊實邊民眾逃亡的消息。這些軍使說，首先是士卒聽到扶蘇和蒙恬被皇帝賜死的消息，人人都感到憤怒，但敢怒不敢言。

接著，另一股傳言像野火一樣燃遍整個軍中，那就是始皇帝早已死了，遺體都已發臭發爛，賜扶蘇公子和蒙將軍死的詔書，乃是胡亥他們所偽造的。這個傳說迅速在軍中和築城勞工中傳開。

每天都有好幾撥使者來報。匈奴大概也得到了這個消息，向我陽山陣地發動攻擊，我軍士氣渙散，不肯迎敵。部分退至河南，部分因為軍法嚴峻，不敢回來，乾脆率部投降到匈奴去了。

匈奴單于對這些投降的人特別優待，甚至有一名旅尉，他完整地率500部下投降，單于將女兒許配給了他。凡是投降的人，單于都賜姓編為匈奴部落，賜牛羊和家畜，並由投降者自選千夫長、百夫長，儼然一新興匈奴秦種部落。因此，軍中投往匈奴者大為增加。蒙恬聽了大為感嘆，想不到匈奴進步也快，也學會了安撫政策。

自從這個消息在勞工中傳開後，築城囚犯紛紛暴動逃亡，監衛士卒也都不管，甚至有隨著暴動者逃亡的情形。主要原因是扶蘇對眾仁厚，儘量幫囚犯解決各種問題，比起同樣是在驪山和阿房宮服役的囚犯，生活和待遇都有天壤之別。至少他們可以吃得飽，監工也不許隨便打人。他們怕新派來的護軍一改作風，而王離將軍又是個只知道服從上級，沒有什麼擔當的人。

蒙恬每逢聽到這類報告，都會搖頭微笑，看看顏取和王離，他們兩人都羞慚得面紅耳赤。在河水沿岸新設的幾十個縣城傳出這個消息後，再加上匈奴收復陰山的戰報，實邊移民紛紛向後撤離，這些人大都是單身，一逃就沒有了蹤影，而拖家帶口的全都擁入九原，如今前線還沒有作戰，難民就壅塞

了附近幾個縣城和九原。

　　結夥搶劫殺人案件近日大幅度增加，顯而易見都是這些逃兵和脫逃的勞改犯所為。顏取每次聽完這些報告，都會惶恐地問蒙恬說：「蒙將軍，這該怎麼辦？」

　　蒙恬微笑著回答說：「我如今乃待死囚犯，還得看御使怎麼辦。」

　　顏取在等待派往始皇帝處的使者，他一直堅信始皇帝未死，否則他也早就逃亡了。使者帶回始皇帝「親筆」用有密璽的詔書，嚴詞指責扶蘇和蒙恬抗命，並重申立即自裁，否則滅族！

　　蒙恬跪接了詔書後，態度從容地對顏取說：「我現在雖然已是階下囚，但我仍然有能力反叛，傚法前趙國李牧的故事，御使大人相信嗎？」

　　「當然相信！」顏取回答說。

　　「要誅到滅族，御使人人得相信，蒙恬已無族可滅！」

　　「蒙家可是個大家族。」顏取語帶威脅地說。

　　「蒙家的家族雖然大，但是人丁單薄，而且早料到有這一步，你不相信，可以去找找看，滅族也只能滅一些與蒙家毫不相干的人。」蒙恬臉帶譏刺笑容。

　　「將軍真有那違背命令的心嗎？」顏取惶恐地問。

　　「扶蘇公子已死，我也不會獨活。」蒙恬淒然地笑著說，「再說，蒙家三代受主上之恩，怎麼會有抗命的舉動？」

　　「將軍明智。」顏取現出寬慰笑容。

　　「但……」

　　「將軍，君子一言，駟馬難追！」顏取神情又緊張起來。

　　「御使請寬心，蒙恬平生尚沒有說過會反悔的話！不過……」

　　「不過什麼，將軍？」

　　「你沒有看見眼前情勢一片混亂，我這隨便一死，你接得下這個爛攤子嗎？」

寄予厚望的扶蘇

顏取心頭一震，對蒙恬光明磊落和負責的性格打從心底佩服。他情不自禁地避席頓首，連拜了三拜：「將軍為國的赤誠忠心，顏某既感激又崇敬！」

蒙恬趕忙起身，親手將顏取扶起來，然後對他說：「這可是武將報國的本分啊。」

蒙恬回到室內換上統帥服，全副黑色甲冑，頭戴雉尾頭盔，甲外面套一件錦繡紅色虎頭戰袍。蒙恬就在白虎堂扶蘇棺木旁邊升帳議事，王離和顏取分坐兩側。他首先發出令符，命中軍傳各部都尉到白虎堂。不到一個時辰的工夫，各部領軍都尉和本部重要幕僚全都到齊。

蒙恬首先介紹顏取給各將領認識。然後沈痛地宣布：「扶蘇公子已奉主上詔命自裁身亡，本帥也為戴罪之身，將追隨扶蘇公子於地下，如今召集各位來，乃是要盡為將的最後責任。」

蒙恬將軍痛責各將領不負責任，任由軍心渙散，他沉重地說：「假若一兩個人的死，就能影響到整個軍心，這支部隊稱不上是攻無不克、戰無不勝的節制之師！」

等蒙恬訓完話後，眾將士都感動得流下了眼淚。蒙恬跟著調兵遣將，對所有發生的問題都做了妥善處理。調派完畢，又率諸將在扶蘇靈前祭拜上香，諸將無不痛哭流涕。

這時，王離說：「將軍請上坐，受諸將一拜！」他的話帶有活祭的意味，諸將聽了更加傷感。

蒙恬微笑著並不推辭，就坐席前。王離真的命侍從點燃香燭，帶領諸將叩拜。很多將領一拜倒地上就放聲大哭，再也不肯起來，一時哭聲震動整個白虎堂。

「多謝各位，蒙恬生受了！」蒙恬起身將諸將扶起。

顏取在一旁看了，不禁流淚，而且內心有股逼人太甚的罪惡感，連他也懷疑了起來，難道傳言是真，秦始皇真的已經死了，他來送詔書賜死了扶蘇和蒙恬，豈不是為虎作倀？

　　蒙恬軍上下一心，團結一致，卻把他看作眼中釘，而顏取自己雖然讀過不少兵書，但是卻沒有一點兒的實戰經驗，所懂得的軍事不僅是一點兒皮毛，而且根本是紙上談兵，受到這些身經百戰的將領排斥，今後的日子不會好過。顏取決定乘覆命的機會，要求胡亥另外派人。

　　等到諸將全都奉命離開的時候，這時蒙恬才對王離說：「府外民眾的情況怎麼樣？」

　　王離回答說：「10多天來，民眾猶在外不散，聲言見不到扶蘇公子絕不走。」

　　蒙恬長長嘆了口氣，然後說道：「也真虧了他們對扶蘇公子的厚愛，天氣如此炎熱，大太陽底下，他們也真受得了！現在讓他們派代表進來見見扶蘇公子。」

　　群眾派了20多名代表進來，全都是德高望重的地方父老。他們見到扶蘇的棺槨和靈堂，一臉震驚的表情，等到神定以後，便紛紛上香祭拜，放聲痛哭。

　　祭拜完公子扶蘇以後，蒙恬照樣為他們介紹了顏取，並拿來詔書給他們看。看到父老們群情激憤的樣子，顏取面有愧疚，蒙恬則不能不加以解釋。他說：「各位父老千萬不能聽信謠言，扶蘇公子和主上親為父子。而且多年來時有書信往來，他不會不認識父皇的筆跡，更不會笨到為一封假詔書而自裁。」

　　「但傳言如今已傳遍天下，不會全是空穴來風。」一位鬚髮皆白的父老說，「而且老朽小犬日前由井陘回來，正好碰著皇帝的車隊經過，據他說，夾道歡迎的民眾和他都聞到了始皇帝車中傳出的惡臭！」

寄予厚望的扶蘇

「那是鮑魚味。」顏取插口說。

「這不是笑話嗎？堂堂天子的車駕中放什麼鮑魚？」另一位門牙脫落、牙齒不關風的父老憤憤地說，「就是皇帝愛吃鮑魚，也不會放在自己的車中，難道他愛鮑魚愛到這種程度，豈不是變成逐臭之夫了？」

顏取很不高興這位父老這樣奚落始皇帝，但又找不出理由駁斥。當然在這種情形下，更不敢像平日那樣發作，再說，聽了這些話後，他心中的疑團也越來越大。此時，這些父老紛紛說出了自己的心聲，一致隨聲附和道：「不錯，不錯！」

「素聞始皇帝有潔癖，連對宮女每月不潔的味道都甚敏感，因此不准逢到月事的宮人近身服侍，他怎麼會受得了鮑魚味？」另一位老者搖頭晃腦地推敲。

20多個老人分成幾組，七嘴八舌地議論起來。顏取聽到的都是一些始皇帝嗜好、宮中祕聞，很多都是他從來都沒有聽說過的。真是傳聞沒有翅膀，飛得卻比捷燕還快，尤其是北邊偏僻，天高皇帝遠，扶蘇治理仁厚，黔首沒有秦國本部及其他各地的壓制言論壓力，有關始皇帝的傳言更是百無禁忌。

不過，由於始皇經營北邊有功，再說他寵愛的幼公主也是北邊人，所以這裡的人對他有一份難言的感情，有時候談起他來，只稱「嬴親家」或「那個咸陽的親家」。

當然有關始皇帝的傳說，絕大多數都是關懷性的和親切性的，卻也少不了笑謔。父老們一喝茶聊天，似乎忘了他們來的主要目的，原來哀傷的氣氛也逐漸變了質。然而，他們閒聊所達成的一個共同結論就是，秦始皇帝已死的傳說可能是真的！

蒙恬最後不得不制止他們閒談爭論，而將談話拉回正題。他大聲宣布說：「蒙恬請各位來的主要目的有兩個，第一個是要各位親眼看到扶蘇公

子，並代為安撫民眾的疑懼；第二個乃是要各位父老當場見證蒙恬並不是貪生怕死之輩，一直拖延不肯死，乃是怕詔書有誤，如今再接詔書，驗明無誤，也該是蒙恬追隨扶蘇公子於地下的時候了！」

蒙恬將軍的話就像大拍了一下驚堂木，堂內的空氣頓時凝住，由閒聊傳奇的活潑愉快，轉為哀傷沉重。

「怎麼？說了這老半天，你還沒打消死的念頭？」那位牙齒不關風的父老以他特殊風格、含混不清的語調表示反對。

「是啊！年紀輕輕，幫國家也做了不少事，怎麼說死就死！」旁邊幾位父老齊聲幫腔。

「不能死！不能！」剛才堅持他兒子聞到始皇帝屍臭的父老說，「我們明明都知道始皇帝已死的傳聞是真的，那詔書就是假的，為什麼將軍還要執迷不悟？」

「這樣太不值得了！」所有父老一致贊同。

坐在旁邊的顏取，臉上一陣白一陣紅。這些鄉巴佬一點兒也沒將他這個御使大人放在眼裡，膽敢信口雌黃詛咒主上已死，當著他這個信使的面，說詔書是假的。他本想叱喝，在咸陽說這種話乃是滅門之罪，但想到府外聚集的幾萬民眾，他泄了氣。一直含笑不語的蒙恬這時說道：「各位父老再要阻止我，就是陷蒙恬於不義了！」

蒙恬起身跪倒在扶蘇靈前，脫下頭盔，將髮髻打散覆在臉上，他點燃三支香，插進香爐，拜了三拜後，喃喃祝禱說：「扶蘇公子英靈不遠，蒙恬追隨公子來了。雖然傳聞甚多，詔書真假仍有疑問，但蒙恬此時不死，即是不忠不義，亦將使公子蒙上不智之名！」祭祀完畢，蒙恬向南又拜了三拜，以謝始皇對蒙家三代之恩。最後他交代王離說：「盡快安定士卒平定民心，我死後不必歸葬咸陽。」正說話間，只見門衛來報：「不好了，故騎兵都尉蒙

寄予厚望的扶蘇

升所屬騎兵已攻破諸門，衝殺進來！」這時候蒙恬也顧不得自殺了，披頭散髮來到中門。王離和顏取緊跟其後，只見眾多騎卒帶頭衝鋒，民眾像潮水似的跟著湧進來。守衛門卒一來是抵擋不住，二來是有意放水，毫不抵抗，一哄而散，連門都不關。

蒙恬帶著侍從，當著庭院中門而立，眾多騎卒紛紛下馬跪伏在地，後面跟來的民眾也全俯伏，口中大聲喊著：「扶蘇公子已上當而死，蒙將軍不能再上當，始皇明明已死，詔書乃李斯等人所偽造，將軍千萬不能上當！」

眾口一聲，有如雷鳴。有些兵卒和民眾還指著躲在蒙恬身後的顏取罵：「什麼御使，分明是假的！」

「不錯，不錯，這詔書是假的，當然送詔書的使者也肯定是假的。」擁擠在顏取身後的眾父老，反而和門外的群眾一唱一和，真使顏取哭笑不得。

蒙恬仰天長嘆一聲，向兵卒和民眾說：「各位同胞兄弟以及父老鄉親兄弟姊妹，你們真的要陷蒙恬於不義嗎？」「看樣子，我們總算是趕早了一步，把將軍從鬼門關拉了回來，真是慶幸啊。」一名跪伏在地上的中年人說。「沒錯，你還沒看到將軍從容就義的樣子，真的使人感動！」蒙恬身後的一位父老說。「就是，可以為你們這些年輕人當典範啊！」眾多老人異口同聲地附和道。「都是這個狗御使逼死了扶蘇公子，現在又來逼迫蒙將軍，兄弟們幹掉他！」有兵卒在人群中喊叫。「不錯，一定要除掉他！」眾將士和民眾高聲吶喊道。「幹掉他，這個狗信使！」又是一陣吆喝，後面擁擠進來的人不知怎麼回事，盲目地跟著喊。

蒙恬大喝一聲，全場這才安靜了下來。他一手拿著寶劍，厲聲地喊道：「蒙恬一日不死，就要維持軍紀，民眾可留下，我軍士卒立刻退出，違令者斬！」接著他又回頭呼喚道：「王將軍！」

「末將在！」王離站出來聽命。

「校刀手在哪裡？」蒙恬大聲地問道，「軍正聽令！」

「末將在！」頭帶獬豸冠，象徵執法公正的軍正躬身應聲回答。

「趕緊帶 200 名校刀手，遇著在場士卒，驅逐出場，違抗者立刻斬首！」蒙恬雖然是待死之身，但發號施令仍然有一股大將的威凜。

在人群中的騎卒，這時就連馬都不要了，都紛紛擠出人群，府外兵卒聽到蒙恬下了這道嚴格命令，全都跨上馬，一溜煙地跑了。

軍正帶著兩百校刀手巡視各處，回報兵卒都已離開。蒙恬淒然一笑地說：「蒙恬本想奉詔自裁於扶蘇公子靈前，讓各位父老代表見證蒙恬並非貪生怕死之輩。」

「將軍要是算貪生怕死，那我們都算是苟且偷生了！」人群中有人大喊，「將軍不能死！」眾人也隨聲附和道，聲震府內外。

「那就煩勞各位為蒙恬做個見證吧！」說完，蒙恬將軍回手便要持劍自刎。這時，顏取急忙走上前，一邊去阻止，一邊示意要王離奪下蒙恬手中的寶劍。

「御使大人，你這是什麼意思？」蒙恬問。

顏取熱淚盈眶地說：「黔首愛戴將軍之情令在下感動，再說，將軍應顧全大局，將軍一死，北邊情勢危矣！」

「那御使準備如何處置犯官？」蒙恬問道。

「暫且易地安置，在下這次回咸陽覆命，一定會代將軍向主上說情，而且請求另行派人監軍。」

蒙恬垂頭嘆氣不再言語。民眾全都向顏取叩頭致謝。過了數日，顏取將蒙恬移至陽周囚禁，他自己急忙回咸陽。過了幾天，胡亥再次派顏取去陽周，旨命：「實賜蒙恬死！」

使者到了陽周，從獄中提出蒙恬道：「皇帝已崩駕，胡亥立為太子，如今已為二世皇帝，這些事你都知道了嗎？」

寄予厚望的扶蘇

　　這時，蒙恬才明白，那些傳言並非空穴來風，而且還獲知弟弟蒙毅已死。蒙恬大嘆道：「我獲何罪，一絲過失沒有而使我死去？」

　　接著，蒙恬又想了很長時間，他又說：「蒙恬也該死了！西起臨洮，東到遼東，修長城萬餘里，哪能不掘斷幾條地脈呢？這是地母對我的怪罪！若說有罪，也許這就是我的罪過！新主二世皇帝，蒙恬死後，你的軍事殿柱已傾，你和你的孽臣們能不為屋頂塌落所傷嗎？」說完，蒙恬將軍便吞藥自殺了。

謀朝篡位的胡亥

　　胡亥是秦始皇最小的兒子。小時候，他十分乖巧。因為性格較為隨性、柔弱，所以頗得始皇憐愛，經常在出遊時，將他帶在身邊。後來胡亥從師趙高。

　　胡亥小的時候母親便去世了，身為父親的始皇對他特別寵愛。在始皇的寵愛下，胡亥同樣過著幸福的生活。只是生母不在人世，多多少少讓少年有孤苦無依之感。否則，也不至於如此信任趙高。趙高幾乎與年少的胡亥形影不離，趙高又極會逢迎，胡亥怎會對他不信任呢？

　　胡亥的繼位可以說是趙高一手策劃的。在嬴政的兒子中，胡亥可能是最頑劣的一個。也或許就是因為他率性而為，才贏得了嬴政的歡心。

　　有一次，始皇大擺筵席，款待群臣，按照規定，大臣們進殿之前都要將鞋子脫在殿門之外，擺放整齊。大臣們脫掉了鞋子，整整齊齊地擺好後，進殿飲酒。胡亥坐了一會兒就坐不住了。他不願意一板一眼地進行宮廷禮儀，吃飽後，便跑到殿前去踢大臣們的鞋子。

　　大臣們的鞋子被他踢得東倒西歪。大臣們見了直搖頭，而始皇卻哈哈大笑。始皇對胡亥的溺愛，放任了胡亥任性的性格。

　　自從趙高當上胡亥的老師之後，在趙高花言巧語的唆使下，胡亥變得越來越膽大妄為了。在始皇第五次出巡時，胡亥也一同出行了。就在返回途中，始皇病重。始皇臨死之前，下令召回扶蘇主持葬禮。就在這千鈞一髮之際，變故發生了。

　　趙高狠狠地鑽了一下政治的漏洞。趙高異常積極地說服胡亥篡改遺詔，殺死皇兄。開始時，胡亥並不同意。他認為：明智的君王能夠識別他的臣

謀朝篡位的胡亥

子；同樣地，明智的父親可以了解自己的兒子。始皇走了，他不封兒子是王，沒有什麼可說的。聽父親的安排也是天經地義的。

雖然趙高弄了一鼻子灰，但他不甘心，他繼續遊說，現在天下就掌握在你、我、李斯之手，只要你一道命令，天下可就是你的了！做皇帝還是做臣子就在你一念之間了。

胡亥有些動心了，但又想到違抗父命、廢兄搗亂社稷的事，還是搖頭拒絕了。這個時候不得不佩服趙高的死皮賴臉了。不管用什麼辦法，都要將胡亥說動，這樣的亂臣賊子還真不好找，算是老天賜給贏政的禮物了。

趙高接著蠱惑胡亥說：「這不是什麼大逆不道的事。商湯不是殺了夏桀嗎？周武王不是滅了商紂嗎？衛君不是也殺了他的父親嗎？沒見人罵，倒見人人稱頌呢！」

這一招還真是奏效，胡亥就這麼被拿下了。當然，外因要通過內因起作用。如果要不是胡亥真的想當什麼九五至尊的皇帝，趙高也沒辦法扶一把爛泥上牆。胡亥多多少少都是有稱王做帝的野心的。

在擺平了胡亥之後，趙高又積極奔走說服李斯協助完成遺詔的篡改。像前文所講，李斯也抵不住趙高的誘惑，終於鬆口同意將始皇的遺詔修改。

於是，就發生了後來的扶蘇自殺，蒙恬冤死的悲劇。本以為一場血雨腥風就此告一段落，誰知好戲剛剛上演。胡亥為剷除異己，將自己的兄弟姐妹紛紛處死，胡亥這個時候已經殺紅了眼，一不做二不休，既然做了就做徹底，趙高這個名師真教出了高徒。

胡亥將能找出罪名的都殺了，沒找出罪名的也沒有放過。將閭等3人行事比較沈穩，胡亥找不出藉口，但還是逼著他們自盡了。將閭曾經問過胡亥派來的人：「宮廷中的禮節，我們哪一點兒沒有遵守呢？朝廷規定的禮制，我們哪一點兒違背了呢？聽命應對，我們更沒有過失，憑什麼說我們不是忠

良，要我們自裁？」

派來的人卻說：「我不知道你們為什麼被定罪處死，我只是奉命行事。」兄弟們沒有辦法只好仰天長嘯，拔劍自刎。

在始皇的兒子中，死的好看一點兒的就是公子高了。公子高看著自己的兄弟一個個地被胡亥殺死，並一個個地冠上了惡名，料定自己也難逃厄運。他怕逃跑累及家人，於是決心一死保全家人的性命。

他上書胡亥說，願意到驪山為父親陪葬。胡亥一聽好麼！正愁找不到理由殺你呢！可巧你自己送上門來了。那就送你個人情吧！於是，就埋了他。說他孝順，賜予他家人 10 萬錢。

手足都不肯放過的胡亥，對待臣子就更不在乎了。先前提到的蒙家兄弟剛死，他在趙高的唆使下又設法逼死了右丞相馮去疾和將軍馮劫。同時趙高的人也一批批地安插到朝廷中來。

趙高的黨羽遍布朝廷。昏庸的胡亥竟對此不聞不問，只管自己享樂。趙高並不滿足朝中是自己的人，他還藉機向胡亥進讒言，殺死了不少地方官。

西元前 209 年，胡亥像自己的父親一樣，巡遊天下。在巡遊的途中，趙高向胡亥進言說：「陛下您應該趁巡遊天下的機會，樹立自己的威望，殺幾個不聽話的官吏來樹立自己的威信。」於是，胡亥便找了幾個看不順眼的官吏，殺雞儆猴了。這下弄得大臣們更加誠惶誠恐了。

對於李斯，當然是狡兔死，走狗烹；飛鳥盡，弓箭藏了。當然這個做法不能太低下了。趙高對陷害人的事一向拿手得很。

趙高先是告訴李斯說：「李丞相，現在全國各地農民暴亂，形勢十分危急，皇上還在修建阿房宮。我地位低微不敢進言，這話由丞相說才合適啊！」

李斯一聽，覺得這是自己早想說的話，只是沒有機會。這時，趙高像是吃了搖頭丸一樣興奮地說：「若丞相真想進言，我幫丞相安排。」接下來，

謀朝篡位的胡亥

趙高安排的機會都剛巧趕上胡亥尋歡作樂的時候。李斯壞了胡亥三次好事，胡亥對李斯不勝其煩。

趙高看出胡亥對李斯的反感之後，便向胡亥告了李斯三條罪狀：一是李斯是胡亥取得天下的功臣，卻得不到重用，他想與胡亥同分天下。胡亥一聽這還得了，怪不得他老是看自己不順眼。另外一條是，李斯包庇陳勝。李斯的兒子是三川郡守，陳勝在三川郡作亂時，李斯的兒子沒有鎮壓，聽說是李斯告的密。胡亥這一聽就更信以為真了。趙高接著對胡亥說李斯的第三條罪狀：李斯的權力太大了，甚至超過了胡亥。胡亥本來就害怕大臣們對自己的統治不滿，一聽這個就更坐不住了，於是想辦法要剷除李斯。

李斯聽說這件事後便上書胡亥揭發趙高的罪行。胡亥這個昏君竟然拿給趙高看，趙高與李斯的戰爭爆發了。趙高進一步陷害李斯，欲加之罪何患無辭？李斯終於在嚴刑逼供之下，屈打成招。趙高拿著李斯的供詞上報胡亥。胡亥將李斯「具五行」，李斯一家也連坐被殺。一代名相慘死在奸臣之手。

胡亥是個貪圖享樂的人，根本沒有治國的抱負。他對趙高說：「人生就像飛奔的馬過牆的縫隙一樣快，做了皇帝，我想盡情享樂，愛卿你看如何呢？」

趙高聽後，心裡高興極了，這可不正合他企圖專權的心思嘛，於是他千方百計地向胡亥推薦享樂的方法。胡亥不滿足這些，他希望能長久地享受安樂。

胡亥不願意聽天下大亂的話，只喜歡粉飾太平的語言。在一次討論是否發兵平定農民暴亂的時候，胡亥不願意接受有農民反叛的事情，認為發兵沒有必要。

近臣叔孫通太了解胡亥了，他對胡亥說：「事實上天下並沒有反叛，始皇已經拆了城牆，收繳了天下的武器，誰還反叛呢？有像您這樣聖明的君主

在，天下太平、人們安居樂業，怎麼會有反叛的事情發生呢？陳勝幾個賊子不過只是一些盜賊罷了，地方官正在追捕，就請陛下安心好了。」

這話說得胡亥那叫一個舒心，直讚叔孫通說得好。然後他就問其他人，有的說陳勝是賊人，有的說是造反，結果說造反的被治了罪。這樣堵民之口，還是開帝王統治之先河呢。別的趕不上他父親，唯有願意聽好話，有過之而無不及。

胡亥對趙高沒有絲毫懷疑，對他說的話也言聽計從。西元前 207 年，趙高為了試探朝中還有誰敢不聽從他的意見。於是，就找來一隻鹿，偏說是馬。

胡亥看看大殿上的鹿，就說這明明是鹿，怎麼能說是馬呢？丞相你是在開玩笑嗎？大臣們因為忌憚趙高，都不敢說是鹿。有的不知道趙高玩什麼把戲，便說這是鹿，結果被殺了。此後朝中再沒有反對趙高的聲音，趙高成了獨攬大權的人物，自然二世也就成了傀儡。

這件事讓趙高徹底剷除了異己，也讓二世徹底混亂了頭腦。他以為自己已經邪病入體了，於是便叫人卜卦、算命，忙得不亦樂乎。胡亥開始在上林苑齋戒，開始還能堅持著做下去，漸漸地耐不住寂寞又開始享樂起來。

胡亥在上林苑中誤殺了人，趙高便對胡亥說：「皇帝是天子，殺了沒有罪的人是要受到懲罰的。」胡亥聽了更加害怕，於是就將自己的行宮改在了別處。宮中只剩下能發號施令的趙高了，二世糊裡糊塗地將政權讓於他人。

這時，胡亥還不知道他的天下到底發生了什麼事。等知道陳勝、吳廣快打到咸陽城下時，他才著急地聽從了章邯的建議，釋放了驪山的刑徒們，平息了暴亂。

刑徒們因為長期勞作，很有力氣，接連打了幾個勝仗。項羽破釜沈舟與章邯決戰，章邯失利。於是向二世搬救兵。這時，又是該死的趙高出面

謀朝篡位的胡亥

阻撓，二世不發兵。走投無路的章邯只好投降了項羽，大秦江山就此岌岌可危。

此時的胡亥才猛然驚醒，哦！原來趙高說了天下第一的大謊言。天下大亂得不可收拾了。胡亥對趙高頗為不滿，趙高看在眼裡，也不放在心上。因為到現在，有沒有二世已經不重要了。於是，他便順勢將胡亥解決掉了。趙高命令自己的女婿領著上千人，假說抓捕盜寇，卻逼迫胡亥自殺。

胡亥死時只有 23 歲，他並沒有子嗣。胡亥的一生是忙碌而迷失的一生。如果沒有趙高他不會當上皇帝，如果沒有趙高他也不會死。他會是個逍遙自在的秦國公子，或許還會是個輔佐扶蘇治理國家的臣子。然而，不巧的是他碰上了趙高，努力地實現了「亡秦必胡」的讖言。胡亥，這個毀掉了大秦基業的無能公子，至死會發出怎樣的感嘆呢？歷史終究成了歷史。

秦始皇在完成了他的江山一統的大業之後，他便頭昏腦漲地想要享有萬世尊貴，於是，求仙問藥，探問長生。然而，就在他執迷於對長生的追求時，謠言四起，怪象環生。這讓他寢食難安。

為了祈求安寧、保住他所構想的萬世江山，他便踏上了人生旅途的最後一段巡遊。始皇萬萬沒有想到這是他的一條不歸路。第一帝在遺憾與擔憂中，依依不捨地告別了這個世界。

叱吒風雲的一代帝王，在死後兩個月裡都不能入土為安，在他死後的兩個月裡竟然與臭魚為伴，是不是一種悲哀？大家都不知道始皇已經死了，更不知道始皇已經腐爛了。始皇所奢望的死後的榮華富貴，竟然是由腐爛的鮑魚開始的。

始皇死於荒野，這樣突然地離世給人們帶來了種種猜想。一個 50 歲的男人在正值壯年的時候突然謝世，必然引起人們的懷疑，更何況始皇的死竟然在兩個月以後才被人們知道。這就更為這種死蒙上了神祕的色彩。

附錄：秦始皇嬴政大事年表

秦昭王四十八年（西元前259年），嬴政出生於趙國都城邯鄲。是年，秦將王齕攻取趙國武安，秦將司馬梗攻取趙國太原。

秦昭王四十九年（西元前258年），秦將王齕代王陵繼續進攻趙都邯鄲。

秦昭王五十年（西元前257年），魏信陵君魏無忌、楚春申君黃歇分別率兵救趙，秦將鄭安平降趙，秦軍大敗於河東。

秦昭王五十一年（西元前256年），秦滅西周，周赧王卒。秦攻取韓國陽城、負黍。

秦昭王五十二年（西元前255年），秦相范雎死。

秦昭王五十三年（西元前254年），秦攻取魏河東吳城。魏進攻秦在東方的陶郡，滅衛國。

秦昭王五十四年（西元前253年），楚臨時徙都到巨陽。

秦昭王五十六年（西元前251年），秦昭王薨。燕派60萬大軍攻趙，被趙將廉頗大敗，趙進圍燕國都城。

秦孝文王元年（西元前250年），孝文王即位3天而病卒，太子子楚即位，是為秦莊襄王。

秦莊襄王元年（西元前249年），秦任呂不韋為相國。秦滅東周君，攻取韓國成皋、滎陽，建立三川郡。

秦莊襄王二年（西元前248年），秦取魏、趙的高都等37城、李斯為舍人。

秦莊襄王三年（西元前247年），秦莊襄王死，嬴政即秦國王位。魏信陵君魏無忌率趙、魏、韓、楚、燕五國聯軍敗秦將蒙驁於外。

秦王政元年（西元前246年），秦攻占上黨郡全部，派蒙驁平定晉陽，重建太郡，開鄭國渠。

秦王政二年（西元前245年），秦攻取魏國的卷。

秦王政三年（西元前244年），秦將蒙驁攻取韓13城。

秦王政四年（西元前243年），秦國發生蝗蟲災害，百姓納粟千石拜爵一級。

秦王政五年（西元前242年），秦將蒙驁攻取魏酸棗等20城，建立東郡。

秦王政六年（西元前241年），秦攻取魏國朝歌。秦遷衛君角於野王，以為秦國的附庸。趙將龐煖率韓、趙、魏、楚、燕五國聯軍攻秦，進至蕞地。

秦王政七年（西元前240年），秦攻取趙國的龍、孤、慶都。秦攻取魏國的汲。秦將蒙驁死。

秦王政八年（西元前239年），秦封嫪毐為長信侯。

秦王政九年（西元前 238 年），秦王政於蘄年宮加冠親政，平定嫪毐叛亂。秦將楊瑞和攻取魏國的首垣、蒲、衍氏。

秦王政十年（西元前 237 年），秦免除呂不韋的相國職務。

秦王政十一年（西元前 236 年），王翦、楊瑞和等人攻趙，取閼與等 9 城。

秦王政十二年（西元前 235 年），秦發四郡兵助魏攻楚。呂不韋死。

秦王政十三年（西元前 234 年），秦攻取趙國的平陽、武城，殺趙將扈輒，斬首 10 萬。

秦王政十四年（西元前 233 年），趙將李牧大敗秦軍。韓非入秦，旋即受讒被迫自殺。

秦王政十五年（西元前 232 年），秦軍分兩路大舉攻趙，再次被趙將李牧所敗。

秦王政十六年（西元前 231 年），韓向秦獻南陽地，秦派內史騰為南陽假守。魏向秦獻麗邑。

秦王政十七年（西元前 230 年），秦內史騰攻韓，俘韓王韓安，韓亡。秦設潁川郡。華陽太后卒。民大飢。

秦王政十八年（西元前 229 年），秦將王翦、楊瑞和率大軍攻趙都邯鄲，李牧率趙軍抵拒。秦用離間計陷害李牧，趙起用趙蔥、顏聚代李牧為將。

秦王政十九年（西元前 228 年），秦軍大破趙軍，俘虜趙王遷。

秦王政二十年（西元前 227 年），燕太子丹派荊軻刺秦王，未能成功。秦將王翦、辛勝攻燕、代，在易水西岸擊敗燕、代聯軍。

秦王政二十一年（西元前 226 年），秦軍攻克燕國都城薊，燕王喜遷至遼東。秦將王賁伐楚，取 10 餘城。

秦王政二十二年（西元前 225 年），秦將王賁水灌魏都大梁城，魏王假降，魏亡。秦設右北平郡、漁陽郡、遼西郡。秦將李信、蒙武攻楚，被楚將項燕打敗。

秦王政二十三年（西元前 224 年），秦將王翦、蒙武率 60 萬大軍大破楚軍，楚將項燕兵敗被迫自殺。秦設上谷郡、廣陽郡。

秦王政二十四年（西元前 223 年），秦軍攻入楚都壽春城，俘虜楚王負芻，楚亡。秦設置楚郡。

秦王政二十五年（西元前 222 年），秦將王賁攻取燕遼東，俘虜燕王喜，燕亡。秦將王賁攻取代，俘虜代王嘉，代亡。秦平定楚國江南地區，設置會稽郡。

秦王政二十六年（西元前 221 年），秦將王賁攻齊，俘虜齊王建，齊亡。秦至此完成統一山東六國大業。秦王政上皇帝稱號，號「始皇帝」。改正朔，易服色，以水為德。除謚法。分天下 36 郡。更名民曰黔首。收天下兵器，聚集咸陽，銷鑄 12 金人及鐘鐻。統一度量衡石丈尺。車同軌，書同文。徙天下富豪 12 萬戶於咸陽。

秦王政二十七年（西元前220年），巡隴西、北地二郡，出雞頭山。治馳道。賜民爵一級。

秦王政二十八年（西元前219年），修靈渠。造阿房宮，為太極廟。出巡東南縣，泰山封禪；登芝罘，刻石。旋至瑯琊臺，刻石頌德；派徐福發童男女數千人入海求仙人，過彭城，之衡山，乘舟至湘山祠，自南郡由武關歸咸陽。

秦王政二十九年（西元前218年），出巡東遊，在博浪沙險遇刺客，鐵錘誤中副車，令天下大索10日。登芝罘，刻石。旋至瑯琊，經上黨回咸陽。

秦王政三十一年（西元前216年），使黔首自實田。於咸陽與武士四人微行，在蘭池遇盜，下令關中大索20日。

秦王政三十二年（西元前215年），秦始皇出巡北部邊地之碣石，刻石於碣石門。使燕人盧生求羨門、高誓，使韓終、侯公、石生求仙人不死之藥。壞城郭，決通堤防。派將軍蒙恬發兵30萬北擊匈奴，掠取河南地。

秦王政三十三年（西元前214年），發逋亡、商人、婿等50萬人徙戍五嶺。

秦王政三十四年（西元前213年），謫治獄不直者築長城及南方越地。下《焚書令》。

秦王政三十五年（西元前212年），修直道。坑殺儒生460人於咸陽。公子嬴扶蘇因進諫觸怒始皇帝，使令他離開京師到上郡任蒙恬所統率的大軍的監軍。

秦王政三十六年（西元前211年），東郡有隕石落地，黔首刻石曰：「始皇帝死而地分。」朝廷使者從關東回咸陽，夜經華陰平舒道（今陝西華陽縣）時，有人持璧遮攔使者，說：「今祖龍死。」遷民3萬戶於北河、榆中，拜爵一級。

秦王政三十七年（西元前210年），第五次出巡。由咸陽出發，左丞相李斯隨從。行至雲夢，望祀虞舜。登廬山，浮江下，觀籍河，渡海渚，過丹陽，至錢塘，臨浙江。上會稽，祭大禹，望於南海，刻石頌德。憩於祚湖，遊會稽，渡江乘。並海北上，至瑯琊。有瑯琊北至榮城山，又至芝罘，射殺一巨魚。歸途中，至平原津患病。七月丙寅日，秦始皇病死於沙丘平臺。

九鼎天下秦始皇：

統一度量衡、修築萬里長城、建阿房宮、廢分封設郡縣、焚書坑儒……只有他來不及做到，沒有他做不到！

編　　著：孟飛，華斌

發 行 人：黃振庭

出 版 者：崧燁文化事業有限公司

發 行 者：崧燁文化事業有限公司

E-mail：sonbookservice@gmail.com

粉 絲 頁：https://www.facebook.com/
　　　　　sonbookss/

網　　址：https://sonbook.net/

地　　址：台北市中正區重慶南路一段六十一號八
　　　　　樓 815 室

Rm. 815, 8F., No.61, Sec. 1, Chongqing S. Rd.,
Zhongzheng Dist., Taipei City 100, Taiwan

電　　話：(02)2370-3310

傳　　真：(02)2388-1990

印　　刷：京峯彩色印刷有限公司（京峰數位）

律師顧問：廣華律師事務所 張珮琦律師

定　　價：375 元

發行日期：2022 年 08 月第一版

◎本書以 POD 印製

國家圖書館出版品預行編目資料

九鼎天下秦始皇：統一度量衡、修
築萬里長城、建阿房宮、廢分封設
郡縣、焚書坑儒……只有他來不及
做到，沒有他做不到！ / 孟飛，華
斌編著 . -- 第一版 . -- 臺北市：崧
燁文化事業有限公司 , 2022.08
　面；　公分
POD 版
ISBN 978-626-332-551-7(平裝)
1.CST: 秦始皇 2.CST: 傳記
621.91　　111010621

電子書購買

臉書